Trustworthy Online Controlled Experiments : A Practical Guide to A/B Testing

A/Bテスト実践ガイド

真のデータドリブンへ至る信用できる実験とは

Ron Kohavi, Diane Tang, Ya Xu 著
大杉直也 訳

ASCII
WANGO

Trustworthy Online Controlled Experiments
A Practical Guide to A/B Testing

目次

序文

本書の読み方

もしデータがあるなら、データを見る。
もし意見しかないのなら、私の意見で行く。
— *Jim Barksdale* (*Netscape* 社の元 *CEO*)

私たちの目的は、Amazon や Microsoft（Ron が担当）、Google（Diane が担当）、そして Microsoft と LinkedIn（Ya が担当）で実際に実施されたオンラインでのコントロール実験（対照実験）*[1]の数十年に渡る経験からの実践的な教訓を共有することである。私たちは、Google や LinkedIn や Microsoft を代表してではなく、あくまで一個人として本書を執筆している。長年に渡る経験から重要な教訓と落とし穴を蒸留し、報酬が最高の者の一意見 (Highest Paid Person's Opinion: HiPPO) (R. Kohavi, HiPPO FAQ 2019) に頼らないデータドリブン（データ駆動型）の文化を確立するための、オンラインでのコントロール実験のソフトウェアのプラットフォームと企業文化の両方へのガイダンスを提供する。私たちは、本書でのたくさんのオンライン環境での教訓は、大企業でも小さな企業でも、企業内のチームや組織にさえ適用できると信じている。私たちが共有する懸念事項は、実験結果の信用性（trustworthiness）を評価する必要があるということである。私たちは、トワイマンの法則（**興味深かったり通常と異なっているように見える点は、たいていは何かが間違っている**）によって示される懐疑主義を信じている。読者の方々には、特に良い結果の場合は、ダブルチェックや妥当性のテストの実施を推奨する。数字を得ること自体は簡単だが、信用できる数字を得ることは困難である。

第 I 部は、読者の背景によらず誰でも読めるように書かれており、4 つの章によって構成される。

*[1] 訳注：本書では A/B テストと同義。

- 第 1 章では、オンラインでのコントロール実験を行う利点の概要と、実験の用語を紹介する。
- 第 2 章では、実験を実施するための一連のプロセスの例をあげる。
- 第 3 章では、よくある落とし穴を避け、信用できる実験を構築する方法を述べる。
- 第 4 章では、実験プラットフォームを構築し、オンライン実験をスケールさせるために必要なことの概要を述べる。

第 II 部から第 V 部までは、必要であれば誰でも読めるように書かれてはいるが、特定の読者層に焦点を当てている。第 II 部は、組織のメトリクスのような基礎となることについての 5 つの章で構成されている。第 II 部のトピックはすべての人に勧める内容だが、特にリーダーや経営層に勧めたい。第 III 部は、リーダー、データサイエンティスト、エンジニア、アナリスト、プロダクトマネージャーなどがリソースや時間の投資の判断に役立つであろうテクニック、オンラインでのコントロール実験の補完手法、を紹介する 2 つの章で構成されている。第 IV 部は、エンジニアに向けた、実験プラットフォームの構築に焦点をおいている。最終の第 V 部では、データサイエンティストに向けた、高度な分析手法のトピックの掘り下げを行っている。

私たちの Web サイト（https://experimentguide.com）は、本書の手引きである。そこで、追加資料、正誤表、公開討論の場を提供している。私たちは本書の収益金をすべて慈善事業に寄付する予定である。

謝辞

長年、私たちと一緒に仕事をしてきた仲間に感謝します。この本は、私たちの共同の仕事だけでなく、業界全体の同様の事例や、オンラインでのコントロール実験の研究やその実施に基づいているため、個別に名前をあげるにはあまりに数が多すぎます。そこから私たちは多くのことを学んでおり、感謝の意を伝えたいです。

編集者の Lauren Cowles さんには、この本を書きながら、私たちのパートナーのようになっていただけたことを感謝したいと思います。Cherie Woodward さんは、私たち 3 人の声をかみ合わせるために、素晴らしい執筆環境とスタイルガイドラインを提供してくださいました。Stephanie Grey さんは、すべての図について私たちと一緒に作業し、その過程でそれらを改善していただきました。Kim Vernon さんは最終的な英文校正と書誌チェックをしていただきました。

最も重要なこととして、この本に取り組むために著者らと一緒に時間を過ごすことができなかった著者らの家族に深く感謝します。Ronny の家族（Yael, Oren, Ittai, そして Noga）に感謝します。Diane の家族に感謝します（Ben, Emma, そして Leah）。Ya の家族に感謝します（Thomas, Leray, そして Tavis）。皆様のご支援と熱意がなければ、この本を書くことはできませんでした。

Google: Hal Varian, Dan Russell, Carrie Grimes, Niall Cardin, Deirdre O Brien, Henning Hohnhold, Mukund Sundararajan, Amir Najmi, Patrick Riley, Eric Tassone, Jen Gennai, Shannon Vallor, Eric Miraglia, David Price, Crystal Dahlen, Tammy Jih Murray, Lanah Donnelly, そして、Google で実験に従事しているすべての方々（敬称略）。

LinkedIn: Stephen Lynch, Yav Bojinov, Jiada Liu, Weitao Duan, Nanyu Chen, Guillaume Saint-Jacques, Elaine Call, Min Liu, Arun Swami, Kiran Prasad, Igor Perisic, そして実験チームのすべての方々（敬称略）。

Microsoft: Omar Alonso, Benjamin Arai, Jordan Atlas, Richa Bhayani, Eric

Boyd, Johnny Chan, Alex Deng, Andy Drake, Aleksander Fabijan, Brian Frasca, Scott Gude, Somit Gupta, Adam Gustafson, Tommy Guy, Randy Henne, Edward Jezierski, Jing Jin, Dongwoo Kim, Waldo Kuipers, Jonathan Litz, Sophia Liu, Jiannan Lu, Qi Lu, Daniel Miller, Carl Mitchell, Nils Pohlmann, Wen Qin, Thomas Schreiter, Harry Shum, Dan Sommerfield, Garnet Vaz, Toby Walker, Michele Zunker, そして、分析と実験チームの方々（敬称略）。

本書全体に対してフィードバックをくださった Maria Stone 氏と Marcus Persson 氏、そして倫理の章に対して専門家としてフィードバックくださった Michelle N. Meyer 氏に特別に感謝します。

その他にも以下の方々からもフィードバックをいただけました。Adil Aijaz, Jonas Alves, Alon Amit, Kevin Anderson, Joel Barajas, Houman Bedayat, Beau Bender, Bahador Biglari, Stuart Buck, Jike Chong, Jed Chou, Pavel Dmitriev, Yurong Fan, Georgi Georgiev, Ilias Gerostathopoulos. Matt Gershoff, William Grosso, Aditya Gupta, Rajesh Gupta, Shilpa Gupta, Kris Jack, Jacob Jarnvall, Dave Karow, Slawek Kierner, Pete Koomen, Dylan Lewis, Bryan Liu, David Manheim, Colin McFarland, Tanapol Nearunchron, Dheeraj Ravindranath, Aaditya Ramdas, Andre Richter, Jianhong Shen, Gang Su, Anthony Tang, Lukas Vermeer, Rowel Willems, Yu Yang, そして Yufeng Wang（敬称略）。

個別に名前をあげられませんでしたが、協力してくださった多くの方々に感謝します。

訳者まえがき

私の本書の翻訳動機は「自身の好きなものの布教活動」という、いわばオタク的な心理からなります。どんなものが好きかというと「何をもって正しいとするか」といった方法論です。私は認知科学の研究者のキャリアを志しており（挫折しましたが）、実験計画についてはかなり注意を払う環境にいました。ところが会社員になって初めの仕事では、A/B テストの実験計画に（自分基準ですが）あまり注意が払われていないように見え、カルチャーショックをうけました。そのとき、A/B テストについての先行研究をサーベイしていた私が出会ったのが Microsoft の内部プロジェクトである ExP Platform（`https://exp-platform.com/`）でした。その中でも、*Controlled Experiments on the Web: Survey and Practical Guide* や *Trustworthy Online Controlled Experiments: Five Puzzling Outcomes Explained* は正に自分の求めていた情報だったため、このペーパーを社内の関係者に布教していました。しかし、長文の英語であることや多少の前提の知識が要求されることから布教活動はなかなか難航しました。

そのときからずっと ExP Platform の隠れファンを続け、ExP Platform が主催する学会でのチュートリアルにも参加しました。そこでいただいたマスコットのカバの人形は私の宝物です（先日、2 歳になる息子にカバの鼻先を噛みちぎられたため避難させました。今ではボンドで修復されたカバは棚の高いとこから家族を見守っています）。

そんな私が、ExP Platform を代表する Kohavi 氏が、Google, LinkedIn で数多くの A/B テストを行ってきた実績を持つ Tang 氏と Xu 氏とともに一般書を執筆されたことを知ったとき、その本を熟読するのは自然な流れでした。読んだ結果、この本は過去の ExP Platform で公開された内容（上述のペーパーを含む）を含意しているだけでなく、A/B テストについての理解を深めるために必要なことだけでなく、A/B テストを実際に正しく行うために必要な技術的な知識を平易な言葉で説明した素晴らしい本であることがわかりました。この内容は自分の仕事の関係者だけでなく、日本で Web サービス運営に携わるすべての人に伝えるべきだという使命感に（勝手に）目覚め、とてもありがたいことに、このたび同書の和訳の仕事を手がけることができました。

このように魅力的かつ実践的な本書が日本の読者の目に留まる一助が私にできたとすればとてもありがたい話です。最後になりますが、訳書出版について多大なる助言をくださった和田卓人さん、本書翻訳の内容や文章の確認をしてくださった皆さま（尾崎隆さん、横山慎さん、株式会社フィッシャーデータ　あんちべさん、松岡佑知さん、佐々木彬さん、岡戸優武さん、池上顕真さん、仲川諒馬さん、中でもかなり丁寧に指摘してくださった山畠祥子さん）、本書についての質問に丁寧に答えてくださった Kohavi 氏、休日を翻訳作業にあてる理解と協力をしてくれた家族、そして本書を出版に至らせてくださった編集の方々に深く感謝いたします。

第I部

すべての人向けの導入的トピック

第1章
導入と動機付け

1つの正確な測定は、1000の専門家の意見よりも価値がある。
— *Admiral Grace Hopper*

2012年、Microsoftの検索エンジンBingで働く社員が、広告のヘッドライン表示の変更を提案した (Kohavi and Thomke 2017)。それは、図1.1に示すように、広告のタイトル行を、その下の1行目のテキストと組み合わせることで、長くするといったものだった。

数百以上あった提案のうちの1つであるこのシンプルな変更が、Bing史上最高収益を生み出すアイデアになるとは誰も思っていなかった。

この変更は優先順位：低とされ、半年以上もの間バックログに残されていたが、コードを書くのがとても簡単だったため、あるソフトウェア開発者がこの変更を試してみた。彼はアイデアを実装し、ランダムに選ばれた一部のユーザーに新しいタイトルレイアウトを表示し、そうでないユーザーには古い方を表示させることで、実際のBingユーザーたちにこのアイデアを評価させた。このWebサイトとユーザーのインタラクションには、広告のクリック数とそこから得られた収益が記録されていた。これは、A/Bテスト、2つの実験群（Variant）を比較する（**コントロール群（Control）と介入群（Treatment）**、またはAとB）コントロール実験の最も単純なタイプの例である。

テストを開始して数時間後、収益が高すぎることによるアラートが引き起こされた (通常、これは実験で何かが間違っていたことを示す)。介入群、つまり新しいタイトルレイアウト、は広告収入をとてつもなく増加させていたのである。このような「何かが良すぎるアラート」は、通常の場合では収益が二重に記録されていたり（二重課金)、広告だけが表示され残りのWebページが壊れていたりと深刻なバグを示す非常に便利なものである。

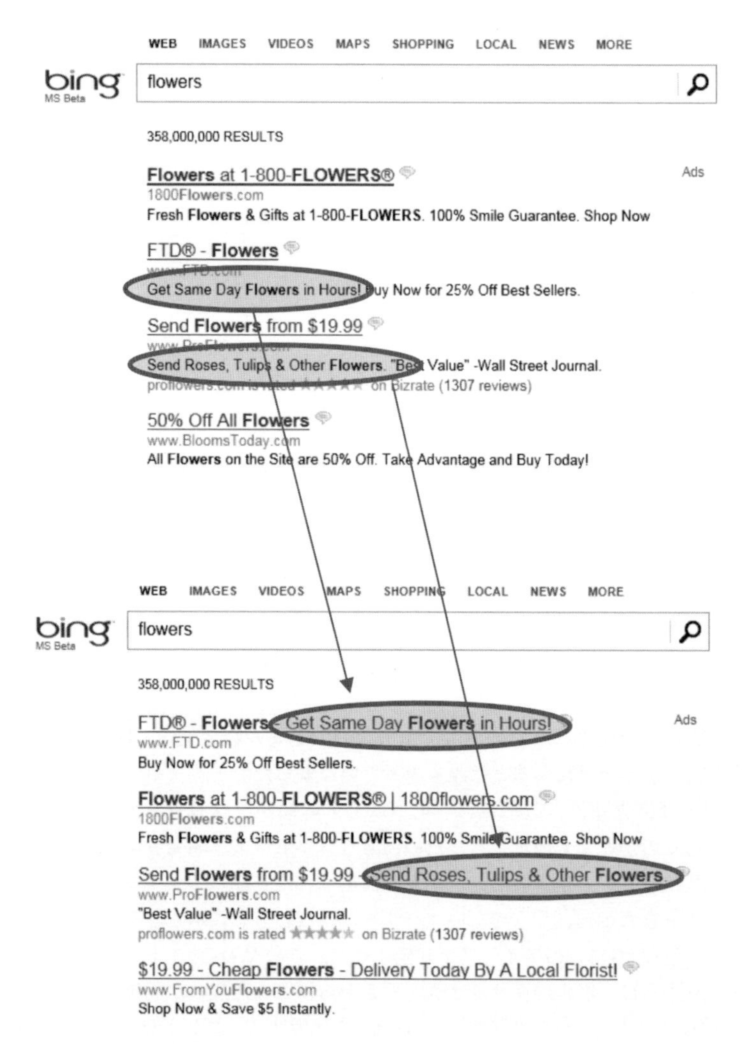

図 1.1 ● Bing での実験の内容。上の図（コントロール群）の枠内の文字を、下の図（介入群）のタイトル行の後方に表示するようにした

しかし、この実験では収益の増加は正しかった。驚くことに Bing の収益は 12% 増となり（当時は米国だけで年間換算で 1 億ドル以上の収益を上げたことになる）、その一方で主要なユーザー体験のメトリクスに大きな悪影響を与えなかった。この実験は長期に渡って何度も繰り返された。

これは、オンラインでのコントロール実験のいくつかの重要なテーマの典型例である。

- アイデアの価値を見積もることは難しい。このケースでは、年間1億ドルの価値ある単純な変更が何ヶ月も遅れていた。
- 小さな変更が巨大な影響を与えることがある。今回のような極端な例では、1人のエンジニアの数日の仕事が、年間1億ドルの投資対効果（return-on-investment：ROI）を生み出した。
- 巨大な影響がある実験はまれである。Bing では年間1万件以上の実験を実施しているが、単純な変更がこの例のような巨大な改善をもたらすことは数年に1度くらいしか起こらない。
- 実験開始までのオーバーヘッドは小さくなければならない。Bing のエンジニアはアイデアを科学的に簡単に評価するための Microsoft の実験システムである ExP にアクセスできた。
- OEC（Overall Evaluation Criterion：総合評価基準。後の章で詳細に記述）が明確でなければならない。この場合、収益が OEC の重要な要素ではあったが、収益だけでは OEC としては不十分である。なぜなら収益だけを基準にすると、ユーザー体験を損なうことが知られている広告を Web サイトに貼り付けることになりかねないからである。Bing では、ユーザーごとのセッション単位でのユーザー体験のメトリクス（ユーザーの離脱や、エンゲージメントの増加や、その他いくつかの要素を含む）に対して、収益を重み付けした OEC を使用していた。重要なポイントは、収益が劇的に増加したにもかかわらず、ユーザー体験のメトリクスが有意に低下しなかったことである。

次のセクションでは、コントロール実験の用語を紹介する。

オンラインでのコントロール実験の用語

コントロール実験には長く魅力的な歴史があり、私たちはオンラインで共有している (Kohavi, Tang and Xu 2019)。それらは、A/B テストや、A/B/n テスト（実験群が複数であることを強調）や、フィールド実験や、無作為対照実験や、スプリットテストや、バケットテストや、フライトなどと呼ばれることもある。本書では、実験群の数に関係なく、**コントロール実験**や **A/B テスト**という用語は同じものを指すとする。

オンラインでのコントロール実験は、Airbnb, Amazon, Booking.com, eBay, Facebook, Google, LinkedIn, Lyft, Microsoft, Netflix, Twitter, Uber, Yahoo!/Oath, Yandex などの企業で多用されている (Gupta et al. 2019)。これらの企業は毎年数

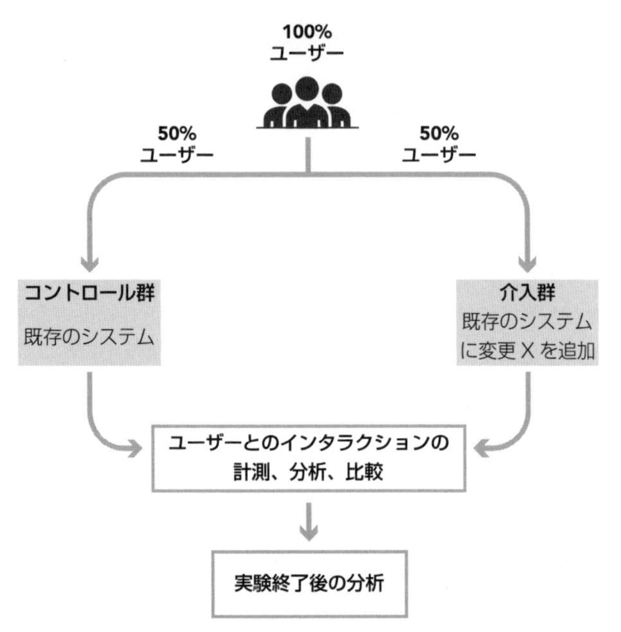

図 1.2●最も単純なコントロール実験 (A/B テスト)

千から数万もの実験を実行しており、時には数百万人のユーザーを巻き込み、ユーザーインターフェース (UI)、関連性アルゴリズム (検索、広告、パーソナライゼーション、リコメンデーションなどなど)、レイテンシやパフォーマンス、コンテンツ管理システム、顧客サポートシステムなどの変更を含め、あらゆるものをテストしている。実験は、Web サイト、デスクトップアプリケーション、モバイルアプリケーション、電子メールなど、複数のチャンネルで実施されている。

最も一般的なオンラインでのコントロール実験では、ユーザーは何度訪問しても同じ実験群になるように永続的な方法でランダムに実験群へ分割される。前述の Bing の例では、コントロール群はもともとの広告タイトルの表示であり、介入群はより長いタイトルを持つ広告タイトルの表示であった。Bing の Web サイトとユーザーのインタラクションは計測され、監視され、ログに記録されていた。この記録されたデータから、メトリクスが計算され、各メトリクスの実験群間の差を評価することができた。

最も単純なコントロール実験である、2 つの実験群、コントロール群 (A) と介入群 (B) を図 1.2 で示す。

なお、本書の用語は、Kohavi and Longbotham (2017) や Kohavi, Longbotham

et al. (2009) での用語や他分野での関連用語に従う。実験と A/B テストに関する参照文献はこの章の最後に書かれている。

OEC（Overall Evaluation Criterion：総合評価基準）：実験の目的の定量的な測定のことである。例えば、ユーザー 1 人当たりのアクティブ日数を OEC とおいた場合、実験期間中にユーザーがアクティブだった日数（つまり、ユーザーがサイトを訪れて何らかのアクションをした日数）が OEC になる。この OEC が増加するということは、ユーザーがより頻繁にあなたのサイトを訪問していることを意味する。OEC は、短期的（実験期間の間）に測定可能で、かつ長期的な戦略目標を推進する原因だと信じられるものでなければならない（本章の後半と 第 7 章 の「**戦略、戦術、およびその関係性の実験**」を参照）。検索エンジンの場合、OEC は、利用率（例えば、ユーザー当たりのセッション数）、関連性（例えば、成功したセッション数、成功までかかる時間）と広告収入の組み合わせにできる（すべての検索エンジンで、これらのメトリクスのすべてを使っているわけではなく、他のメトリクスを使用している場合もある）。

統計学では、これはしばしば**応答変数**または**従属変数**と呼ばれる (Masan, Gunst and Hess 1989, Box, Hunter and Hunter 2005); 他の同義語には、**アウトカム**、**評価**、**フィットネスファンクション** (Quarto-vonTivadar 2006) がある。1 つの実験に対して複数の目的を持つことができ、分析にはバランススコアカード[*1] (Kaplan and Norton 1996) のようなものを使用することもできるが、単一のメトリクスを選択することが強く望まれ、推奨されている (Roy 2001, 50. 405-429)。

本書では 第 7 章 で実験のための OEC の決定方法についてより詳細に考察する。

パラメータ（Parameter）：OEC または関心のある他のメトリクスに影響を与えると考えられる制御可能な実験変数のこと。パラメータは、**因子**または**変数**と呼ばれることもある。パラメータには，**レベル**とも呼ばれる**値**が割り当てられる[*2]。単純な A/B テストでは、1 つのパラメータに 2 つの値を持つ場合が一般的である。オンラインの世界では、複数の値（A/B/C/D など）を持つ単一のパラメータでの実験デザインの使用が一般的であるが、**多変量テスト**（Multivariable tests：MVTs）ではフォントの色やフォントサイズなどの複数のパラメータを同時に評価できるためパラメータが相互作用するときの大域的な最適解の発見に有効である（第 4 章 参照）。

実験群（Variant）：テストされるユーザー体験のことで、通常はパラメータの値によってユーザーにどのような体験を割り当てるかを決める。単純な A/B テストでは、A と B は 2 つの実験群であり、通常はコントロール群と介入群と呼ばれる。いくつかの文献では、実験群は介入群のみを意味するが、私たちはコントロール群を特別な実験群とみなしている。例えば、実験でバグが発見された場合、実験を中止し、すべ

[*1] 訳注：10 以上の指標を考慮しながら業績評価を行う会計ツール。

[*2] 訳注：どの実験群に割り当てられたかを示す。

てのユーザーが「コントロールの実験群」に割り当てられていることを保証する。

ランダム化単位 (Randomization Unit)：擬似乱数化（ハッシュ化など）によって、実験単位（ユーザーやページなど）を各実験群へランダムに割り当てる。適切なランダム化は、異なる実験群に割り当てられた分布が統計的に類似していることを保証し、高い確率で因果関係を決定できるようにするために重要である。実験単位は実験群に永続的かつ独立した方法が割り当てられなければならない。すなわち、ユーザーがランダム化の単位である場合、ユーザーは一貫して同じ体験を得るべきであり、あるユーザーの実験群への割り当ては、別のユーザーの実験群への割り当てについて何も教えてはならない。オンラインのオーディエンスのためのコントロール実験を実行するさいに、**ユーザー**をランダム化単位として使用することは非常に一般的であり、私たちはそれを強く推奨する。いくつかの実験デザインでは、ページ、セッション、またはユーザーを日によってランダム化すること（すなわち、あるユーザーに対して実験は 24 時間のうちでは一貫したまま）を選択することもある。詳細については、第 14 章を参照。

適切なランダム化は極めて重要である。実験計画が各実験群に同じ割合のユーザーを割り当てるとした場合、各ユーザーが各実験群に割り当てられる確率は同じでなければならない。ランダム化を軽んじてはならない。以下の例では、適切なランダム化の課題と重要性を示す。

- 1940 年代、RAND 社はモンテカルロ法のための乱数が必要だったので、パルスマシンを使って 100 万桁の乱数を生成した本を作成した。しかし、ハードウェアにスキューがあったため、元の表に大きなバイアスがかかっていたことが判明し、新版の本では桁数を再乱数化しなければならなかった (RAND 1955)。
- コントロール実験は、当初は医療分野で用いられていた。米国退役軍人局は、結核に対するストレプトマイシンの実験（薬物試験）を行ったが、医師が選択プロセスに影響を与え、バイアスを入れてしまったため、この試験は失敗に終わった (Marks 1997)。一方、英国で行われた同様の試験はブラインドプロトコル（盲検法）で行い成功した。現在では、この結果はコントロール実験の分水嶺と呼ばれるものを生み出したとみさなれている (Doll 1998)。

実験群の割り当てに影響を及ぼす要因があってはならない。ユーザー（実験単位）は、（ランダム以外の）どのような方法でもきれいにばらつかせることはできない (Weiss 1997)。ランダム化とは「行き当たりばったりや無計画ではなく確率に基づいた意図的な選択」を意味することに注意することは重要である (Mosteller, Gilbert and McPeek 1983)。Senn (2012) では、ランダム化のいくつかの神話について論じている。

なぜ実験をするのか。相関、因果そして信用性

あなたがNetflixのようなサブスクリプションモデルのビジネスで働き、そこでは毎月 $X\%$ のユーザーが解約（サブスクリプションを終了）しているとする。あなたは新しい機能を導入することに決め、その機能を使用しているユーザーの解約率が $X/2\%$、つまり半分になることを観察した。因果関係を主張、つまりこの機能をよりユーザーから見つけやすくしてより頻繁に使用されるようにすれば、契約者数が急増するという結論を付けたくなるかもしれない。しかし、これは間違っている。このデータだけから、この機能がユーザーの解約を減らすのか増やすのかについて結論付けることは不可能であり、そのどちらの結論を示すことも可能である。

この誤りを示す例として、Microsoft Office 365というもう1つのサブスクリプションビジネスを示す。エラーメッセージを見てクラッシュを経験したOffice 365ユーザーの方が解約率は低いが、だからといってOffice 365により多くのエラーメッセージを表示すべきだとか、Microsoftがコードの品質を下げてより多くのクラッシュを発生させるべきだということにはならない。クラッシュ、エラーメッセージ、解約率の3つの事象はすべて、使用状況という1つの要因によって引き起こされる。つまり、製品のヘビーユーザーほど、より多くのエラーメッセージが表示され、より多くのクラッシュが発生し、解約率が低くなっていた。相関関係は因果関係を示唆するものではなく、このような観察結果に過度に依存することは、誤った判断を招くことになる。

1995年、Guyatt et al. (1995) は医学文献の推奨事項を等級付けする方法としてエビデンスの階層を導入し、これをGreenhalghが「エビデンスに基づく医療の実践についての議論（1997, 2014）」で拡大した。図1.3で、Bailar (1983, 1) に基づいて、シンプルなエビデンスの階層（私たちの用語に翻訳されている）を示す。ランダム化コントロール実験は因果関係を立証するための黄金律（ゴールドスタンダード）である。系統的レビュー、すなわち、コントロール実験のメタアナリシスは、より多くの証拠と一般化可能性を提供する。

Oxford Centre for Evidence-based Medicineによる *Levels of Evidencce* のような、より複雑なモデルもある (2009)。

Google, LinkedIn, Microsoftで実験を行う者は、自社の実験プラットフォームを使用することで、結果の信用度が高い状態で、年間数万回のオンラインでのコントロール実験を実施することができる。私たちが信じるオンラインでのコントロール実験には以下の特徴がある。

- 因果関係を高い確率で確立する最高の科学的な方法である。

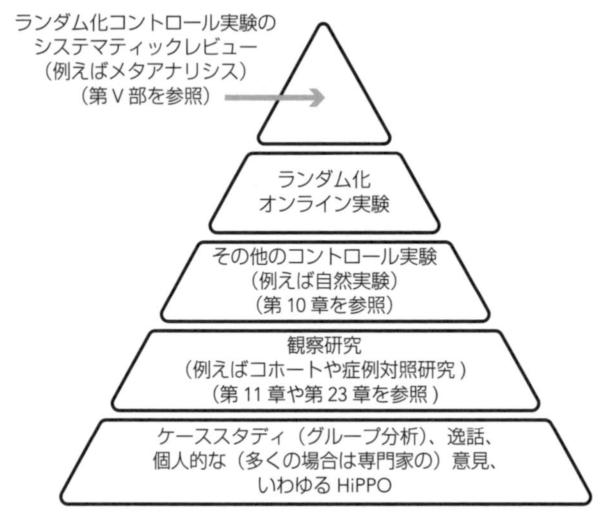

図1.3●実験デザインの質を評価するためのエビデンスのシンプルな階層構造 (Greenhalgh 2014)

- 微細な経時変化など、他の技術では検出しにくい小さな変化も検出可能である。
- 予期せぬ変化も検出可能である。しばしば過小評価されるが、多くの実験では、パフォーマンスの低下、クラッシュエラーの増加、他の機能からのクリックの共食いなど、予期しない悪影響も起こり得る。

本書の主な焦点は、実験における潜在的な落とし穴を強調し、結果の信用度を向上させる方法を提案することである。オンラインでのコントロール実験は、大規模で信用度の高いデータを電子的に収集し、うまくランダム化し、実験の落とし穴を避けたり検出したりできる比類のない能力を提供する（第11章参照）。オンラインでのコントロール実験が不可能な場合は、観察研究を含む信用度の低いその他の方法の使用を推奨する。

有益なコントロール実験を円滑に実行するために必要不可欠なもの

すべての決定をコントロール実験の科学的厳密さをもって行えるわけではない。例えば、合併買収（M&A）についてコントロール実験を行うことはできない。合併買収をした世界と合併買収をしなかった世界の両方が同時に存在することができないからである。ここでは原理原則に従う形で、適切なコントロール実験を実行するために必要な技術的な要素を紹介する (Kohavi, Crook and Longbotham 2009)。第4

章では、実験の成熟度モデルを述べる。

1. 実験単位（例えば、ユーザー）が存在し、異なる実験群に対して干渉しない（または干渉が少ない）ように実験群への割り当てが可能である必要がある。例えば、介入群のユーザーがコントロール群のユーザーに影響を与えないようにすること（第22章を参照）。
2. 十分な実験単位（例えばユーザー）が存在する必要がある。コントロール実験が有用であるためには、何千もの数の実験単位を推奨する。実験単位の数が多ければ多いほど、差異を検出するために必要な実験群間の差は小さくなる。たとえ、小さなソフトウェアの新興企業であったとしも、一般的には、コントロール実験に十分な数のユーザーをすぐに取得し、最初は効果が大きいところを探しながら、コントロール実験を開始することができる。ビジネスが成長するにつれて、より小さな変化を検出することがより重要になり（例えば、大規模なWebサイトでは収益に対するコンマ数パーセントの変化でも大きな金額になるので、ユーザー体験に影響を与える主要なメトリクスの小さな変化を検出できるべき）、実験感度もユーザー数の増加に伴い改善される。
3. 主要なメトリクス（理想的にはOEC）が合意され、実用的に評価できる必要がある。目標の測定が困難な場合は、その代理指標について合意することが重要である（第7章参照）。信頼できるデータを、理想的には安価で広範囲に収集できるようにすべきである。ソフトウェアの世界では、通常システムのイベントやユーザーの行動を記録することは容易である（第13章を参照）。
4. 変更が容易である必要がある。一般的にソフトウェアはハードウェアよりも変更が容易だが、ソフトウェアであっても、一定レベルの品質保証を必要とする領域がある。リコメンデーションのアルゴリズムの変更は作成や評価が容易だが、航空機の飛行制御システムのソフトウェアの変更には、連邦航空局（FAA）によるまったく異なる承認プロセスが必要になる。サーバーサイドのソフトウェアの変更は比較的容易である（第10章を参照）。サーバーサイドのソフトウェアに対して、クライアントソフトウェアからサービスを呼び出すことが一般的になってきたため、サービスのアップグレードや変更をより迅速に行うことができ、コントロール実験を行いやすくなってきている。

飛行制御ほどには影響甚大でないほとんどのオンラインサービスは、コントロール実験に基づいたアジャイル開発プロセスを実行するために必要な要素をすでに満たしているか、または満たせるだろう。ソフトウェアサービスの多くの実装もまた、比較的簡単にコントロール実験の要件を満たすことができる。Thomkeは、「組織はイノベーションシステムと一緒に使用される実験から最大の利益を認識するだろう」(Thomke 2003)と「innovation system」で書いた。アジャイルソフトウェア開発は、そのようなイノベーションシステムである。

コントロール実験が不可能な場合は、モデリングや他の実験的な技術が使用されるかもしれない（第 10 章を参照）。ここで重要なことは、コントロール実験が実行できるのであれば、コントロール実験こそが、変更を評価するために最も信用度が高く実験感度の高いメカニズムを提供するということである。

原則

オンラインでのコントロール実験の実施を望む組織のために以下の 3 つの重要な原則がある (Kohavi et al. 2013)。

1. 組織は、データに基づいた意思決定を行いたいと考えており、OEC を公式化している。
2. 組織は、コントロール実験を実行し、その結果が信用できるものであることを保証するために、インフラストラクチャとテストに投資する意思がある。
3. 組織は、アイデアの価値を評価するのが苦手であることを認識している。

組織は、データに基づいた意思決定を行いたいと考えており、OEC を公式化している

組織のトップが「データ駆動になりたくない」と言うことを聞くことはほとんどないだろう（Steve Jobs の下での Apple の顕著な例外を除けば。Ken Segall は「私たちは 1 つの広告もテストしていない。印刷物、テレビ、看板、Web、小売、その他何でも」と主張していた）(Segall 2012, 42)。しかし、ユーザーへの新機能から増分利益を測定することにはコストがかかり、客観的な測定は通常、当初想定していたほど進捗がバラ色にならないものである。多くの組織は、進捗状況を定義し、それを測定するために必要なリソースを費やさない。多くの場合、計画を作成し、それを実行し、成功を宣言する方が簡単である。「その機能が主要な指標にプラスの影響を与えているか」どうかは無視して、「計画の達成率」を基準にして成功を宣言する方が簡単であることの方が多い。

データ駆動型であるためには、組織は比較的短い期間（例えば 1〜2 週間）で容易に測定できる OEC を定義すべきである。大規模な組織では、複数の OEC または複数の主要なメトリクスがあり、それらはさまざまな領域で改良されて共有されている。困難なのは、「短期間で測定可能」かつ、「違いを検出するのに十分敏感」かつ「長期的な目標を予測できる」メトリクスを見つけることである。例えば、利益は良い OEC ではない。短期的な手段（例えば、価格を上げる）は短期的な利益を増加さ

せることができるが、長期的には利益を損なう可能性があるからである。顧客の生涯価値は戦略的に強力な OEC である (Kohavi, Longbotham et al. 2009)。あなたの組織で組織内で認識を合わせられる OEC に同意することの重要性を、私たちはいくら強調しても強調しすぎることにはならない（第 6 章を参照）。

「データインフォームド（data-informaed）」または「データからの気づき（data-aware）」は、データの単一の源泉（例えば、コントロール実験）によって意思決定を推進すること、という意味合いを避けるために使用されることがある (King, Churchill and Tan 2017, Knapp et al. 2006)。私たちは本書では、データ駆動とデータインフォームドを同義語として使用する。最終的には、コントロール実験、調査、新しいコードのメンテナンスコストの見積もりなど、多くのデータソースを用いて意思決定を行う必要がある。データ駆動またはデータインフォームド組織は、直感に頼るのではなく、関連するデータを収集して意思決定を促し、報酬が最高の者の一意見（Highest Paid Person's Opinion：HiPPO）に情報を提供する (Kohavi 2019)。

組織は、コントロール実験を実行し、その結果が信用できるものであることを保証するために、インフラストラクチャとテストに投資する意思がある

オンラインソフトウェアの領域（Web サイト、モバイル、デスクトップアプリケーション、およびサービス）では、ソフトウェアエンジニアリングによって、コントロール実験に必要な条件を満たすことができる（「有益なコントロール実験を円滑に実行するために必要不可欠なもの」の節を参照）。比較的小規模な Web サイトであっても、必要な統計的テストを実行するのに十分なユーザーがいる (Kohavi, Crook and Longbotham 2009)[*3]。

コントロール実験は、Eric Ries がリーンスタートアップ (Ries 2011) で普及させたような、アジャイルソフトウェア開発 (Martin 2008, K. S. Rubin 2012)、顧客開発プロセス (Blank 2005)、MVP（Minimum Viable Products）と組み合わせることが特に有用である。

他の領域では、コントロール実験を確実に実施することが困難であったり、不可能であったりすることがある。医療領域でのコントロール実験に必要な介入の中には、非倫理的であったり、違法であったりするものがあるかもしれない。ハードウェアデバイスの製造には長いリードタイムが必要な場合があり、改造は困難であり、ユーザーを対象としたコントロール実験は、新しいハードウェアデバイス（例えば、新しい携帯電話）で実施されることはほとんどない。このようなコントロール実験が実行

[*3] 訳注：ここで著者らの言う「比較的小規模なサイト」とはユーザー数が数千人程度のものを想定している。訳者の経験では、市場規模が小さい場合や、市場規模が大きくても 1 回の取引で動く金額が多額な場合や、拡大途上の BtoC サービスなどでは統計的テストのためのユーザー数が十分でないことがある。

できない状況では、その**補完的な手法**（第10章参照）が必要となる場合がある。

コントロール実験を実行できると仮定して、その信用性を確保することが重要である。オンライン実験を行う場合、数値を得るのは簡単だが、信用できる数値を得るのは難しい。第3章では、信用できる結果について述べる。

組織は、アイデアの価値を評価するのが苦手であることを認識している

チーム内で有用であると信じられるからこそ、機能は開発されるが、多くの領域で、ほとんどのアイデアが主要なメトリクスの改善に失敗している。Microsoftでテストされたアイデアのうち、改善を示すメトリクスを実際に改善できたのは3分の1にすぎない (Kohavi, Crook and Longbotham 2009)。BingやGoogleのような数多くの実験により最適化された領域では、成功を見つけるのはさらに難しく、アイデアの成功率は約10～20%である (Manzi 2012)。

Slackのプロダクト&ライフサイクル担当ディレクターであるFareed Mosavatは、Slackでの経験から、マネタイズのための実験のうち、30%程度しかポジティブな結果を示さないとツイートした。「もしあなたが実験主導のチームにいるなら、70%の仕事が捨てられることに慣れてください。それに応じてプロセスを構築しましょう」(Mosavat 2019)。

Avinash Kaushikは、彼のExperimentation and Testing primer (Kaushik 2006)の中で、「80%の時間で、顧客が何を望んでいるかについて間違った状態にいました」と書いた。Mike Moran (Moran 2007, 240)は「Netflixでは、彼らがしようとしていることの90%は悪い方向への挑戦でした」と書いた。Quicken LoansのRegis Hadiarisは、「私は5年間実験を実施してきたが、正しく結果を推測できた確率はメジャーリーグの野球選手がヒットを出す確率と同じくらいでした。つまり、私は実験を5年間続けてきましたが、私がテストの結果を『推測』することができるのは、33%くらいでした!」(Moran 2008)。EtsyのDan McKinleyは、「ほぼすべてが失敗した」と書き、さらに「最初の試みで成功することがどれほどまれなことかを実感することで謙虚になりました。私は、この経験は普遍的なものであるが、普遍的に認識されず、認められているわけでもないのではないか?　と強く疑っています」と書いた (McKinley 2013)。最後に、Colin McFarlandは著書*Experiment!*(McFarland 2012. 20)で、「いくら自明だと思っていても、どれだけ研究をしていても、どれだけ多くの競合他社がやっていても、時には、あなたが思っている以上に、実験のアイデアは単純に失敗することが多いのです」と書いた。

すべての領域でこのような統計（と呼ぶには貧弱だが）を持っているわけではないが、顧客向けのWebサイトやアプリケーションでコントロール実験を行ったことがある人のほとんどは、この屈辱的な現実を経験している。**私たちはアイデアの価値の評価が本当に苦手なのである。**

継続的な改善

実のところ、主要なメトリクスの改善は、多くの小さな変更（0.1% から 25% くらい）によって達成されている。多くの実験では、ユーザーの一部にしか影響を与えないため、ユーザーの 10% に対して 5% の改善を行った場合、改善の影響は希釈され、はるかに小さな影響（例えば、母集団が**実験対象群**のユーザーとよく似ている場合は 0.5%）になる。Al Pacino が映画「Any Given Sunday」の中で言っているように、「勝利は 1 インチずつ」なのである。

Google 広告の例

2011 年、Google は 1 年以上の開発と実験による改良を経て、改良された広告ランキングメカニズムを発表した (Google 2011)。Google のエンジニアは、既存の広告ランキングメカニズム内での広告の品質スコアを測定するための新しい（または改良された）モデルと、広告オークション自体への変更のための開発を行い、実験を実施した。彼らは、広告主への影響をより深く理解するために、あるものはすべての市場で、またあるものは特定の市場で長期的に、何百ものコントロール実験と複数の反復実験を実行した。最終的に、この大規模なバックエンドの変更とコントロール実験の実行は、複数の計画を変更し、それらの変更を組み合わせたより高品質な広告を提供することでユーザーの体験を改善し、高品質な広告の平均価格を下げる傾向のために広告主の体験も改善したことを検証できた。

Bing 関連性チームの例

Bing の関連性（Relevance）チームは数百人のスタッフで構成されており、単一の OEC メトリクスを毎年 2% 改善することを任務としている。この 2% とは、1 年間にユーザーに配信されたすべてのコントロール実験の介入効果（OEC の変化量）の総和であり、それらが累積されるものであると仮定している。チームは何千もの改善のための実験を実行しており、その中には偶然により肯定的に見える結果も含まれるため (Lee and Shen 2018)、累積の 2% の信用度は再実験に基づいて決められる。つまりあるアイデアの実装に成功すると、だいたいは複数の反復実験と改良の後で、効果を確認するための単一条件の実験を実施する。この**確認**のための実験での介入効果が、2% の目標に向けた信用度を決定している。最近の研究成果では、介入効果を小さく見積もることで正答率が向上する、と提案している (Coey and Cunningham 2019)。

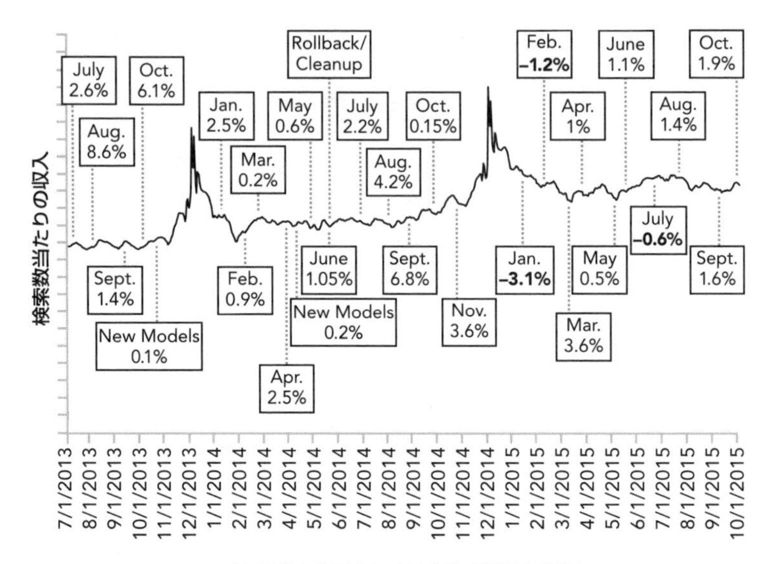

図 1.4 ● Bing 広告収入の経年推移（y 軸は約 20% の年間成長を表している）。ここでは具体的な数字は重要ではない

Bing 広告チームの例

Bing の広告（Ads）チームは、一貫して年間 15〜25% の収益を伸ばしてきた (eMarketer 2016) が、ほとんどの改善はほんの少しずつだった。毎月、図 1.4 に示すように、多くの実験の結果である「パッケージ」が出荷された。ほとんどの改善点は小さく、スペースの制約や法的要件のために、月によってはパッケージがマイナスになることさえあった。

ユーザーの購買意欲が飛躍的に高まる 12 月ごろに季節性のスパイクが生じるため、その時期に広告枠が増え、検索 1,000 件当たりの収益が増えることは参考になる。

オンラインでのコントロール実験の興味深い実例集

興味深い実験とは、予想していた結果と実際の結果の絶対的な差が大きいものである。何かが起こると思って、実際にそれが起こったのであれば、あなたは何も学んでいないことになる。逆に、何かが起こると思っていたのに、そうならなかった場合は、重要なことを学んだことになる。そして、何か小さな変化が起こると思っていて、その結果が大きな驚きであり、新たな突破口につながるとしたら、あなたは非常に価値のあることを学んだことになる。

この章の冒頭にある Bing の例や、このセクションでの例は、驚くべき、非常にポジティブな結果が得られた稀有な成功例である。一方、Bing が Facebook や Twitter などのソーシャルネットワークと統合しようとした例は、強い結果を期待していたにもかかわらず、2 年間の実験で何の価値も見出せなかったために、その努力は放棄されたという例である。

持続的な進歩は、継続的な実験と多くの小さな改善によってなされるが、Bing 広告の例のように、ここでは、私たちがいかにアイデアの価値を評価できないかを強調するため、大きな驚きの効果があったいくつかの例を紹介する。

UI の例。41 段階の青

Google でも Microsoft でも一貫して示しているように、小さなデザインの決定が大きな影響を与えることがある。Google は、Google の検索結果ページで 41 段階の青のグラデーションをテストした (Holson 2009) が、それは当時のビジュアルデザインのリーダーをいら立たせていた。しかし、Google のカラースキームの微調整は、ユーザーのエンゲージメントを大幅に向上させ（注意：Google は個々の変更の結果は報告していない）、デザインと実験の間の強力なパートナーシップにつながった。Microsoft の Bing カラーの微調整も同様に、ユーザーがタスクを完了するさいの成功率が高まり、成功までの時間が改善され、収益化が向上し、米国では年間 1,000 万ドル以上の収益向上が実現した (Kohavi et al. 2014, Kohavi and Thomke 2017)。

これらは、小さな変化が大きな影響を与えた素晴らしい例だが、この実験がすでに広範囲の色に渡って行われたことを考えると、追加の実験で色を変更することでより大きな改善が得られる可能性は低いと思われる。

適切なタイミングでのオファー

2004 年、Amazon はクレジットカードのオファーをホームページに掲載した。このオファーは非常に収益性が高かったが、クリックスルー率（CTR：click-through rate）が非常に低かった。チームは、図 1.5 に示すように、ユーザーが商品を追加した後に見るショッピングカートのページにオファーを移動させ、ユーザーが受け取るであろう節約額を強調した簡単な計算を表示する実験を行った (Kohavi et al. 2014)。

ショッピングカートに商品を追加したユーザーは明確な購入意思を持っているため、このオファーは適切なタイミングで表示されていた。この単純な変更により、Amazon の年間利益が数千万ドル増加したことがコントロール実験で実証された。

You could save $30 today with the Amazon Visa® Card:
Your current subtotal: $32.20
Amazon Visa discount: - $30.00
Your new subtotal: $2.20
Find out how
Save $30 off your first purchase, earn 3% rewards, get a 0% APR*, and pay no annual fee.

図 1.5 ● Amazon のクレジットカードのオファー。カート内の総額金額がどのくらい節約できるのかも表示

パーソナライズされたリコメンド

Amazon の Greg Linden は、ユーザーのショッピングカート内のアイテムに基づいてパーソナライズされたリコメンデーションを表示するプロトタイプを作成した (Linden 2006, Kohavi, Longbotham et al. 2009)。アイテムを追加するとリコメンデーションが表示され、別のアイテムを追加すると新しいリコメンデーションが表示される機能だった。Linden にとっては、プロトタイプは有望に見えたが、「マーケティングの上級副社長は、それが購入から人々の気をそらすだろうと主張して、それに反対していた」ことを記している。彼は「これ以上これに取り組むことを禁じられた」とも記している。それにもかかわらず、彼はコントロール実験を実行し、「その機能は、それが有効でないことの方こそがコストであり、Amazon に変化の価値を気がつかせるほどの大差で勝った。その結果、新たな緊急事項として、ショッピングカートのリコメンデーションがローンチされた」と書いた。今では、複数のサイトがカートのリコメンデーションを使用している。

多くのスピード問題

2012 年、Microsoft の Bing のエンジニアが JavaScript の生成方法を変更し、クライアントに送信される HTML を大幅に短縮してパフォーマンスを向上させた。コントロール実験では、驚くほど多くの改善されたメトリクスが示された。彼らは、サーバーのパフォーマンスへの影響を推定するために、追加の実験を行った。その結果、パフォーマンスの改善は成功率や成功までの時間などの主要なユーザーメトリクスも大幅に改善し、10 ミリ秒のパフォーマンス改善（まばたきの 1/20 の速度）ごとに、エンジニア 1 人分の年間コストを全額負担できるほどの効果があることがわかった (Kohavi et al. 2013)。

2015 年には、Bing のパフォーマンスが向上したことでサーバーが 95 パーセンタイル（つまり、クエリの 95% に対して）で 1 秒以内に結果を返すようになり、パフォーマンスの改善にまだ価値が残されているのかに疑問が生じていた。Bing の

チームが追加の実験を実施したところ、主要なユーザーメトリクスは依然として大幅に改善された。収益への相対的な影響は多少減少したが、Bing の収益はそれまでに大幅に改善していた。この実験とパフォーマンスの重要性についての詳細なレビューは 第 5 章 を参照。

パフォーマンスの実験は、複数の企業で行われパフォーマンスがいかに重要であるかを示す結果が得られている。Amazon では、100 ミリ秒のスローダウン実験で売り上げが 1% 減少した (Linden 2006b, 10)。Bing と Google の共同講演 (Schurman and Brutlag 2009) では、ユニークなクエリ数、収益、クリック数、満足度、クリックまでの時間などの主要なメトリクスにパフォーマンスが有意に影響することが示された。

マルウェアの削減

広告領域は収益性の高いビジネスであり、ユーザーがインストールした “フリーウェア” には、ページを広告で汚すマルウェアが含まれていることがしばしばある。図 1.6 は、Bing からの結果ページがマルウェアを含むユーザーにどのように見えたかを示す。複数の広告（太枠で強調表示）がページに追加されていることに注意 (Kohavi et al. 2014)。

Bing 広告が削除され、Microsoft の収益を奪っただけでなく、低品質の広告や、しばしば無関係な広告が表示され、なぜこんなに多くの広告が表示されているのか気づいていないかもしれないユーザーに、質の低いユーザー体験を提供していた。

Microsoft は、影響を受ける可能性のある 380 万人のユーザーを対象に、DOM（Document Object Model）を修正する基本的なルーチンを上書きし、信頼できるソースからの限定的な修正のみを許可するコントロール実験を実施した (Kohavi et al. 2014)。結果は、ユーザー 1 人当たりのセッション数を含む Bing の主要なメトリクスのすべてに改善が見られ、ユーザーがより頻繁に訪問するようになり、利用停止が少なくなったことを示していた。さらに、ユーザーは検索の成功率が高くなり、有益なリンクをクリックするのが早くなり、年間収益は数百万ドル改善された。また、以前に説明した主要なパフォーマンス指標であるページロード時間は、影響を受けたページで数百ミリ秒の改善が見られた。

バックエンドの変更

バックエンドのアルゴリズムの変更は、コントロール実験を使用する領域として見落とされることが多い (Kohavi, Longbotham et al. 2009) が、大きな結果を得ることができる。このことは、Google, LinkedIn, Microsoft のチームが、さきほどまでの例で説明したように、多くの段階的な小さな変更に取り組んでいる様子や、下記の

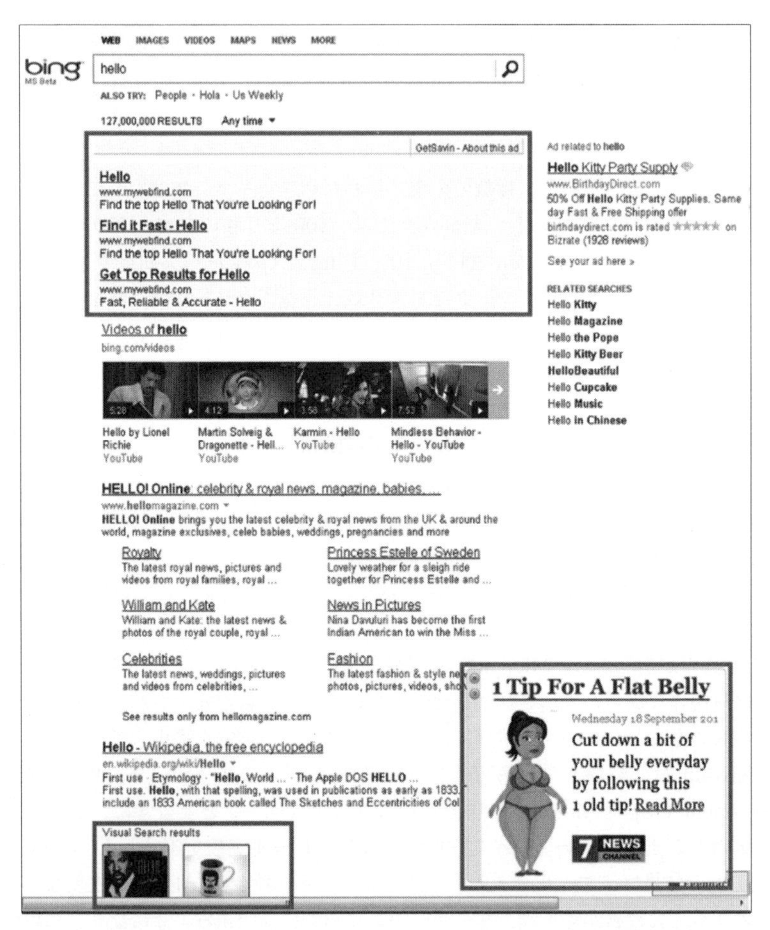

図 1.6 ● マルウェアが入ったユーザーが見る Bing のページ。広告が大量に表示される

Amazon の例の、どちらでも示されている。

2004 年時点で、2 つの集合に基づいたリコメンデーションのための優れたアルゴリズムがすでに存在していた。Amazon のリコメンデーションは「アイテム X を買った人がアイテム Y を買った」という情報だけでなく、「アイテム X を**見た**人がアイテム Y を買った」「アイテム X を見た人がアイテム Y を**見た**」というより一般化された情報に基づいていた。同様のアルゴリズムを 「X を**検索**した人が Y を買った」にも使うことが提案された。このアルゴリズムの支持者は、Kiefer Sutherland が主演したテレビ番組を連想する人が多い "24" のようなクエリ意図が特定しにくい検索の

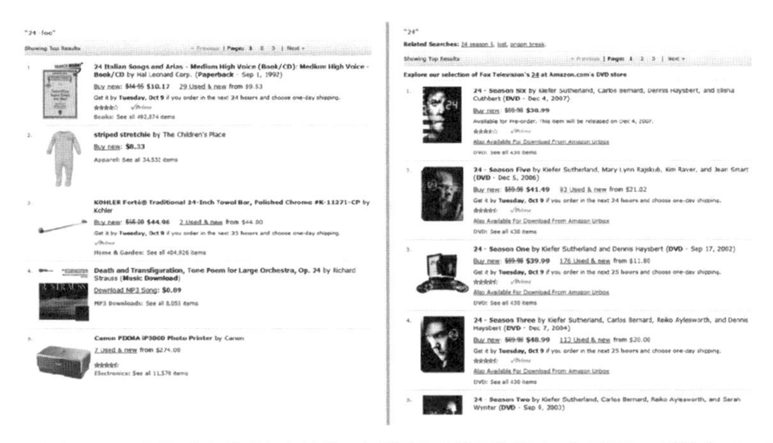

図 1.7 ● Amazon で "24" と検索した結果。左が従来手法の結果で、右が新しい手法（behavior–based–search, BBS）での結果

例をあげていた。Amazon の検索では、24 のイタリアの歌が収録された CD、生後 24 ヶ月の幼児用の服、24 インチのタオルバーなど、良くない結果が返ってきていた（図 1.7 の左）。新しいアルゴリズムは、"24" で検索した後に実際に購入した商品に基づいて、番組の DVD や関連書籍を返すという一流の結果をもたらした（図 1.7 の右）。このアルゴリズムの弱点の 1 つは、検索フレーズに含まれている単語が含まれていない商品が出てくることだったが、この弱点にもかかわらず、Amazon はコントロール実験を行い、この変更によって Amazon の全体的な収益が 1% 増加した。

戦略、戦術、そしてそれらと実験との関係性

オンラインでのコントロール実験を実行するために必要な要素が満たされた場合、戦略から戦術までのあらゆるレベルで、組織の意思決定に情報を提供するために実験を実行すべきである。

戦略とコントロール実験には相乗効果がある (Porter 1996, 1998)。Lean Strategy の David Collis は「イノベーションと実験を位置すべき場所の境界を確認するといった効果的な戦略によって、企業家的行動は抑制ではなく、むしろ促進される」(Collis 2016) と書いた。彼は、硬直した計画や自由奔放な実験といった両極端な状況にならないように、**リーン戦略のプロセス**を定義した。

適切なメトリクスを用いて実行された良い実験には、事業戦略、製品設計を補完し、組織をよりデータ駆動にし、業務効率を向上させることができる。戦略を OEC

に要約することで、コントロール実験は戦略のための偉大なフィードバックループを提供できる。実験で評価されたアイデアはOECを十分に改善しているだろうか? そうでなくても、実験からの驚くべき結果により、代わりとなる戦略的機会を目立たせ、意思決定を方針変換へと導くことができるだろう (Ries 2011)。プロダクトデザインの決定は一貫性にとって重要であり、複数のプロダクトデザインを試すことはデザイナーに有益なフィードバックループを提供する。最後に、多くの戦術的な変更は業務効率、すなわちPorterによって定義された「ライバルと同じような活動をよりうまく実施すること」(Porter 1996)、を改善することができる。

ここでは、2つの重要なシナリオを確認する。

シナリオ1：事業戦略があり、実験するのに十分な数のユーザーがいるプロダクトがある

このシナリオでは、実験は、現在の戦略とプロダクトに基づいて局所最適に向かった登り方を助けることができる。

- 実験は、ROIの高い分領域を特定するのに役立つ：費やした努力に対してOECを最も改善できる分野のことである。MVPを用いてさまざまな領域を試すことで、大きなリソースを投入する前に、より広範囲の領域をより迅速に探索することができる。
- 実験は、デザイナーにとっては自明ではないかもしれない大きな変更（色、間隔、パフォーマンスなど）での最適化にも役立つ。
- 「完全なサイトの再設計」にチームで取り組むよりも、より良いサイトのリデザインに向けた継続的な試行錯誤を助ける。ユーザーが旧機能にプライマシー効果（つまり、旧機能の動作方法に慣れていること）を与えることで、リデザインは一般的には目標を達成できないばかりか主要なメトリクスで旧サイトから悪化することもある (Goward 2015, slides 22-24, Rawat 2018, Wolf 2018, Laja 2019)。
- 実験は、リコメンデーションアルゴリズムやランキングアルゴリズムなどのバックエンドのアルゴリズムやインフラストラクチャを最適化する上で重要な役割を果たす。

戦略を持つことは実験を実行する上で非常に重要である。戦略が定義され、チームがOECの最適化と改善を行う権限を与えられると、コントロール実験はイノベーションを加速させるのに有益である。OECが適切に選択されていない場合、実験が悪用されることがあり得る。メトリクスの選択は、主要な特性の他に、ゲーム化しないことも満たすべきである（第7章を参照）。

私たちの会社では、実験を適切に実行する方法に焦点を当てたチームだけでなく、メトリクスの選択、メトリクスの検証、メトリクスの時間的な進化に焦点を当てたチームもある。メトリクスの進化は、時間の経過とともに戦略が進化していくことで起こるだけでなく、例えばCTRのゲーム性が高すぎるために進化する必要があるなど、既存のメトリクスの限界を知ることでも起こり得る。測定のチームはまた、実験が通常より短い時間で実行できるように、短期的に測定可能な指標のうちどれが長期の目的に役立つかを決定する仕事も行う。Hauser and Katz (1998) は、「チームが今日影響を与えることができ、かつ最終的には会社の長期目標に影響を与える測定基準を特定しなければならない」(第7章を参照) と書いた。

OEC に向けた戦略の締結はまた「Strategic Integrity」を作成することになる (Sinofsky and Iansiti 2009)。著者らは「Strategic Integrity は華麗な作戦を工作することでもなく、完璧な組織を得ることでもない。正しい戦略を得ることとは、正しい戦略を得るための方法について知り、その認識がそろった組織によってなされるものである。それはトップダウンに指示された意見をボトムアップの仕事と一致させることである」と指摘した。OEC は、戦略を明確にし、どの機能を世に出すかを戦略的に調整するための完璧なメカニズムである。

極論すると、良い OEC がなければ資源を無駄にしていることになる。例えば、沈没するクルーズ船で食事や照明を改善するために実験をすることは無駄である。これらの実験のための OEC では乗客の安全に対する項への重みは非常に高くなければならない。具体的には、安全性を低下させる意思決定が生じ得ないほどに重みは高くなる。このような状況は、OEC の高い重みを介して、あるいは同等な効果があるものとしてガードレールのメトリクスに乗客の安全性を採用することで、表現することができる (第21章を参照)。ソフトウェアでは、クルーズ船の乗客の安全性とのアナロジーは、ソフトウェアのクラッシュである。ある機能が製品のクラッシュを増加させている場合、その機能が影響する他の要因とは比較にならないほどに、その体験は非常に悪いものとみなされる。

実験のためにガードレールのメトリクスを定義することは、戦略が「何をしないかを選ぶための競争のトレードオフ」(Porter 1996) でもあり、組織が変更しないものを識別するために重要である。不運にもイースタン航空401便が墜落したのは、乗組員が着陸装置のインジケーターランプに集中していたためで、自動操縦が誤って解除されたことに気づかなかったからである。重要なガードレールメトリクスである高度は徐々に低下し、飛行機は1972年にフロリダのエバーグレーズで墜落し、101人の死者を出した (Wikipedia contributers, Eastern Air Lines 401 Flight 2019)。

Porter が「日本企業は戦略を持たない」(1996) と題したセクションや Varian が「Kaizen」(2007) と題した記事で述べているように、業務効率の改善は長期的な差別化や優位性を提供することが可能である。

シナリオ 2：プロダクトと戦略があるが、結果は方針の転換を検討する必要があることを示唆していた

シナリオ 1 では、コントロール実験は局所化に向けた坂道を登っていく上で非常に有効なツールである。アイデアを多次元空間にマッピングし、最適化すべき OEC を高さとして捉えれば、山頂に向かって一歩ずつ歩む過程だとみなせる。しかし、変化率に関する内部データに基づいても、成長率や他のベンチマークに関する外部データに基づいても、時には方針転換を考慮する必要があり得る。多次元空間上でのより高い丘（広域最適化）と思わしき場所にジャンプしたり、戦略と OEC（地形の形状に対応）を変更したりする必要があるかもしれない。

一般的に、私たちは常にアイデアのポートフォリオを持つことを勧める。ほとんどは現在の場所の「近く」に最適化する試みへの投資であるべきだが、いくつかの急進的なアイデアは、上記のジャンプがより大きな丘につながるかどうかを確認するために試してみるべきである。私たちの経験では、ほとんどの大きなジャンプは失敗する（例えば、サイトの大規模な再設計）が、まれな成功は、多くの失敗を補えるほどの大きな成功になることもあり、これもリスクと報酬のトレードオフで考える必要がある。

急進的なアイデアを実験するときには、実験の実行方法や評価方法が多少変わる。具体的には、以下の事柄を検討する必要がある。

- 実験の期間。例えば、主要な UI の再設計をテストする場合、短期的に測定される実験的変化は、プライマシー効果や変化嫌悪の影響を受ける可能性がある。コントロール群と介入群の直接比較では、真の長期的な効果を測定できない場合があり得る。両面市場では、変更をテストしても、十分な規模でない限り、市場に影響を与えない可能性がある。非常に寒い部屋の中の角氷を例に考える。室温からの小さな温度上昇は目立たないかもしれないが、いったん融点（華氏 32 度）を超えると、角氷は溶けてしまう。前述の Google 広告の例での国レベルの実験のように、より長く、より大きな実験、または代替デザインが、これらのシナリオでは必要になるかもしれない（第 23 章を参照）。
- テストされるアイデアの数。各実験が全体的な戦略の一部である特定の戦術だけのテストであるため、多くの異なった実験を必要とするかもしれない。OEC の改善に失敗した単一の実験は必ずしも全体的な戦略が悪いことを示さず、単に特定の戦術が貧弱であることが原因であるかもしれない。戦略がより広範なものであるのに対し、実験は設計上、特定の仮説のみの検証となる。コントロール実験は戦術を磨くことを助けるか、または戦術の非有効性を示し、方針転換の判断の強化ができる (Ries 2011)。コントロール実験によって評価できる多くの戦術が失敗すれ

ば、それは Winston Churchill の格言「どんなに美しい戦略であっても、たまには結果に目を向けるべきである」について考える時間かもしれない。Bing は約 2 年間、ソーシャルメディア、特に Facebook や Twitter と統合し、ソーシャル検索結果で第 3 の領域を開くという戦略をとっていた。この戦略に 2,500 万ドル以上を費やしても、主要なメトリクスに大きな影響を与えなかった後、この戦略は放棄された (Kohavi and Thomke 2017)。大きな賭けをあきらめるのは難しいかもしれないが、経済理論は失敗した賭けはサンクコストであることを教えるし、多くの実験を行う中で収集された利用可能なデータに基づいて、将来を見据えた判断をすべきである。

Eric Rics は、明確な欠陥があることが判明した計画をうまく、忠実に、そして厳密に実行した企業に対して「達成された失敗」という単語を使った (Ries 2011)。

> 代わりに彼が推薦するリーンスタートアップの方法論は、スタートアップの努力を、どの部分が素晴らしく、どの部分が狂っているかを見るために戦略をテストする実験として再構成している。真の実験は科学的方法にならう。それは起こることになっていることを予測する明確な仮説から始まる。そして、それらの予測を経験的にテストする。

戦略を評価するための実験を実行している時間と挑戦を正当化するため、Sinofsky and Iansiti (2009) は、「…… リスクと不確実性に満ちたものとしての製品開発プロセス。これらは 2 つの非常に異なる概念である …… 私たちは不確実性を減らすことはできません — あなたはあなたが知らないものを知らない」と書いた。

このSinofsky と Iansiti の主張に私たちは同意しない。コントロール実験を実行する能力により、実用最小限の製品（Minimum Viable Product：MVP）(Ries 2011) を試し、データを収集し、反復することで、不確実性を大幅に削減できる。誰もが新しい戦略のテストに数年間もの投資をできるわけではなく、その場合は不確実性に直面しながらの意思決定を行う必要があり得る。

覚えておくと便利な概念の 1 つに、Douglas Hubbard (2014) の情報の期待値（Expected Value of Information：EVI）といったものがある。これは、追加情報が意思決定にどのように役立つかを表現している。再掲するが、コントロール実験を実行する能力により、実用最小限の製品（Minimum Viable Product：MVP）(Ries 2011) を試し、データを収集し、反復することで、不確実性を大幅に削減できる。

参考文献

オンライン実験や A/B テストに直接関係する本はいくつもある (Siroker and Koomen 2013, Goward 2012, Schrage 2014, McFarland 2012, King et al. 2017)。ほとんどの本は動機付けにとっては素晴らしいが、統計的には不正確である。Georgi Georgiev の最近の書籍には、包括的な統計学的説明が含まれている (Georgiev 2019)。

コントロール実験に関連する文献は膨大にある (Mason et al. 1989, Box et al. 2005, Keppel, Saufley and Tokunaga 1992, Rossi, Lipsey and Freeman 2004, Imbens and Rubin 2015, Pearl 2009, Angrist and Pischke 2014, Gerber and Green 2012)。

Web 上でコントロール実験を実行するためのいくつかの入門書は Web 上にある (Peterson 2004, 76–78, Eisenberg 2005, 283–286, Chatham, Temkin and Amato 2004, Eisenberg 2005, Eisenberg 2004); (Peterson 2005, 248–253, Tyler and Ledford 2006, 213–219, Sterne 2002, 116–119, Kaushik 2006)。

マルチアームバンディットは実験手法の一種で、実験の進行に合わせて実験群へのトラフィックの割り当てを動的に更新する手法である (Li et al. 2010, Scott 2010)。たとえば、1 時間ごとに実験の割り当てを見直すことで、各実験群がどのようなパフォーマンスを示しているかを確認し、各実験群が受け取るトラフィックの割合を調整することが可能である。うまくいっているように見える実験群はより多くのトラフィックを得られ、うまくいっていないように見える実験群へのトラフィックはより少なくなる。

マルチアームバンディットに基づく実験は、実験の終了を待つのではなく、勝利した実験群に向かって徐々にトラフィックを増やすので、通常は「古典的な」A/B 実験よりも効率的である。マルチアームバンディットを用いるのに適した問題は幅広くあるが (Bakshy, Balandat and Kashin 2019)、いくつかの制限がある。その中でも主要な制限は、評価目的が単一の OEC である必要があること（例えば、複数のメトリクス間のトレードオフを単純に定式化しておく）、および OEC はトラフィック変更のタイミングまでに明確に測定することができる（例えばクリックスルー率対セッションなど）といったものである。また、悪い実験群にさらされたユーザーを、他の勝ち組実験群に不均等に分配することによってもたらされる潜在的なバイアスが存在する可能性もある。

2018 年 12 月、本書の共著者である 3 人は、「First Practical Online Controlled Experiments Summit（第 1 回 実践的オンラインでのコントロール実験サミット）」を開催した。Airbnb, Amazon, Booking.com, Facebook, Google, LinkedIn, Lyft, Microsoft, Netflix, Twitter, Uher, Yandex, Stanford 大学を含む 13 の組織が合

計 34 人の専門家を派遣し、ブレイクアウトセッションから概説と挑戦を発表した (Gupta et al.2019)。この挑戦について興味のある読者には、その論文を読むことを推奨する。

第2章
実験の実行と分析
～ 一連の流れの例 ～

事実が少ないと、意見が強くなる。

— *Arnold Glasow*

第1章では、コントロール実験とは何か、そして、意思決定をするさいには直感に頼らず実際のデータを取得することの重要性を確認した。この章の例では、実験の設計、実行、分析の基本原則を探る。これらの原則は、Webサーバーやブラウザ、デスクトップアプリケーション、モバイルアプリケーション、ゲーム機、アシスタントなど、ソフトウェアがデプロイされているものであれば何でも適用できる。簡単かつ具体的に説明するために、ここではWebサイトの最適化の例に焦点を当てる。第12章では、ネイティブデスクトップやモバイルアプリなどのシッククライアントで実験を実行する場合の違いを強調する。

実験のセットアップ

とある商品を販売する架空のオンラインコマースサイトを例に説明する。新しい機能の導入、ユーザーインターフェース（UI）の変更、バックエンドの変更など、テストできる変更は多岐に渡るとする。

この例では、マーケティング部門は、商品の割引のためのクーポンコードを含むプロモーションメールを送信することで、売り上げを伸ばしたいと考えているとする。同社はこれまでクーポンを提供していなかったため、この変更はビジネスモデルの変更の可能性がある。しかし、同社の従業員は最近、Dr. Footcareがクーポンコードを追加した後に大きな収益を失ったという記事 (Kohavi, Longbotham et al. 2009, 2.1) と、クーポンコードを削除することがGood Lorgではポジティブなパターンだったという記事 (Linowski 2018) を読んでいた。これらの外部データを考えると、クーポンコードの入力欄を購入確認画面に追加すると、クーポンがないときに収益が低下する、つまり、この入力欄を見たユーザーがクーポンコードを検索したり、購入をあきらめたりすることでユーザーの行動が鈍ることを懸念した。

単純にクーポンコードの入力欄を追加した場合の影響を評価したいとする。例えるなら、偽のドアを作ったり、壁にペンキを塗ったりすれば、どれだけの人がそれを開けようとするかを見ることに近い (Lee 2013)。このケースでは、購入確認ページにクーポンコードの入力欄を追加するというささいな変更を実装する。コードがないので、本当の意味でのクーポンコードのシステムは実装していない。ユーザーが何を入力しても、システムは「無効なクーポンコード」と表示する。私たちの目的は、単にこのクーポンコードの入力欄が収益に与える影響を評価し、クーポンコードが人々を購入完了から気を散らさせるといった懸念を確認することである。これは単純な変更なので、2 つの UI 実装をテストする。アイデアと実装を評価するために、いくつかの介入群を同時にテストするのが一般的である。この場合、アイデアはクーポンコードの追加であり、実装は特定の UI の変更となる。

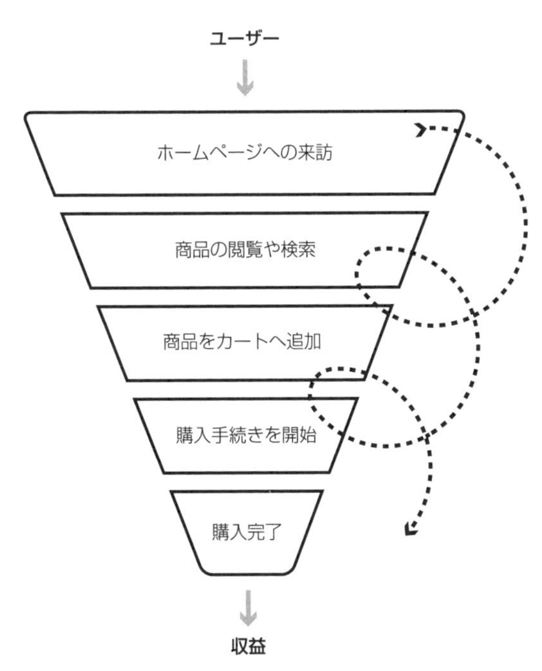

図 2.1 ● ユーザーのオンラインショッピングのファネル。ユーザーはファネルを後戻りせずに進むのではなく、スキップ、リピート、またはステップ間を行ったり来たりすることがある

この単純な A/B テストは、新しいビジネスモデルの実現可能性を評価する上で重要なステップである。

この UI 変更の提案を仮説に変換するさいには、図 2.1 に示すように、オンラインのショッピングのプロセスをファネルとして考えると便利である。顧客はホームページから入り、いくつかの商品を閲覧し、カートに商品を追加し、購入プロセスを開始し、最終的に購入を完了する。もちろん、ファネルの考え方は単純化しすぎており、顧客が後戻りせずにステップをやり通すことはほとんどない。しかし、たいていの実験の目標はファネル内の特定のステップの改善であるため、この単純なモデルは実験の設計と分析を通して考える上で有用である (McClure 2007)。

私たちの実験では、購入確認ページにクーポンコードの入力欄を追加し、図 2.2 に示すように、2 つの異なる UI をテストしている。今回の仮説は「購入確認ページにクーポンコードのフィールドを追加すると、収益が低下する」となる。

変更の影響を測定するためには、ゴールメトリクス、つまり成功のための指標を定義する必要がある。ちょうどゴールメトリクスが 1 つだけのとき、私たちはそのメト

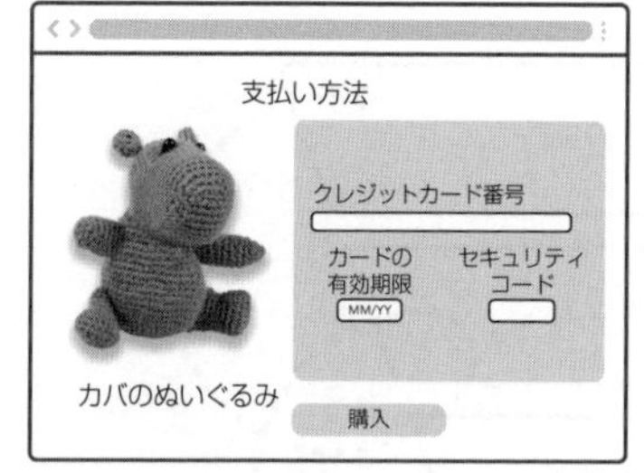

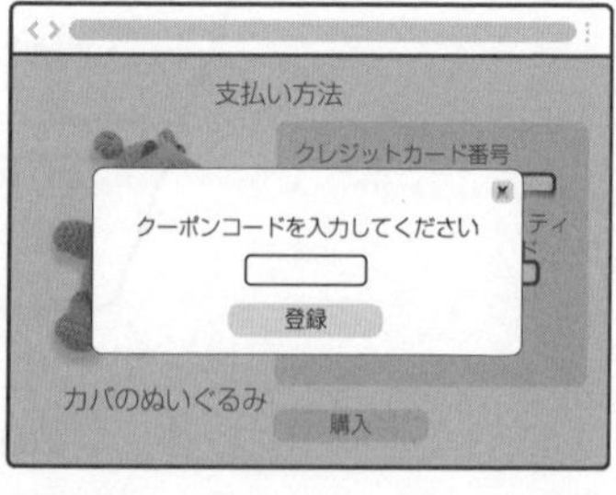

図 2.2 ● (1) コントロール群、今までどおりの購入確認ページ。(2) 介入群 1、クレジットカード情報の下にクーポンコードやギフトコードの入力欄がある。(3) 介入群 2、ポップアップにクーポンコードやギフトコードを入力させる

リクスを OEC として直接使用することができる（第 7 章を参照）。この実験での明白な選択の 1 つは、収益を用いることであろう。全体的な収益を増加させたい場合でも、収益の合計を直接使用することは推奨されないことに注意。実験群が同じトラフィックで割り当てられている場合でも、実際のユーザー数は偶然のために異なる可能性がある。キーメトリクスを実際のサンプルサイズで正規化するため、**ユーザー当たりの収益**を OEC とおくことを推奨する。

次に考える重要な問題は、ユーザー当たりの収益という指標に対し、どのユーザーを分母とするかを決定することである。

- **サイトを訪問したすべてのユーザー。**これは有効である。しかし、変更が行われた購入確認ページに訪問しなかったユーザーが含まれているため、ノイズが多い。購入確認を開始しなかったユーザーは、今回の変更の影響を受けないことがわかっている。これらのユーザーを除外すると、より精密な A/B テストとなる（第 20 章を参照）。
- **購入プロセスを完了したユーザーのみ。**この選択は適切でない。なぜなら、これは購入を完了したユーザーの割合へではなく、購入額に影響を与えると仮定しているからである[*1]。より多くのユーザーが購入した場合、総収入が増加しても、ユーザー当たりの収入が減少する可能性がある。
- **購入プロセスを開始したユーザーのみ。**これは、今回の変更がファネル内のどこにあるかを考えると、最適な選択といえる。今回の変更の影響を受ける可能性があるすべてのユーザーが含まれ、結果を希釈してしまう変更の影響を受け取らなかったユーザー（購入を開始しないユーザー）は含まれない。

よって、より洗練された仮説は、「購入確認ページにクーポンコード入力欄を追加すると、購入プロセスを開始するユーザーの 1 ユーザー当たりの収益が低下する」である。

仮説検定。統計的有意差を確立するもの

実験をデザインしたり、実行したり、分析したりする前に、統計的仮説検定に関連するいくつかの基本的な概念を確認する。

まず、ベースラインの**平均値**と平均の**標準誤差**の理解によって、メトリクスを特徴付ける。言い換えれば、実験のサイズを適切に決定し、分析中に統計的有意性を計算するためには、統計的ばらつきを知る必要がある。ほとんどのメトリクスは平均値の

[*1] 訳注：今回の実験は購入確認での離脱、つまりユーザーの購入を完了する割合に影響があると考えられるため。

測定だが、パーセンタイルなどの他の要約統計量を選択することもできる。実験感度、つまり統計的に有意な差を検出する能力は、平均の標準偏差が低いほど向上する。これは典型的には、より多くのトラフィックを実験群に割り当てるか、あるいは実験をより長く実行すること（ユーザー数が時間の経過とともに増加するため）によって達成できる。しかしながら、後者はいくつかのメトリクスでは時間の経過とともに「成長する」分散を持つのに対して、ユニークユーザー数の成長はリピートユーザーのために線形より小さくなり、最初の数週間以降ではそれほど効果的ではないことがあり得る (Kohavi et al. 2012)。

実験を実行するときには、1 つのサンプルでメトリクスを特徴付けるのではなく、複数のサンプルを用意する。具体的には、コントロール実験では、**コントロール**に 1 つサンプルを、**介入群**に 1 つサンプルを用意することになる[*2]。私たちは、平均が同じであるという**帰無仮説**を与え、コントロール群のサンプルと介入群のサンプルのペアの間に差がありそうにないかどうかを検定によって定量的に見る。もし差がありそうにないといえそうもない場合、私たちは帰無仮説を棄却し、その差が統計的に有意であると主張する。具体的には、コントロール群のサンプルと介入群のサンプルからの 1 ユーザー当たりの収益推定値を与えられた場合、それらの間の差が、帰無仮説が真であると仮定した場合に観察される、または、より極端な差が観察される確率である p 値を計算する。p 値が十分に小さければ、私たちは帰無仮説を棄却し、私たちの実験は効果がある（または結果が統計的に有意である）と結論付ける。次の疑問は、十分に小さいとは何を指すか、である。

科学の世界では基準に 0.05 未満の p 値を使用している。つまり、本当に効果がない場合に、100 回中 95 回は効果があるとは言えないと正しく推論できるということである。差が統計的に有意かどうかを調べるもう 1 つの方法は、**信頼区間**がゼロと重なっているかどうかを確認することである。95% 信頼区間とは、試行回数の 95% の真の差をカバーする範囲のことであり、かなり大きなサンプルサイズの場合、通常、コントロール群と介入群の間で観察された差分を中心にし、その両側を標準誤差の 1.96 倍で拡張したものである。図 2.3 は、2 つの見方の等価性を示している。

統計的検出力とは、実験群の間に意味のある差が本当にあるときにそれを検出できる確率のことである（統計的にいうと、差があるときに帰無仮説を棄却できる確率）。実戦的にいえば、あなたの実験があなたの想定よりも大きな変化が起こった場合に高確率で結論付けることができるよう、実験には十分な検出力が求められる。通常、標本サイズが大きければ大きいほど、より多くの検出力を得ることができる。80～90% の検出力を持つように実験を設計するのが一般的である。第 17 章では、統計学的な

[*2] 訳注：この場合、サンプル数は 2 である。一方、サンプルサイズは各実験群ごとに異なる実験群内の実験単位の数である。混乱しがちな用語であるので注意。またサンプルサイズは母数と表記されがちだがこれは誤用である点にも注意。

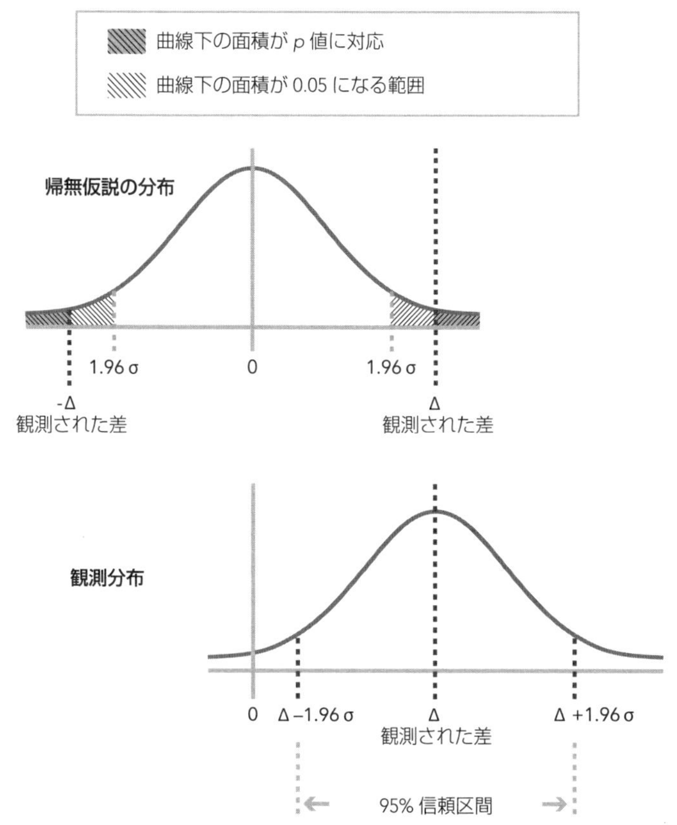

図 2.3 ● 上：観測された差分が統計的に有意であるかどうかを評価するために p 値を使用。p 値が 0.05 未満の場合、その差が統計的に有意であるとみなす。下：統計的有意性を評価するために 95% 信頼区間 $[\Delta - 1.96\sigma,\ \Delta + 1.96\sigma]$ を使用。ゼロの点が信頼区間の外側にある場合、有意差があるとみなす。上図と同一の結果

詳細についてさらに説明している。

「統計的有意性」は、あなたが観察した結果や、より極端な結果が、仮定した帰無仮説の下に偶然に起こった可能性がどれだけあり得るかを測定するが、すべての統計的に有意な結果が実質的に意味のあるものであるとは限らない。今回の場合、ビジネスの観点から実際に 1 ユーザー当たりの収益ではどの程度の違いが重要なのか、言い換えれば、どのような変化が**実用上重要なのか**は統計学的には決められない。この実質的な境界線を確立することは、その違いが変更を行うコストに見合うものかどうかを理解する上で重要である。Google や Bing のように、あなたの Web サイトが数十

億ドルの収益を上げている場合、0.2% の変更は実質的に重要である。それに比べて、スタートアップの企業では 10% 以上改善する変更を探し 2% の変更でさえ小さすぎると考えるかもしれない。今回の例では、ビジネスの観点から見て、ユーザー 1 人当たりの収益が 1% 以上増加することは、重要な変更、または実用的に重要であるとする。

実験デザイン

これで実験を設計する準備ができた。私たちには仮説があり、実用的な有意性の境界があり、メトリクスを特徴付けた。実験デザインの最終的な決定は、下記の部分的な結論の集合によってなされる。

1. ランダム化単位は何か?
2. ターゲットにしたいランダム化単位の母集団は何か?
3. 実験に必要な標本の大きさ（標本サイズ）はどのくらいか?
4. どのくらい期間、実験を実施するのか?

ひとまず、**ユーザー**をランダム化単位と仮定する。**ユーザー**は極めて妥当かつよく用いられる選択である。第 14 章ではユーザー以外をランダム化単位とする方法について議論する。

特定の母集団をターゲットにするということは、特定の特性を持つユーザーのみを対象に実験を行うことを意味する。例えば、新しいテキストをテストしているが、その新しいテキストはいくつかの言語でしか表示されない場合、インターフェイスのロケール設定にその言語を指定しているユーザーだけをターゲットにすることができる。その他の一般的なターゲティング属性には、地理的な地域、プラットフォーム、デバイスの種類などがある。この例では、すべてのユーザーをターゲットにしていると仮定する。

実験のサイズ（私たちにとってはユーザー数）は、結果の精度に直接影響を与える。小さな変化を発見したい、結論に自信を持ちたいという場合には、より多くのユーザーでより大規模な実験を行う。以下に検討すべき変更点を示す。

- OEC として**ユーザー 1 人当たりの収益**を使用する代わりに、**購入指標**（すなわち、ユーザーが購入金額に関係なく購入したかどうか）を使用する場合、標準誤差は小さくなる。これは同じ感度を達成するために今と同数のユーザーに介入する必要がないことを意味する。
- 1% の変化を検出することを気にせず、実用的な有意水準を上げ、より大きな変化だけを検出するとすれば、より大きな変化の方が検出しやすいので、サンプルサイズ（サンプル内のユーザー数）を小さくすることができる。
- 帰無仮説を棄却する前に、変化が起こったことをより確実にするために 0.01 のような低い p 値をしきい値として使用したい場合は、サンプルサイズを増やす必要がある。

ここでは、実験のサイズを決めるさいに考慮すべきことをいくつか紹介する。

- 実験の安全性はどのくらい求められるか。ユーザーがどのように反応するかわからないような大きな変更の場合は、最初はユーザーの割合を少なくして始めた方がよい可能性がある。この可能性は、最終的な実験規模の選択に影響を与えるべきではないが、実験に参加させるユーザー数を増加するための戦術に影響する（詳細は 第 15 章 を参照）。
- この実験は他の実験とトラフィックを共有する必要があるのか、そして共有する場合、要求されるトラフィックをどのように配分するのか。高いレベルでは、テスト対象の他の変更がある場合、それらの変更を同時に実行するか、順次実行するかを選択することができる。複数同時に実施されるテストの間でトラフィックを分割しなければならない場合は、各テストはより少ないトラフィックで終了してしまう。第 4 章 では、テストを単一のレイヤーもしくはオーバーラップして実行することについて、さらに重要なこととしてすべての実験をスケールするための適切なインフラストラクチャをどのように構築するかについて述べている。

もう 1 つの大きな質問は、どのくらいの期間で実験を実施するかである。ここではいくつか考慮すべき要因をあげる。

- **より多くのユーザー。**オンライン実験では、ユーザーが時間の経過とともに実験に流入するので、長い実験が実行されるほど、実験により多くのユーザーが割り当てられる。これは通常、統計的検出力の増加につながる（ただし例外もある。測定するメトリクスが蓄積される場合、例えばセッション数の増加に伴いその分散も増える場合など。詳しくは 第 18 章 を参照）。また、同じユーザーが戻ってくる可能性があることを考えると、時間経過に伴うユーザー蓄積率は線形未満になる可能性がある。つまり、初日に N 人のユーザーがいた場合、2 日目までのユーザーは $2N$ 人より少ない。
- **曜日効果。**平日と週末ではユーザーの分布が異なる場合がある。同じユーザーだとしても、異なる行動をとる可能性もある。実験が週単位のサイクルを確実に捉えることは重要である。そのため、最低でも 1 週間は実験を実行することを推奨する。
- **季節性。**祝日など、ユーザーの行動が異なる考慮すべき重要な時期が他にもあるだろう。グローバルなユーザーベースを持っている場合、米国と米国以外の祝日が影響を与える可能性がある。例えば、ギフトカードを販売することは、クリスマスシーズンには効果があるかもしれないが、他の時期には効果がないかもしれない。これは**外的妥当性**と呼ばれ、とある期間の結果を他の期間に一般化できる程度のことを指す。
- **プライマシー効果とノベルティ効果。**実験初期の効果が大きくなったり小さくなったりする傾向があり、効果の安定に時間がかかる実験がある。例えば、ユーザーが新しい派手なボタンを試してみたが、それが役に立たないことに気づき、そのボタンのクリック数は時間の経過とともに減少していく場合があり得る。一方で、慣れが必要な機能は、その慣れの効果が現れるまで時間がかかる。

今回の実験デザインは以下のように作られる。

1. ランダム化単位はユーザーである。
2. すべてのユーザーを対象にし、購入確認ページに訪れたユーザーを分析する。
3. 1ユーザー当たりの収益の1%以上の変化に80%の検出力を持たせるため、検出力の分析を行って実験サイズを決定する。
4. これらの条件は、コントロール群/介入群1/介入群2を34%/33%/33%で分割した最小4日間の実験を実行する必要があると変換された。ただし、曜日の効果を理解するために、丸一週間実験を実行し、プライマシー効果やノベルティ効果を検出した場合は、実験期間が長くなる可能性がある。

一般的には、セグメントごと（地理的地域やプラットフォームなど）にも調査する必要がある場合や、いくつかの主要なメトリクスの変化を検出するために、実験が十分な検出力を持つことを保証する必要がある場合に、実験を過剰な検出力で行うことは問題ない。それどころか推奨されることさえある。例えば、すべてのユーザーの収益の影響を検出するのに十分な検出力を持っていたとしても、カナダのユーザーだけを見たい場合には十分な検出力を持っていないかもしれない。また、コントロール群と介入群のサイズをほぼ同じにしたが、介入群の種類が増えた場合は、コントロール群のサイズを介入群のサイズよりも大きくすることを検討する（詳細については第18章を参照）。

実験の実施とデータの収集

ここでは、実験を実施し必要なデータの収集に関係する箇所の概要を簡単に説明する。より詳細な解説は第4章にて行う。

実験の実施には下記2つの両方が必要である。

- ユーザーがサイトとどのようにインタラクションしているか、また、そのインタラクションがどの実験に属しているかについてのログデータを取得するための**装**

置（第 13 章 を参照）。
- 実験の設定から実験群への割り当てまで、実験を実行できるようにするための**インフラストラクチャ**。詳細は 第 4 章 の実験プラットフォームと文化を参照。

ひとたび実験を実行し、必要な装置でログデータを集めたら、データを処理し、要約結果や統計を計算し、結果を可視化する（第 4 章 と 第 16 章 を参照）。

結果を解釈する

実験のデータが収集できたとする。ユーザー 1 人当たりの収益の結果を見る前に、実験が適切に実行されたことを確認するためにいくつかの正当性の確認が必要である。

実験結果を無効にしてしまうようなバグが忍び込む方法はたくさんある。それらを捕らえるために、**ガードレールメトリクス**または**不変性メトリクス**を確認する。不変性メトリクスは、コントロール群と介入群の間で変化してはならない。もし変化したのならば、測定された差異は、テストされた機能によってではなく、他の変更からの結果である可能性が高い。

不変性メトリクスには 2 種類ある。

1. コントロール群と介入群のサンプルサイズが実験設定どおりの期待された結果であることや、キャッシュヒット率が同じであることなどの、実験の信用度に関連したガードレールメトリクス。
2. その組織にとって重要であり、多くの実験で不変であると予想されるレイテンシなどの組織的なガードレールのメトリクス。例えば今回の実験でレイテンシが変化したら非常に驚くべきことである。

これらの正当性チェックに失敗した場合は、基礎となる実験の設計、インフラストラクチャ、またはデータ処理に問題がある可能性が高い。詳細は 第 21 章 を参照。

ガードレールメトリクスに基づく正当性チェックを実行し、結果を確認する準備ができたとする（表 2.1）。

両介入群での p 値が 0.05 未満であることから、コントロール群と介入群の平均値が同じであるという帰無仮説を棄却した。

この結果の解釈は、「UI にクーポンコードを追加すると収益が減るパターンが確認できた」ということである。さらに数字を掘り下げると、購入プロセスを完了するユーザーが少ないために減少したという結果が出た。この結果から、クーポンコードを送信するマーケティングメールでは、クーポン処理やメンテナンスを追加するための実装コストだけでなく、そもそもクーポンコードを追加することによるマイナスの

表2.1●購入確認クーポン付与実験による1ユーザー当たりの収益に関する結果

	ユーザー当たりの収益（介入群）	ユーザー当たりの収益（コントロール群）	実験群間の差	p値	信頼区間
介入群1のコントロール群との比較	\$3.12	\$3.21	−\$0.09 (−2.8%)	0.0003	[−4.3%, − 1.3%]
介入群2のコントロール群との比較	\$2.96	\$3.21	−\$0.25 (−7.8%)	$1.5e-23$	[−9.3%, 6.3%]

影響のコスト回収する必要があるとみなせる。マーケティングモデルではターゲットユーザーからの収益増加は少ないと見積もっており、A/B テストではすべてのユーザーに大幅な収益減少が見られたため、プロモーションコード導入のアイデアはお蔵入りに決定された。「塗りかけの扉」を使ったA/B テストで大きな労力の節約が達成された。

結果からの意思決定

A/B テストを実施する目的は、意思決定を促すためのデータを収集することである。正しい意思決定を行うためには、結果に再現性があり、信頼できるものであることを確認することに多くの労力が費やされる。ここでは、いくつかの異なるケースを想定して、意思決定プロセスを追っていく。

それぞれのケースに対し、実験結果が得られた。私たちの目標は、ローンチする/しないをこの結果から意思決定することである。意思決定の部分を強調する理由は、意思決定には、測定されたデータから得られた結論と、測定されたデータよりも広い文脈の両方を考慮する必要があるからである。

- 異なるメトリクスの間でトレードオフを考慮する必要があるか。例えば、ユーザーのエンゲージメントが上がっても収益が下がる場合、ローンチすべきかなど。また、CPU の使用率が上昇した場合などは、ローンチのための変更のコストが変更のメリットを上回る可能性がある。
- このローンチのための変更のコストには以下のものが含まれる。
    - ローンチ前に機能を完全に作り込むためのコスト。機能の中には、実験前に完全に作り込んでいるものがあるかもしれない。そのような場合、1% から

100% ローンチに行くためのコストはゼロである。ただし、必ずしもそうとは限らない。今回の例のように、塗装されたドアの実装は安かったが、完全なクーポンシステムの実装にはコストがかかるケースがあり得るからである。

- ローンチ後の保守運用のためのコスト。新しいコードの維持はよりコストが高くなるかもしれない。新しいコードはバグが多くなりがちで、エッジケースのテストが不十分になる傾向がある。新しいコードとしてより複雑なものを導入した場合、その上に新しい変更を構築するためのコンフリクトやコストが発生する可能性があり得る。

ローンチのための変更コストが高い場合は、期待される利益がそれをカバーできるかどうかを確認する必要がある。このような状況では、新しくローンチするものの実用的意義の境界がそれを反映するほど高いことの確認が必要である。逆に、コストが低い、あるいはゼロあれば、わずかでもプラスになる変化、つまり、実用的意義の境界が低い変化でもローンチの選択が可能になる。

- 判断を間違えた場合の影響。すべての決定が等しいわけではなく、すべての間違いが等しいわけでもない。インパクトのない変更のローンチにはデメリットがないであろうが、インパクトのある変更を見送ると、失われた機会費用が高くなる可能性があり、その逆もあり得る。例えば、あなたのサイトで 2 種類のヘッドラインオファーをテストしたとして、そのオファー自体は数日間しか表示されないとする。この場合、変更の寿命が短いので、間違った判断をすることによるマイナス面は少ない。この場合は、統計的にも実用的にも有意性の基準値を下げても問題ない。

統計的および実用的な有意性のしきい値を構築するさいには、これらの文脈を考慮に入れる必要がある。これらのしきい値は、実験の結果から行動の決定に移すさいに重要である。実験開始前により広い文脈を反映させるためにしきい値を更新したと仮定し、図 2.4 の例を見ながら、これらのしきい値をどのようにして意思決定の指針とするかの説明を行う。

1. 結果は統計的に有意ではない。また、実用的な有意性がないことも明らかである。これは、その変更はあまり効果がないという安易な結論につながる。この考えを再実験するか、断念するかのどちらかを決めることになる。
2. 統計的にも実質的にも有意な結果が得られた。ローンチの決定を簡単に決められる。
3. 結果は統計的には有意だが、実質的には有意ではない。この場合、あなたは変化の大きさに自信があるが、その大きさはコストなどの他の要因を上回るには十分ではないことが考えられる。この変化はローンチする価値がないだろう。
4. この例は、1. の例のように、中立であると考えるべきである。しかし、信頼区間が実質的に有意であるものの外にある。あなたが実験を実行して、それが収入を

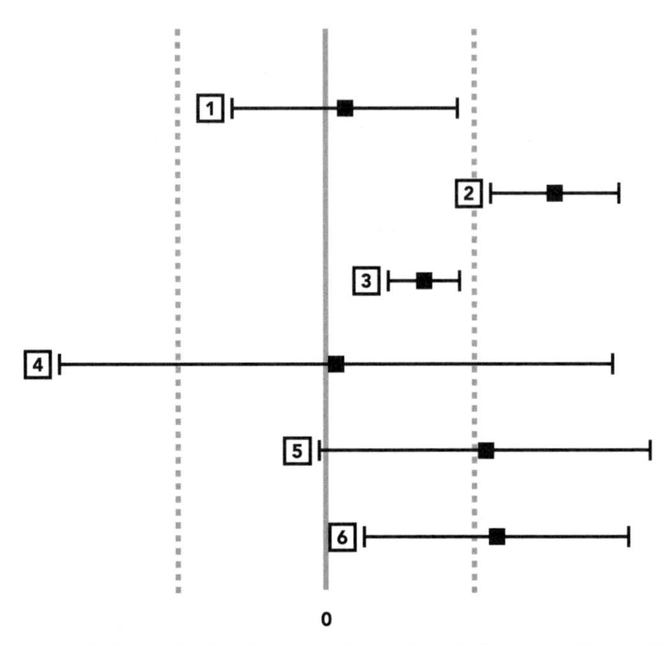

図 2.4 ● ローンチ決定時の統計的有意性と実用的有意性を理解するための例。実用的な有意性の境界は 2 本の破線で描画。各例の結果の推定差異は、その信頼区間とともに黒枠で示されている

10% 増減させることがわかったら、あなたが、その実験結果を本当に受け入れてその変化が中立であると言い切れるかは疑わしい。強い結論を出すのに十分な検出力を持っていないと言った方が良く、ローンチの決定をするのに十分なデータを持っていないともいえる。この結果については、より大きな統計的検出力のために、より多くの実験単位でヘッドラインフォローアップテスト（追加実験）を実行することを推奨する。

5. 結果は、実質的には有意に見えるが、統計的には有意ではない。つまり都合よく解釈すると気になる影響を与えているように見えるが、影響がまったくないという可能性も十分にあり得る。測定の観点からは、このテストを再度実施すべきで、結果の精度を上げるためにより大きな検出力でテストを行うことが最善の方法である。
6. 結果は統計的に有意であり、実質的に有意である可能性が高い。5. のように、変化が実質的に有意でない可能性もあり得る。したがって、ここでは、5. の例のように、より強力にテストを繰り返すことを推奨する。しかし、ローンチする/しな

いの意思決定だけを考慮すると、ローンチを選択することは穏当な決定である。

覚えておくべき重要なことは、結果から明確な答えが得られなくても、決断しなければならないことがあり得ることである。そのような状況では、どのような要因を考慮しているのか、特にそれらが実用的で統計的に有意な境界線にどのように変換されるのかを明確にしておく必要がある。これは、単なる局所的な決定ではなく、今後の意思決定の基礎となるだろう。

第3章
トワイマンの法則と実験の信用性

> トワイマンの法則はおそらくデータ分析全体で最も重要な法則の 1 つであろう。データが普通でない、または興味深いものであればあるほど、ある種のエラーの結果である可能性が高くなる。
>
> — *Catherine Marsh and Jane Elliott* (2009)

> トワイマンの法則 ～面白そうに見えるものや通常とは異なるものはたいてい間違っている～
>
> — *A.S.C. Ehrenberg* (1975)

> トワイマンの法則 ～面白いと思える統計はほとんど間違いである～
>
> — *Paul Dickson* (1999)

William Anthony Twyman は、英国のラジオやテレビの視聴者の測定のベテラン (MR Web 2014) で、トワイマンの法則で知られている（しかし、彼は著書などでその法則を明確に示したわけではない）。トワイマンの法則には上記の引用に示すように、複数の亜種が存在している。

重要なメトリクスが有意に改善されたといった、驚くほどポジティブな結果を目にすると、それを中心にストーリーを作り、それを共有し、祝おうとする傾向が私たちにはある。一方で、結果が驚くほどネガティブな場合は、その研究の限界や小さな欠陥を見つけて、それを却下する傾向が私たちにはある。

私たちの経験上、多くの極端な結果は、計測装置の誤り（ロギングなど）、データの損失（またはデータの重複）、または計算上の誤りの結果である可能性が高いことがわかっている。

実験結果の信用性を高めるために、結果に何か問題があるかもしれないことを示すための一連のテストとその実践を推奨する。データベースには、完全性の制約がある。防御的なプログラミングでは、その制約が保持されていることを検証するために、`assert()` を書くことが推奨されている。実験では、`assert()` のように、根本的な問題をチェックするテストが実行できる。例えば、もし所定の時間内だけですべてのユーザーがコントロール群か介入群のどちらかに割り振られるとき、両方の実験群にあまりに多くのユーザーがいたとしたら赤信号である。もし実験計画が 2 つの実験群に割り振られるユーザーの割合が等しいことを求めているとき、確率的にはありそうもない大きな確率の偏りもまた問題があることを疑うべきである。次の節では、トワイマンの法則に当てはまる素晴らしい発見の例をいくつか紹介し、コントロール実験の信用性を向上させるために何ができるかを議論する。

統計結果の誤った解釈

ここでは、コントロール実験の背後にある統計を解釈するさいの、よくある誤りをいくつか紹介する。

統計的検出力の不足

仮説検定（NHST：Null Hypothesis Significance Testing）のフレームワークでは、私たちは通常、コントロール群と介入群の間でメトリクスに差がないと仮定し（この仮定は帰無仮説と呼ばれる）、データが帰無仮説を強く反証した場合に、帰無仮説の棄却を行う。よくある誤解は、メトリクスが統計的に有意でないからといって、介入効果がないとみなすことである。メトリクスが統計的に有意でないことは、注目している介入効果の影響を検出するための実験の検出力の不足、つまり、テストに十分なユーザーがいないこともあり得る。例えば、`GoodUI.org` の 115 の A/B テストの評価から、ほとんどが検出力不足であることが示唆されている (Georgiev 2018)。このことから、あなたの設定で何が実質的に有意であるかを定義し（第 2 章を参照）実質的に有意な違いの変化（あるいはもっと小さな変化）を検出できる十分な検出力があることの保証が重要であることがわかる。

実験が母集団の小さな部分集合にしか影響を与えない場合、影響を受けた部分集合だけを分析することは重要である。ユーザーに対する大きな影響であっても、そのユーザーの集合が小さければ、結果が希釈されて全体的に検出できない可能性がある（第 20 章および Lu and Liu (2014) を参照）。

p 値の誤った解釈

p 値はしばしば誤った解釈をされる。最も一般的な誤った解釈は、p 値が「（単一の実験のデータでの）コントロール群のメトリクスの平均値が介入群のメトリクスの平均値と異なる確率を表している」とみなすことである。

p 値は、帰無仮説が真であると仮定して、観察されたものと同等かそれ以上に極端な結果を得る確率のことである。その帰無仮説をどう設定するかは非常に重要である。

ここでは、*Twelve P-Value Misconceptions*（p 値への12の誤解、Goodman 2008）の中から p 値についての誤解とその解説をいくつか紹介する。

1. **p 値 $= 0.05$ の場合、帰無仮説が真である確率は5%しかないとみなす誤解。**
   p 値とは、帰無仮説が真であると仮定して計算される値である。
2. **有意差がないこと（例えば p 値が0.05より大きい）を2つの群の間に違いがないとみなす誤解。**
   典型的なコントロール実験では信頼区間が示されており、この場合は信頼区間にゼロを含む状態である。これは、信頼区間内の他の値よりもゼロの可能性が高いことを意味しない。それは、実験が検出力不足であることを意味している可能性がある。
3. **p 値 $= 0.05$ は、帰無仮説の下で、数ある試行のうちの5%しか発生しないデータが観測されたことを意味するという誤解。**
   この主張は p 値の定義上、誤りである。5%のうちには今回観測されたデータ以上に極端に帰無仮説を否定するデータも含まれるからである。
4. **p 値 $= 0.05$ は、仮説を棄却した場合、偽陽性の確率が5%であるという誤解。**
   これは最初の例と似ているが、よりわかりにくい。そこで、次の話で例える。あなたが鉛を熱と圧力にさらし、その上に万能薬を注ぐことによって、鉛を金に変えようとしているとする。あなたは、結果として得られる混合物の「神々しさ」の量を測定している。化学的処理は鉛の原子番号を82から79に変えることができないことがわかっているので、（変化がないという）帰無仮説の棄却はすべて偽りとなり、したがって、棄却は p 値に関係なく100%偽陽性である。偽陽性の確率の計算は、p 値が < 0.05 であり、なおかつ帰無仮説が真である場合（注意：同時確率は帰無仮説が真である場合の条件付き確率ではない）には、ベイズの定理を使うことができ、それにはある程度信頼のおける事前確率を必要とする。

帰無仮説が真であることを前提とする上記の一般的な p 値の定義でさえ、データがどのように収集されたか（無作為抽出など）、統計的検定がどのような仮定をしているかなどの、他の仮定を明示的に述べていない。最終結果が出る前に中間分析が行われ、その結果が分析手法の選択に影響を与えた場合や、中間分析の少ないデータで p 値の選択が行われた場合は、仮説検定の仮定に明らかに違反している（Greenland et al. 2016)。

p 値のピーキング

オンラインでのコントロール実験の実行時に、p 値を継続的に監視することが可能である。実際、商用製品 Optimizely の初期バージョンでは、これを奨励していた (Johari et al. 2017)。このような多重仮説検定は、結果を統計的に有意であると宣言するさいに、5〜10 倍もの有意なバイアスがかかる。ここに 2 つの選択肢がある。

1. Johari et al. (2017) が示唆するように、p 値を逐次的にテストするか、ベイジアンテストのフレームワークを使用する (Deng, Lu and Chen 2016)。
2. 統計的有意性の判定には、1 週間など、あらかじめ決められた実験期間を使用する。

Google, LinkedIn, Microsoft で使用されている実験プラットフォームは第 2 の方法を使用しているのに対し、Optimizely は第 1 の方法に基づいてソリューションを実装した[1]。

多重仮説検定

下記は *What is a p-value anyway?* (Vickers 2009) から引用した冗談である。

統計家：お、もう p 値を計算してたのですね?
外科医：あぁ、多項ロジステスティック回帰を使ったよ。
統計家：そうなのですね。どうやってその手法を選びましたか?
外科医：統計ソフトのドロップダウンメニューからいろいろな手法を試して、p 値の一番小さなものを選んだよ。

多重比較問題 (Wikipedia contributers, Multiple Comparisons problem 2019) は、上述したピーキングの一般化である。複数の検定があり、最も低い p 値を選択した場合、私たちの p 値と効果量の推定値に偏りが生じる可能性がある。これは以下のようなときに現れる。

1. 複数のメトリクスを見る。
2. p 値を継続的に見る（上述したピーキング)。
3. ユーザーをセグメント別に見る（例えば、国、ブラウザタイプ、ヘビーユーザーかライトユーザーか、新規か否かなど)。
4. 同じ実験を何度も実施する。例えば、実験が本当に何もしない場合（A/A テスト）でも、それを 20 回繰り返すと、偶然にも p 値が 0.05 よりも小さくなることが十

---
[1] 訳注：第 19 章の例 2 で本書は 1 の選択肢を強く批判している。

分あり得る。

偽発見率 (Hochberg and Benjamini 1995) は、複数のテストを扱うための重要な概念である（第 17 章も参照）。

信頼区間

信頼区間は、ゆるくいえば、介入効果における不確実性の程度を定量化したものである。信頼水準は、信頼区間が真の介入効果を含む頻度を表す。p 値と信頼区間の間には、意味の重複がある。コントロール実験で一般的に使用される、差がないという帰無仮説は、介入効果の 95% 信頼区間にゼロが含まれない場合、p 値が < 0.05 であることを意味する。

よくある間違いは、信頼区間をコントロール群と介入群とで別々に見て、それらが重なっている場合に介入効果は統計的に異なっていないとみなすことである。これは、*Statistical Rules of Thumb* (van Belle 2008, section 2.6) に示されているように、不正確である。統計的に有意な差分が生じた場合でも、信頼区間は 29% くらい重なることがある。一方で、95% 信頼区間が重ならない場合、介入効果は p 値 < 0.05 で統計的に有意とみなすことは正しい。

信頼区間についてのもう 1 つの一般的な誤解は、提示された 95% 信頼区間が「95% の確率で真の介入効果を含む」区間であるとみなすことである。特定の信頼区間では、真の介入効果が、その信頼区間内にある確率は 100% か 0% のどちらかである。95% とは、ある実験でそこで計算された 95% 信頼区間内に真の介入効果が含まれていた確率のことである (Greenland et al. 2016)。詳細は第 17 章を参照。

内的妥当性への脅威

内的妥当性とは、他の集団や期間に一般化せずに実験結果が正しいことを指す。ここでは、一般的な脅威をいくつか紹介する。

SUTVA の違反

コントロール実験の分析では、実験単位（例えばユーザー）が互いに干渉しないとする Stable Unit Treatment Value Assumption（SUTVA）(Imbens and Rubin 2015) を適用することが一般的である。彼らの行動は、彼ら自身の実験群への割り当てによって影響を受け、他の人の割り当てによって影響を受けないという仮定である。この仮定は、以下のような設定では明らかに違反する可能性がある。

- 機能がユーザーのネットワークに波及する可能性があるソーシャルネットワーク。
- Skype（コミュニケーションツール）では、ピアツーピア通話がSUTVAに違反する可能性がある。
- 共同執筆をサポートする文書作成ツール（Microsoft OfficeやGoogle Docsなど）。
- 双方向のマーケットプレイス（広告オークション、Airbnb, eBay, Lift, またはUberなど）は、「相手側」を通じてSUTVAに違反する可能性がある。例えば、価格を下げる介入は、オークション中のコントロール群にも影響を与える。
- 共有リソース（CPUやストレージやキャッシュなど）はSUTVAに影響を与える可能性がある (Kohavi and Longbotham 2010)。もし介入群がメモリをリークし、ガベージコレクションやディスクへのリソースのスワップのためにプロセスが遅くなると、すべての実験群で被害が起こる。私たちが行った実験では、特定のシナリオで介入群がマシンをクラッシュさせた。これらのクラッシュは、コントロール群にいるユーザーもダウンさせた。そのため、主要なメトリクスの差分に違いはなかった。

これらの違反のいくつかに対処する方法については、第22章を参照。

生存者バイアス

ある程度の期間（例えば2ヶ月）アクティブなユーザーのみを分析すると、生存者バイアスが発生する。この問題とそれがもたらすバイアスの好例は、第二次世界大戦で爆撃機に装甲を追加することが決定されたときのものである。飛行機が最もダメージを受けた場所について記録が残されており、軍は当然のことながら、飛行機が最も打撃を受けた場所に装甲を追加したいと考えていた。一方、Abraham Waldは、これらは装甲を追加するには**最悪の**場所であると指摘した。弾丸の穴はほぼ一様に分布し、装甲が必要な場所に命中した爆撃機は…… 検査のために戻ってくることはなかったので、弾丸の穴がない場所にこそ装甲を追加すべきであった (Denrell 2005, Dmitriev, et al. 2016)。

Intention-to-Treat

いくつかの実験では、実験群に依存する非ランダムな欠損が起こった。例えば、医療の現場では、投薬治療中の患者は、治療に副作用がある場合は、薬の服用を停止することがある。オンラインの世界では、すべての広告主に広告キャンペーンを最適化する機会を提供することができるが、一部の広告主だけが提案された最適化を行うことを選択する。参加したユーザーだけを分析すると、選択バイアスが発生し、一般的に介入効果が誇張される*2。Intention-to-Treat に従うとは、最初の割り当てが実行されたかどうかにかかわらず、最初の割り当てを分析に使用することである。したがって、私たちが測定している介入効果は、実際に適用されたかどうかではなく、当初予定された実験群への割り当て、Intention-to-Treat に基づく*3。

ディスプレイ広告やメールマーケティングでは、コントロール群への影響を観察しておらず、この問題に対処するために、Intention-to-Treat に基づいた手法が提案されている (Barajas et al. 2016)。

サンプル比率のミスマッチ

実験群間のユーザーの比率（または任意の実験単位）が意図どおりの比率に近くない場合、実験はサンプル比率のミスマッチ（SRM：Sample Ratio Mismatch）の問題に陥る。たとえば、実験デザインが1対1の比率（コントロール群と介入群の実験サイズが等しい）としたさいに、実験時の実際のユーザーの比率に偏りがあった場合は、デバッグを必要とする問題（第21章を参照）を示している可能性が高い。以下にいくつかの例を紹介する。

実験単位の数が多い場合、実験デザインでは比率1.0を要求したが、実際の比率が0.99よりも小さい、あるいは1.01よりも大きい場合は、深刻な問題を示している可能性が高い。比率の検定の p 値が低い場合（例：0.001以下）、実験システムは強い警告を生成し、スコアカードやレポートを非表示にする必要がある。

先に定義したように、p 値は、帰無仮説が真であると仮定して、観察された結果と同等かそれ以上に極端な結果が起こり得る確率である。実験計画が両方の実験群に均等に配分するためのものであった場合、計画どおりに1.0に近い比率になるべき、つまり差がないとする帰無仮説は真であるべきである。このように p 値は、私たちが観察した比率、あるいはもっと極端な比率が、私たちの実験システムの設計と一致している確率を表すことになる。この単純な検定により、実験において多くの問題点が明らかになったが、その多くは、最初のうちは素晴らしいかひどいかのどちらかの結果に見えており、トワイマンの法則が発動していたといえる。いくつかの例を紹介する。

---

*2 訳注：副作用などの人道的配慮により途中で介入群（新薬を投与）から、コントロール群（プラセボを投与）に移った実験参加者が一定数いるとする。この場合、最後まで介入群にいた実験参加者とコントロール群との比較には「副作用が強くなかった」というバイアスがかかることになり、新薬の介入効果を正しく推測できない。一般的に介入の効果が弱いまたは悪い実験参加者がコントロール群に再割り当てされやすいので、この選択バイアスは介入効果を過大評価する傾向がある。

*3 訳注：介入方法（例えば新薬による治療）が実際に応用される際には、合理的な理由で介入が中止になるケースが十分にあり得るので、Intention-to-Treat はそのような実用上の介入中止も加味した介入効果推定の分析手法といえる。

- **ブラウザのリダイレクト** (Kohavi and Longbotham 2010)
  A/B テストを実装するための非常に一般的で実用的なメカニズムは、処理を別のページにリダイレクトすることである。多くのアイデアのように、それはシンプルで、エレガントで、間違っているが、いくつかの異なる試みが、これが一貫してSRM を引き起こすことを示した。間違いの理由はいくつもある。
  a. **パフォーマンスの違い。**介入群のユーザーは、ラボでは速く見えるかもしれないが、ユーザーにとっての遅延は数百ミリ秒単位の大きなものになり、主要なメトリクスに大きな悪影響を与え得る（第 5 章 を参照)。
  b. **ボット。**Robots はリダイレクトを異なる方法で扱う。一部のボットは `http-equiv="REFRESH"` メタタグでリダイレクトしない。また一部のボットは、これをディープクロールに値する新しいページとしてタグ付けし、より頻繁にクロールする。
  c. **非対称なリダイレクト。**ユーザーが介入ページにリダイレクトされると、ユーザーはそれをブックマークしたり、友人にリンクを渡すかもしれない。ほとんどの実装では、介入ページではユーザーが本当に介入群にランダム化されているかどうかをチェックしないので、これらは汚染の原因となる。

     ここでの教訓は、リダイレクトの実装を避け、サーバーサイドのメカニズムを好むことである。それが不可能な場合、コントロール群と介入群の両方が同じペナルティを持つことを確認する必要がある、つまりコントロール群と介入群の両方をリダイレクトする。
- **計測の欠損** (Kohavi and Longbotham 2010, Kohavi, Messner et al. 2010, Kohavi et al. 2012, Zhao et al. 2016)
  クリックトラッキングは一般的に Web ビーコン（一般的にはクリックを知らせるためにサーバーに送られる 1×1GIF）を使って行われるが、これは欠損率が高いことで知られている（つまり、100% のクリックが適切に記録されない)。欠損はすべての実験群で同様なので、これは通常は問題ではないが、時として、特別な処理が欠損率に影響を与え、あまりアクティブでないユーザー（例えば、シングルクリックしかしていないユーザー）で、SRM を引き起こす可能性がある。Web ビーコンをページ内の別のエリアに配置した場合、発火のタイミングの違いで実験がゆがんでしまう。
- **残留効果またはキャリーオーバー（繰り越し）効果**
  新しい実験は通常、新しいコードを含むので、バグ混入率が高くなる傾向がある。新しい実験では、予期せぬ重大な問題が発生し、迅速なバグ修正のために実験が中断されることがしばしば起こる。バグが修正された後、実験は継続されるが、何人かのユーザーはすでに影響を受けている。場合によっては、そのバグの残留影響は深刻なものとなり、数ヶ月間続くこともある (Kohavi et al. 2012, Lu and Liu

2014)。このような理由から、バグ修正後の実験前に A/A テスト（第 19 章参照）を実施し、ユーザーの再ランダム化を積極的に行うことが重要である。

また、その逆もあり得る。LinkedIn では、「もしかして知り合い？」アルゴリズムの新バージョンが評価され、ユーザーの訪問数が増加し、非常に有益であることが判明した。実験を中止して再開したところ、先行した実験からのキャリーオーバー（繰り越し）効果が顕著に現れてしまい、その結果 SRM が起こり実験結果が無効になった (Chen, Liu and Xu 2019)。

ブラウザのクッキー内の残留情報は、実験に影響を与える可能性がある。例えば、介入群でユーザーにメッセージを表示する教育キャンペーンを実施するが、ユーザーの迷惑にならないようにするために、メッセージは 3 回しか表示されないとする。この実装では、メッセージが表示された回数をカウントするブラウザクッキーを使用したとする。実験が再開された場合、一部の介入群のユーザーは count $>$ 0 のクッキーを持つことになり、その結果、メッセージの表示回数が少なくなる、もしくはまったく表示されなくなってしまい、介入効果が希釈されたり、SRM が発生したりしてしまう (Chen et al. 2019)。

- **不適切なランダム化ハッシュ関数**

  Zhao et al. (2016) は、Yahoo! で Fowler-Noll-Vo ハッシュ関数を用いて割り当てが行われていたと記しているが、これは単層でのランダム化には問題なかったが、重複する実験に一般化されたときに、複数の並行実験でユーザーを適切に分配することができなかった。MD5 のような暗号ハッシュ関数は良いが (Kohavi et al. 2009)、遅い。Microsoft で使われている非暗号関数は Jenkins Spooky ハッシュ（`www.burtleburtle.net/bob/hash/spooky.html`）である。

- **トリガーが実験の介入によって受ける影響**

  ある実験をユーザーの一部のセグメントだけにトリガーするのは一般的である。例えば、特定の国、米国のユーザーだけをトリガーにすることができる。そして、米国のユーザーはランダムに実験群に分割される。

  トリガーが時間の経過とともに変化する属性に基づいて行われる場合、トリガーに使用される属性が介入の影響を受ける可能性がないことを確認する必要がある。例えば、3 ヶ月間アクティブではなかったユーザーをトリガーとするメールキャンペーンを実行したとする。キャンペーンが効果的であれば、それらのユーザーはアクティブになり、次のキャンペーンに SRM が発生する可能性がある。

- **時間対効果**

  メールキャンペーンを A/B テストして、それぞれの実験群ごとに異なるメール本文を使用して、このことをもう一度実証したとする。実際の例では、ユーザーはコントロール群と介入群に適切にランダム化されていたが、介入の影響がないためほぼ同じ割合になるべきメール開封率で SRM が検出された。

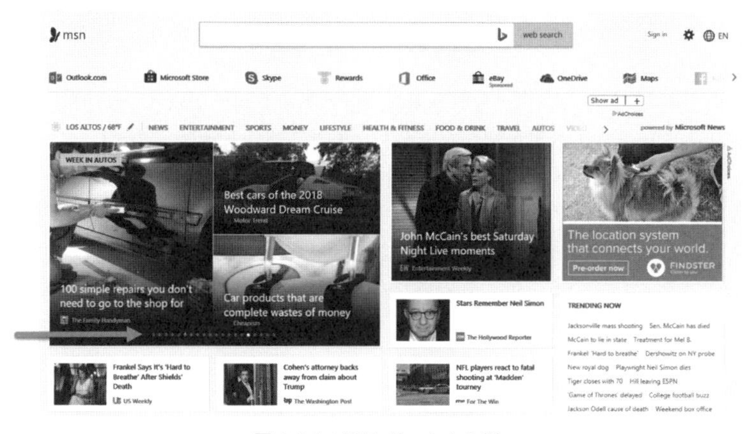

図 3.1 ● MSN ポータルの例

長い調査の結果、開封時間が実験群ごとに異なる時間帯に集中していることがわかった。これは、実装を容易にするために、最初にコントロール群にメールを送信し、次に介入群のユーザーにメールを送信したのではないかという推測につながった。つまり最初のグループは仕事中にメールを受け取り、次のグループは仕事後にメールを受け取った。

- **データパイプラインが実験の介入によって受ける影響**

MSN ポータル（www.msn.com）のページには、切り替わりながら表示される複数のスライドと、各スライドの現在位置示すドット（図 3.1 の矢印参照）で構成された情報ペインのエリアがあった (Kohavi 2016)。

MSN の OEC の重要な要素は、ユーザーのエンゲージメントを表すユーザー 1 人当たりのクリック数であった。情報ペインのスライドの数を 12 から 16 に増やす実験を行った。

初期の結果は、介入群のユーザーエンゲージメントの有意な減少を示したが、実験には SRM があった。実験群間のサンプルサイズ比率は 1.0 ではなく 0.992 だった。各実験群で 80 万人以上のユーザーがいたため、このような分割比率での p 値は 0.0000007 だった。つまり、このような分割が偶然に起こる確率は、均等に分割するように設計されていることからと非常に低かったといえた。その後の調査によって、ユーザーのエンゲージメントが介入群で増加しすぎたため、最もエンゲージメントの高いユーザーの一部がボットとして分類され、分析から除外されていることがわかった。このボットフィルタリングを修正した結果、ユーザーのエンゲージメントは介入群で 33% 増と逆の結果を示した。

ボットフィルタリングは、特に検索エンジンにとって深刻な問題である。Bing の場合、米国のトラフィックの50%以上がボットによるものであり、中国やロシアでは90%以上となっている。

SRMのチェックはきわめて重要である。ほんの少しのアンバランスでも、最後の例が示すように、介入効果の解釈が逆転してしまうことがある。SRMは一般的に、ヘビーユーザーのような非常に良いユーザー、または非常に悪いユーザー、クリック数のないユーザーのいずれかのユーザー（一般的には実験単位）の欠落によるものから起こる。このことは、母集団の差が小さく見えても、結果が大きくゆがむ可能性があることを示している。最近発表された論文ではSRMの診断方法を示している(Fabijan et al. 2019)。

外部妥当性の扱い

外部妥当性とは、コントロール実験の結果が異なる人々の集団（他の国、他のWebサイトなど）や期間（例えば、2%の収益増加は長い間続くのかまたは減少するのか）などの軸に沿って一般化できる程度を指す。

異なる人々の集団に対しての一般化は、通常、疑わしいものである。あるサイトで機能する機能は別のサイトでは機能しないかもしれない、が、解決策はたいてい簡単である。例えば、米国で成功した実験は、結果が一般化すると仮定するのではなく、他の市場で実験する方が望ましい。

他の時間帯や期間での実験の影響の一般化もまた困難である。長期的な効果を評価するために、実験を何ヶ月も実行したままにしておくこともある(Hohnhold, O'Brien and Tang 2015)。第19章では、長期的な効果に対処する方法を議論する。時間ベースでの外部妥当性に対する2つの重要な脅威は、プライマシー効果とノベルティ効果である。

プライマシー効果

変更時にユーザーは古い機能に**慣れている**ため、採用するのに時間がかかる場合がある。機械学習アルゴリズムは、より良いモデルを学習するかもしれないが、モデルの更新サイクルによっては、これにも時間がかかるかもしれない。

ノベルティ効果

ノベルティ効果（新規性効果ともいう）は持続性のない効果のことである。新しい機能、特に注目されやすい機能を導入すると、最初はユーザーがそれを試す方向に誘引する。ユーザーがその機能の有用性に気づかなければ、リピート利用は小さくなる。その結果、ある介入は、最初はうまく機能しているように見えるかもしれないが、時間が経つとすぐに介入の効果は低下してしまう。

ノベルティ効果の良い例として、*Yes!: 50 Scientifically Proven Ways to Be Persuasive* (Goldstein, Martin and Cialdini 2008) の中のストーリーを紹介する。その本で著者は、Colleen Szot がどのようにして 20 年間破られていなかったホームショッピングチャンネルの販売記録を破ったテレビ番組を制作したか著している。Szot は、宣伝内の決まり文句内の 3 つの単語を変更した。その結果、彼女の製品を購入した人々の数は大幅に増加した。それは、あまりにもおなじみの "Operators are waiting, please call now,"（オペレーターが待機しています、今すぐお電話ください）を "If operators are busy, please call again."（オペレーターが混雑している場合は、もう一度お電話ください）に変更したことだった。著者は、これは社会性の証拠であると説明している。つまり、視聴者は「電話回線が混雑している場合は、私のような他のこの宣伝を見ている人も電話をしている」と考えたという仮説である。

上記のような策略は、定期的に使用されていることがユーザーに認識された場合、有効期間が短くなる。コントロール実験では、分析するとすぐに効果が薄れてしまうことが示される。

別の例を図 3.2 に示す。MSN の Web サイトには、トップ画面にこのようなストライプが入っていた (Dmitriev et al. 2017)。

Microsoft は、Outlook.com のリンクとアイコンを変更し、Outlook メールアプリケーションを直接開くようにした（図 3.3）。

予想どおり、この実験では、介入群ではコントロール群に比べてより多くのユーザーがメールアプリを使用することが示されたが、CTR が増加することは予想されていなかった。しかし、驚くべきことに、コントロール群と比較して介入群では、そのリンクのクリック数が +28% という非常に大きな増加が見られた。ユーザーはメールアプリをより好きになり、より頻繁に利用していたといえるのだろうか。その後の調査で、ユーザーは Outlook.com が開かないことに戸惑い、リンクを何度もクリックしていたことだけであることがわかった。

最後に、中国のスニーカーメーカーである Kaiwei Ni は、図 3.4 のように偽の抜け毛を携帯電話に表示させる Instagram 広告を出していた。ユーザーは広告をスワイプして髪の毛を取り除くように騙され、多くのユーザーがクリックした。ここではノベルティ効果が大きかったと思われる。なお、この広告は Instagram から削除されただけでなく、アカウントも無効化された (Tiffany 2017)。

プライマシー効果とノベルティ効果の検出

時間の経過に対する利用状況をプロットし、その増減を見ることが、プライマシー効果やノベルティ効果の重要な確認になる。上記の MSN を例にとると、図 3.5 のグラフに示すように、メールのリンクをクリックするユーザーの割合は時間の経過とともに明らかに減少していた。

標準的な実験の分析では、介入効果はどの時間でも一定であると仮定しているが、この図のような傾向は、その仮定の違反を示す危険信号である。このような実験では、介入効果がいつ安定するかを判断するために、より長く実験を実行する必要がある。多くの場合、そしてこの例で強調されているように、長期間の実験によってアイデアを悪いとみなすことが十分にできる。このアプローチは、ほとんどの場合でシンプルかつ効果的だが、特に実験を長く実行する場合には、注意が必要である（第 23 章参照）。

プライマシー効果やノベルティ効果の可能性がある場合、追加のオプションの 1 つは、最初の 1 日または 2 日に登場したユーザーに着目し、そのユーザーへの介入効果の時間変化をプロットすることで、効果を際立たせることである。

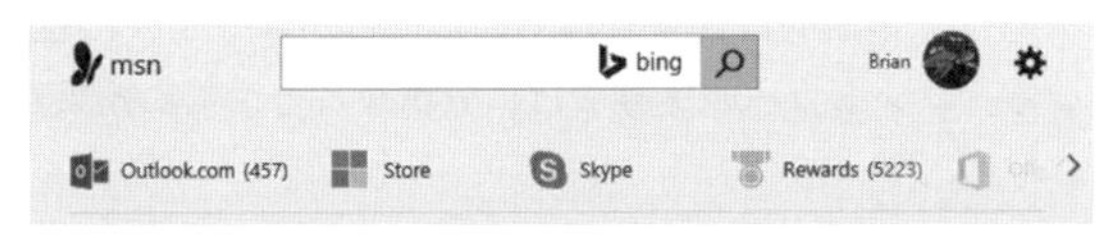

図 3.2 ● Outlook.com リンクのある MSN ページ

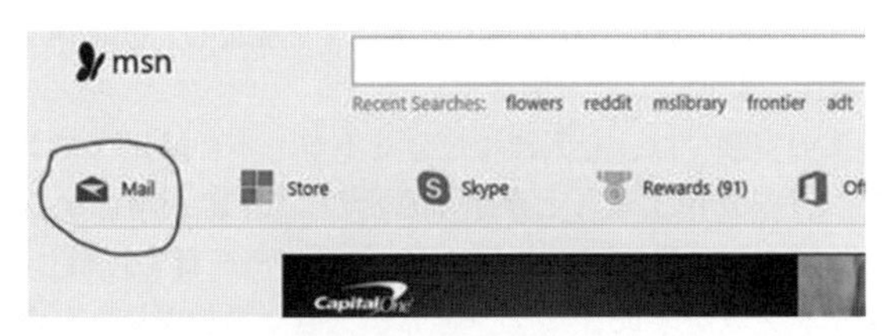

図 3.3 ● MSN ページが Outlook アプリケーションへのリンクを使用するよう変更

図 3.4 ● 抜け毛広告、スワイプして間違ってクリックしてしまうことを期待している

セグメントの違い

異なるセグメントごとにメトリクスを分析することで、興味深い洞察が得られ、発見につながることがある。それは、トワイマンの法則を意識しながらも、将来の実験のアイデアの助けになる、欠陥や新しい洞察の発見につながる。これらは、実験システムの後期成熟段階に対応できる高度なテストの例である。

良いセグメントとはどのようなものだろうか。いくつかの例をあげる。

- 市場または国。ある国でうまくいった機能が、他の国でうまく機能しない場合は、その国への言語への翻訳が不十分であること、つまりローカライゼーションの結果であることもある。
- デバイスまたはプラットフォーム。ユーザーインターフェースはブラウザ、デスクトップ、携帯電話のどれだろうか。どのモバイルプラットフォームを使用しているか。iOS なのか Android なのか。ブラウザのバージョンによって、JavaScript のバグや非互換性を特定できる場合がある。携帯電話では、メーカー（例：Samsung, Motorola）ごとにアドオンを提供しているため、機能の不具合が発生することがある。
- 時間帯や曜日。効果を時間方向にプロットすると、興味深いパターンを示すこと

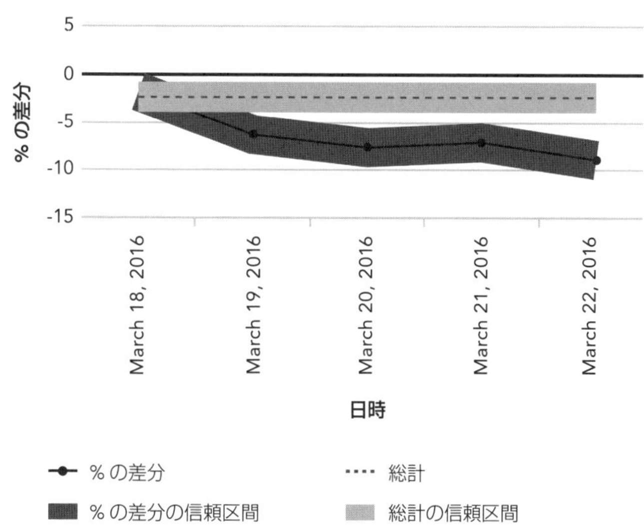

図 3.5 ● 時間の経過とともに減少する MSN ユーザーのエンゲージメント

ができる。週末のユーザーは、平日のユーザーとは多くの特徴で異なる可能性がある。

- ユーザーのタイプ。新規または既存のユーザー。新規ユーザーとは、とある日付（例えば、実験開始、または1ヶ月程度前）の後に参加したユーザーのことである。
- ユーザーアカウントの特徴。例えば、Netflix でのシングルアカウントまたはシェアアカウント、Airbnb での独身または家族旅行者などの違い。

セグメントビューは一般的に以下の2つの方法で用いられる。

1. 実験に依存しないメトリクスのセグメントビュー。
2. 介入効果のあるメトリクスのセグメントビュー、実験のコンテキストで統計学では**ヘテロジニアス**と呼ばれるもの。介入効果が異なるセグメント間で均質または一様ではないことを示す。

メトリクスのセグメントビュー

Bing モバイル広告の CTR をモバイル OS ごとにセグメント化してみると、図3.6のグラフのように大きく異なっていた。

当初は、OS ごとにユーザーのロイヤルティや母集団がどのように異なるかについてのストーリーを形成したいと考えていたが、調査の結果、これは OS ごとにクリックトラッキングが異なるからであることが明らかになった。クリックトラッキングには方法がいくつかあるが、それらは精度が異なり (Kohavi, Messner et al. 2010)、iOS と Windows Phone では、クリックを追跡するためにリダイレクトを使用していた。この方法は精度が高いが遅く、ユーザー体験に影響がある。Android では、ク

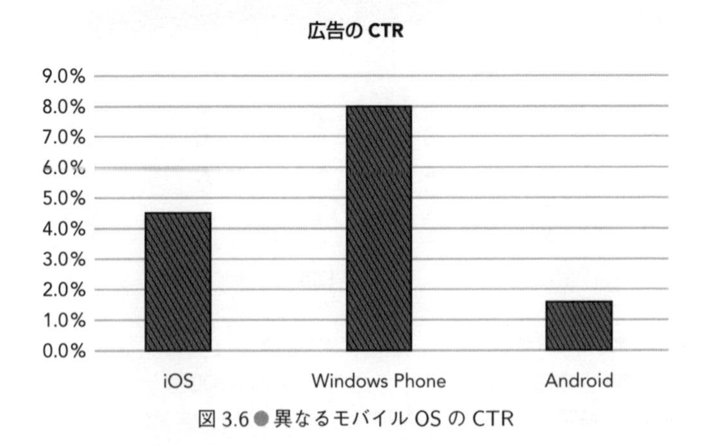

図3.6●異なるモバイル OS の CTR

リックトラッキングにはWebビーコンを使っており、ブラウザを目的のページにリダイレクトしていた。この方法論は、ユーザーにとってはより高速だが、一部のWebビーコンはそれに間に合わず、リンクが記録されない欠損が大きい手法である。これでiOSとAndroidのCTRの違いが説明できるが、なぜWindows PhoneはCTRが高かったのだろうか。調査の結果、リダイレクトとともに、ユーザーのスワイプが誤ってクリックとして記録されるバグがあることが判明した。バグは起こり得るので、異常なデータを見たら、トワイマンの法則を念頭に置いて問題を調査すべきである。

介入効果のセグメントビュー（ヘテロジニアスな介入効果）

ある実験で、ユーザーインターフェースの変更が行われ、その結果、ブラウザセグメント間で非常に強い差が生じた。ほとんどすべてのブラウザセグメントで、介入効果は、主要なメトリクスに対して小さな正の改善だったが、Internet Explorer 7セグメントでは、主要なメトリクスに対して強く負の介入効果があった。強い効果（ポジティブかネガティブか）の場合と同様に、トワイマンの法則を呼び出して原因を掘り下げる必要がある。調査の結果、使用しているJavaScriptがInternet Explorer 7と互換性がなく、特定のシナリオでユーザーがリンクをクリックできないエラーが発生していたことが明らかになった。

このような洞察は、セグメントへのドリルダウンを実施した場合のみに可能である。異なるセグメントでの介入効果は統計学では、Conditional Average Treatment Effects (CATEs) と呼ばれる。ヘテロジニアスな介入効果に関する優れた概要は、EGAP (2018) に掲載されている。興味深いセグメントの特定や相互作用の探索は、決定木 (Athey and Imbens 2016) やランダムフォレスト (Wager and Athey 2018) などの機械学習や統計技術を用いて行うこともできる。

興味深いセグメントを実験者に警告することができれば、多くの興味深い洞察が得られるだろう（ただし、上述のように、複数の仮説検定を修正することを忘れないこと）。組織がA/Bテストを実行することは重要なステップであり、A/Bテストから全体的な介入効果だけでなくより多くの情報を提供することで、イノベーションを加速させるための新しい洞察が得られる。

セグメント別の介入効果の分析はミスリードを起こし得る

相互に網羅的で排他的な2つのセグメントの介入効果を評価し、OECは両方ともで増加したが、全体的には減少することが起こり得る。シンプソンのパラドックス（次のセクションで説明）ではなく、あるセグメントから別のセグメントへのユーザーの移動が原因になり得る。

例えば、ユーザー1人当たりのセッション数というメトリクスに着目する。そして、あなたはほとんどのユーザーが使用していない新機能Fに取り組んでいるとする。実験では、Fを利用しているユーザーの1ユーザー当たりのセッション数が増加していることがわかった。これは着目したメトリクスが改善されたため、良い結果に思われる。次に、補完的なユーザー（Fを利用していないユーザー）に注目したとする。するとユーザー1人当たりのセッション数は全体的に減少したか、または横ばいになった可能性があることがわかる。

ここで、Fを利用しているユーザーは1人当たり平均20セッション、Fを利用していないユーザーは1人当たり平均10セッションとしているとする。介入により、1人当たりセッション数が15セッションのユーザーがFの利用を停止した場合、1人当たり平均セッション数は、Fを利用しているセグメントでは上昇し（1人当たり平均セッション数が低いユーザーを削除した）、その結果Fを利用しているユーザーでは1人当たり平均セッション数が高くなったが、全体のセッション数は上昇、下降、または横ばいのどの可能性にもなり得てしまう (Dmitriev et al. 2016. section 5.8)。

ユーザーが1つのセグメントから別のセグメントに移動するとき、セグメントごとのメトリクスの変化の解釈にはミスリードの可能性があるので、セグメント化されていないメトリクスの介入効果を使用する必要がある。理想的には、セグメント化は実験の前に決定された値のみで行われるべきであり、介入によってユーザーのセグメントが変化することがないようにすべきだが、実際には、このようなセグメントの制限は、実験の狙い次第では困難であることもある。

シンプソンのパラドックス

ここではCrook et al. (2009) をベースとする。実験を拡大していったさい（第15章参照）、つまり実験群に割り当てられたパーセンテージが2つ以上の異なる値をとっていた場合、結果を組み合わせたさいに、介入効果の推定値を誤る可能性がある。介入群は、第1段階と第2段階ではコントロール群よりも優れているかもしれないが、2つの期間を組み合わせると全体的に悪くなることがあり得る。この現象は、直観的ではないので、シンプソンのパラドックスと呼ばれている (Simpson 1951, Malinas and Bigelow 2004, Wikipedia contributors, Simpson's paradox 2019, Pearl 2009)。

表3.1に簡単な例を示す。あるWebサイトでは、2日間（金曜日と土曜日）で1日100万人の訪問者があるとする。金曜日には、実験はトラフィックの1%を介入群に割り当てた。土曜日には、その割合は50%に引き上げられた。介入効果は、金曜日に良いコンバージョン率（2.30% 対 2.02%）と土曜日に良いコンバージョン率（1.20% 対 1.00%）であったにもかかわらず、2日分のデータを単純に足し合わせる

と、介入群のパフォーマンスが悪いように見える（1.20% 対 1.68%）。

上記の数学には何の問題もない。数学的には $\frac{a}{b} < \frac{A}{B}$ と $\frac{c}{d} < \frac{C}{D}$ の間に $\frac{a+c}{b+d} > \frac{A+C}{B+D}$ が成立することは可能である。これが腑に落ちないように思えるのは、加重平均を扱っているからである。今回の例では、金曜日よりも全体的にコンバージョン率が悪くなった土曜日の方が、介入群の利用者数が多かったため、介入効果の平均に影響を与えているのである。

ここでは、シンプソンのパラドックスが発生する可能性があるコントロール実験の他の例を示す。

- ユーザーがサンプリングされている場合。すべてのブラウザタイプから代表的なサンプルを得るため、サンプリングは一様ではなく、いくつかのブラウザ（Opera や Firefox など）のユーザーはより高い割合でサンプリングされる。全体的な結果では介入群の方が良いという結果になる可能性もあるが、ユーザーをブラウザタイプにセグメント化すると、すべてのブラウザタイプで介入群の方が悪いという結果もあり得る。
- 実験が、米国とカナダなど複数の国で実装されている Web サイト上で実行され、コントロール群と介入群に割り当てられる割合が国によって異なる場合。例えば、米国では介入群が 1% で実行され、カナダでは検出力の計算を行い、介入群が 50% 必要であると判断されたなどといった場合である。実験が国によって分割されているにもかかわらず、結果が結合された場合、介入群が優れているように見えるが実際には劣っている場合もあり得る。この例は、上述の実験拡大に伴う比率変更の例と直接対応する。
- 実験はコントロール群と介入群で 50%/50% で実施されるが、最も価値のある顧客（支出の上位 1% とする）の支持者が懸念し、この顧客セグメントを安定させるため 1% だけが実験に参加するようにビジネスサイドを説得したとする。上記の例と同様に、実験が全体的に肯定的でも、最も価値のある顧客とあまり価値のない

表 3.1 ● 2 日間のコンバージョン率。各日の顧客数は 100 万人であり、各日の介入 (T) はコントロール (C) よりも優れているが、全体的には悪化している

	金曜日	土曜日	総計
	介入群 1%	介入群 50%	
C	$\frac{20,000}{990,000} = 2.02\%$	$\frac{5,000}{500,000} = 1.00\%$	$\frac{25,000}{1,490,000} = 1.68\%$
T	$\frac{230}{10,000} = 2.30\%$	$\frac{6,000}{500,000} = 1.20\%$	$\frac{6,230}{510,000} = 1.20\%$

顧客の両方で悪化することもあり得る。

- データセンター DC1 の顧客向けに Web サイトのバージョンアップを行い、顧客満足度が向上した。データセンター DC2 の顧客を対象に 2 回目のバージョンアップを行い、そこでも顧客満足度が向上したとする。アップグレード後の集計データを見ている監査人からは、全体の顧客満足度が低下しているように見えるかもしれない。

シンプソンのパラドックスの発生は直感的ではないが、珍しいものではない。私たちは、実際の実験でそれらが複数回起こるのを見てきた (Xu, Chen and Fernandez et al.2015, Kohavi and Longbotham 2010)。異なるパーセンテージで収集されたデータを集約するさいには注意が必要である。

例えば、とある薬物が男性と女性のような部分集団のすべてで快癒の確率を低下させている（つまり有害である）が、全体的な集団では回復の確率を高めるといった薬物が、数学的に可能であることをシンプソンのパラドックスは暗示しているように見える。これは、性別が不明な場合は薬物を服用すべきだが、性別が男性か女性の場合は避けるべきだということを暗示しているように見えるが、これは明らかに不合理である。Pearl (2009) は、因果モデルによりどのデータ（集団の全体か部分か）を使用するかを決定するといったような観察データを用いた方法だけではこのパラドックスを解決できないことを示した。Sure Thing Principle 定理（Pearl (2009) での定理 6.1.1）では、ある行動が各部分集団における事象 E の確率を増加させるならば、それは母集団全体の事象 E の確率も増加することを求めている[*4]。

健全な懐疑主義の奨励

> SumAll での共同 A/B テストの取り組みを開始して半年が経ちましたが、私たちは不快な結論に達していました。ほとんどの勝利した結果は顧客獲得につながらなかった…… 私たちは横道にそれていたのです。
>
> — *Peter Borden* (2014)

信用できる実験に投資することは、テストに失敗したら結果を無効にするテストと

[*4] 訳注：この不合理な薬物が成立する条件は、“薬物投与と性別の間が独立でないとき”、である。Pearl の因果モデルでは、“薬物投与” という行動が “被験者の性別” の原因となる場合のみ、このような不合理な薬が存在できることが示されている。この “薬物投与が性別の原因” となる仮定こそが非合理の正体である。本書のオンライン実験の例では、“介入によって介入群の割合に影響する” と仮定した場合に部分集団への介入効果と全体の介入効果が逆転することが起こり得る。当然、この仮定は非合理であるが、計測された数値だけからでは、“介入によって介入群の割合が変化した” のか、単に “実験対象を途中から拡大した” だけなのかの区別ができない。このパラドクスは私たちが計測から因果関係を非合理なほどに見出してしまう心理が起因している。

いう未知のものに投資することになるため、組織にとっては難しい場合がある。優秀なデータサイエンティストは懐疑主義者である。彼らは異常を調べ、結果に疑問を持ち、結果が良すぎると思われる場合にはトワイマンの法則を発動させる。

第4章
実験のプラットフォームと文化

王子様を見つけるためにたくさんのカエルにキスをしなければならない場合は、より多くのカエルを見つけて、より速く、より速くキスをする。

— *Mike Moran, Do It Wrong Quickly* (2007)

第1章で議論されているように、信用できるコントロール実験を実行することは、多くのアイデアを評価（すべてではないが）しデータに基づいた意思決定を行う上での、科学の黄金律である。あまり自明ではないかもしれないが、コントロール実験を簡単に実行できるようにすることは、上述のMoranの引用文のように新しいアイデアを試すコストを減らし、好循環のフィードバックループの中でそれらから学びを得ることで、イノベーションを加速させることにもなる。この章では、堅牢で信用できる実験プラットフォームを構築するために必要なことに焦点を当てる。まず、実験を始めるさいに組織が一般的に通過するさまざまなフェーズを示す実験成熟度モデルを紹介し、次に実験プラットフォームを構築するための技術的な詳細を深く見る。

組織的に重要な検討事項としては、リーダーシップ、プロセス、トレーニング、これらの仕事を社内で行うべきか外注するべきか、結果を最終的にどのように利用するかなどがある。技術的なツールは、実験の設計、展開、スケーリング、分析をサポートし、ひらめきの獲得を加速させる。

実験成熟度モデル

実験成熟度モデル (Fabijan, Dmitriy and Olsson et al. 2017, Fabijan, Dmitriev and McFarland et al. 2018, Optimizely 2018c, Wider Funnel 2018, Brooks Bell 2015) は、組織がデータ駆動であり、A/B テストを通じてすべての変更を実行するまでの道のりで、組織が通過する可能性が高いフェーズで構成されている。

Fabijan et al. (2017) にならって、以下の 4 つの成熟段階を用いる。

1. **クロールフェーズ。**目標は基礎的な前提条件の構築、具体的には計測装置と基本的なデータサイエンスの能力、仮説検証に必要な要約統計量であり、数回の実験を設計、実行、分析できるようにすることである。いくつかの実験を成功させ、その結果が意味のある前進の指針となるような成功を収めることは、次のステージに進むための勢いを生み出すために非常に重要である。
2. **ウォークフェーズ。**目標は、基礎的な前提条件と少数の実験の実行を行うフェーズから、標準的なメトリクスの策定とより多くの実験を実行するための組織作りに移る。このフェーズでは、計測装置の検証、A/A テストの実行、およびサンプル比率のミスマッチ（SRM）テストの実行によって信用性を向上させる（第 21 章を参照）。
3. **ランフェーズ。**目標は実験をより大規模に実施することである。メトリクスを包括的にし、その目標は、メトリクスのセットの合意か、複数のメトリクス間のトレードオフを内包する OEC を成文化するためのすべての方法の実施である。組織は、ほとんどの新機能と変更の評価に実験を使用するようになる。
4. **フライフェーズ。**ここまでくると、A/B テストはすべての変更のさいの標準手法となっている。新機能を作るチームは、データサイエンティストの助けを借りずに、ほとんどの実験、特に簡単な実験の分析に熟達しているはずである。この規模のテストを助けるための自動化に移るだけでなく、すべての実験と変更を記録する制度（インスティチューショナルメモリ）を確立し、過去の実験（第 17 章参照）からの学習を可能にし、驚くべき結果やベストプラクティスを共有し、実験文化を向上させることが目標となる。

現在のフェーズを大まかに判定する方法は、クロールフェーズでは、組織は約 1 ヶ月に 1 回実験を実行し（年 10 回以下）、各フェーズが進むごとに 4〜5 倍に増加するとし、ウォークフェーズの組織は週に約 1 回（年に 50 回以下）、ランフェーズの組織は毎日（年に 250 回以下）、フライフェーズの組織では年に 1,000 回以上実験を実行するといったものである。

組織がこれらのフェーズを経るにつれて、技術的な焦点、OEC、そしてチームのセットアップさえも変化していく。ウォーク、ラン、フライの各フェーズで実験プラットフォームを構築するさいの技術的な側面を掘り下げていく前に、フェーズに関係なく組織が重点的に取り組むべき分野をいくつかあげる。

リーダーシップ

実験を中心とした強固な文化を確立し、A/B テストをプロダクト開発プロセスの不可欠な一部に組み込むためには、積極的なリーダーシップが非常に重要である。私たちの経験では、組織や文化は、実験を学ぶさいにもフェーズを経るということがわかっている (Kohavi 2010)。実験に先行する最初のフェーズでは、HiPPO（報酬が最高の者の一意見）を信頼しているため、測定や実験は必要ないと思い上がっている。次のフェーズでは、主要なメトリクスの測定と原因不明の差異の制御が行われる。Thomas Kuhn が指摘するように、パラダイムシフトは「まず通常の研究では何かがうまくいかないことがあって初めて起こる」(Kuhn 1996)。しかし、まだまだ組織は定着した規範や信念やパラダイムや HiPPO に強く依存し、それとは両立しない新しい知識を、センメルヴェイス反射 (Wikipedia contributors, Semmelweis reflex 2019) によって拒絶するかもしれない*1。永続的な測定、実験、および知識の収集によってのみ、組織は物事の原因についての基礎的な理解や理論に基づくようになる。

この最後のフェーズに到達するためには、私たちの経験上、経営者や管理職の下記の内容を含めた了承が複数の異なるレベルで行われなければならない。

- 共有目標を確立するプロセスに関与し、ハイレベルの目標メトリクスとガードレールメトリクスに合意し（第18章参照）、OEC を確立するためのステップのために理想的にはトレードオフを成文化する（第7章参照）。
- 機能 X や機能 Y の出荷を目標にするのではなく、メトリクスの改善という観点から目標を設定する。チームを、主要なメトリクスに影響を与えない機能を出荷してしまう状態から、主要なメトリクスを改善しない限り機能を出荷しない状態へと根本的に変化させる。実験をガードレールとして使用することは文化の変化であり、難しい。確立されたチームが大規模であるほどデータインフォームドな文化への移行は困難である。
- 組織のガードレールの内側でイノベーションを起こし、主要なメトリクスを改善するためにチームに権限を与える（第21章参照）。アイデアが評価され、多くのアイデアが失敗し、改善するとされたメトリクスをアイデアが動かせなかった場合に謙虚さを示すことを期待する。早く失敗する文化を確立する。
- 適切な計測装置と高いデータ品質が望まれる。
- 実験結果のレビュー、解釈の方法を知ること、解釈の基準を強制すること（例えば p-hacking を最小化するために (Wikipedia contributors, Data dredging 2019))、そして、それらの結果が意思決定にどのように影響するかに透明性を与えること。
- 第1章で述べたように、実験による多数の意思決定は、最適化に向けた情報提供に最も役立つ。長期間の実験は全体的な戦略に対して同じように情報提供ができ

*1 訳注：Semmelweis は分娩後の感染症予防に産科の医師はカルキによる手洗いをすべきという現代では当然の主張をしたが、当時はその主張が受け入れられないばかりか、彼本人が極めて強い排斥を受けて不遇なまま人生を終えた医師である。その史実から新しいことに対しての強い拒絶反応をセンメルヴェイス反射と呼ぶ。

る。例えば、Bing の Facebook や Twitter などのソーシャルネットワークとの統合は、2 年間の実験で価値がないことが判明し、中止された。また、プロモーションメールに動画を含めるとコンバージョン率が上がるかどうかを評価するには、複数の実装をテストする必要がある。
- うまくいくこともあるが、ほとんどの試みは失敗することを理解し、より利益増加に直結するプロジェクトと比べてハイリスクハイリターンのプロジェクトのためのポートフォリオを確保する。失敗から学ぶことは、継続的なイノベーションのために重要である。
- データを集めるためだけに実験を実行したり、ROI（投資収益率）の値を確立したりといったような、実験のための学習を長期的に支援する。実験は、個々の変更に対してローンチするかしないかを決定するさいに役立つだけでなく、さまざまな取り組みの影響を測定し、ROI を評価する上で重要な役割を持っている。例えば、第 5 章や長期的な実験 (Hohnhold, O'Brien and Tang 2015) を参照。
- 短いリリースサイクルのアジリティを向上させ、実験のための健全で迅速なフィードバックループを作るためには、長期のメトリクス変化を予測できる短期に計測可能なメトリクス（敏感なサロゲートメトリクス）を確立する必要がある（第 7 章 を参照)。

リーダーたちは、単に実験プラットフォームとツールを組織に提供するだけであってはならない。リーダーたちは、組織がデータに基づいた意思決定を行うための適切なインセンティブ、プロセス、権限を提供しなければならない。これらの活動に関与するリーダーシップは、特にクロールフェーズとウォークフェーズでは、組織を目標に合わせるために非常に重要である。

プロセス

組織が実験の成熟度のフェーズを進めるにつれて、確実に信用できる結果を得るためには、教育プロセスと文化的規範を確立することが必要である。教育によって、誰もが信用できる実験を設計・実施し、その結果を正しく解釈するための基本的な理解を確実に身につけることができるようになる。文化的規範はイノベーションへの期待の位置付けに役立ち、驚くべき失敗を祝い、常に学びたいと思うようになる。実験に関するオンライン企業 13 社が参加する 2019 年のサミットでは、実験とイノベーションを奨励する文化とプロセスを確立することが、継続的な課題であるとした (Gupta, Kohavi et al. 2019)。

実験設計や実験分析のさいに、教育のためのジャストインタイムのプロセスを確立することで、組織のレベルアップを図ることができる。Google の例をあげる。検索機能の仕事を行っている実験者は、実験を実施したいと思ったとき、専門家がレビューするチェックリストに記入を行っていた。チェックリストには、「あなたの仮説は何ですか」などの基本的な質問だけでなく「どのくらいの変化を気にしていますか」といった検出力を分析するための質問まで含まれていた。誰もが適切な検出力分析が実施できるまでの教育は非現実的であったため、検出力計算ツールをチェックリストにリンクさせることで、自分の実験が十分な検出力を持っているか確認できるようにした。組織が十分にレベルアップした後、検索組織はこのようなチェックリストのプロセスを必要としなくなった。

一般的に、実験者が実験を行うさいに、最初の数回は統計家やデータサイエンティストが並走することが求められる。その後、実験を重ねるごとに、実験者はより速く実験できるようになり、より自立していく。実験者が経験豊富であればあるほど、チームメイトにコンセプトを説明したり、時間が経てば専門家のレビューアとしての役割を果たしたりすることができる。しかし、経験豊富な実験者であっても、ユニークなデザインや新しいメトリクスを必要とする実験に対しては、通常はまだ統計家やデータサイエンティストの支援が必要である。

LinkedIn も Microsoft も（定期的ではないが Google も）、従業員が実験のコンセプトを意識し続けるための教室を開催している (Kohavi, Crook and Longbotham 2009)。時間の経過とともに実験をより受け入れる文化になるにつれて、教室の人気が高まってきた。

実験設計時のチェックリストと同様に、定期的に行われる解析結果の実験レビュー会議は、ジャストインタイムの教育効果をもたらす。これらの会議では、実験者が彼らのリーダーに話すためのローンチするか否かの結論を出す有用な議論に飛び込む前に、専門家がまず実験の信用度を検証する。特に初めて実験を行う人とは装置の問題を発見することが多い。これらの議論により、ゴール、ガードレール、品質、デバッグのメトリクス（第6章を参照）の理解が広がり、開発者は開発ライフサイクルの中でこれらの問題を予測する可能性が高くなった。また、これらの議論によって、計測可能なメトリクスのトレードオフを成文化し、OEC を確立した（第7章参照）。これらの実験レビューは、失敗した実験について議論され、多くのハイリスクハイリターンのアイデアが最初のイテレーションでは成功しないことから学ぶ場でもあり、失敗から学ぶことは、これらのアイデアを成功に導くために必要な洗練に不可欠であるだけでなく、次の段階に進むタイミングを決定するためにも重要である（第1章参照）。

時間の経過とともに、実験の影響が過去の類似した実験とどのように関連しているか、また、それがメタアナリシス（第8章）でどのようにさらに検討され、ユーザーエクスペリエンスの改善や主要なメトリック定義の更新につながるかなどの変化のパターンを専門家が示せるようになる。当初意図していなかったが、この実験分析のレビューフォーラムのもう1つの利点は、異なるチームを1つの会議に集め、お互いから学ぶことができるようにしたことである。ただし、お互いから学ぶためには、学習のための十分なコンテキストの共有を前提とするため、チームは同じプロダクトに取り組んでいて、同じメトリクスと OEC を共有している必要がある。チームがあまりにも多様であったり、ツールの成熟度が不十分であったりすると、この会議は非生産的なものになる可能性がある。この種のレビューは、成熟度の後期のウォークフェーズまたはランフェーズで効果的に開始されると考えられる。

これらのプラットフォームやプロセスを通じて、多くの実験を観察している専門家の働き方や、単一の実験から得られた学習などの、広範な実験から得られた学びを共有することができる。これは、定期的なニュースレター、Twitter のフィード、キュレーションされたホームページ、議論を奨励するために実験プラットフォームに接続された「ソーシャルネットワーク」(Booking.com で行われているように) または他のチャンネルを介して共有ができる。インスティチューショナルメモリ (第 8 章参照) は、フライフェーズでますます有用になる。

実験を成功させ規模を拡大するためには、結果や変更をローンチするかどうかよりも、学習こそが最も重要であるという知的な誠実さからなる文化が必要である。このような観点から、実験の影響に関する完全な透明性が非常に重要である。これを達成するために私たちが見つけた方法をいくつか紹介する。

- 多くのメトリクスを計算し、OEC やガードレールなどの重要なメトリクス、およびその他の関連するメトリクスが実験ダッシュボード上で視認性が高く、チームが結果を共有するさいに「おいしいところだけつまみ食い」ができないようにする。
- 驚くべき結果 (失敗と成功)、直感を構築するための多くの先行実験のメタアナリシス、チームが実験をどのように組み込むかなどについて、ニュースレターや電子メールでの発信を推奨する (第 3 章参照)。これの目標は、学習と必要な文化的支援を強調することである。
- 重要なメトリクスにネガティブな影響を与える場合は、実験者が介入を開始することを困難にする。これは、実験者への警告から、それらのメトリクスに関心を持つ人々への通知、そして潜在的にはローンチをブロックすることさえある (メトリクスを見た上で、議論の余地のある決定をオープンに議論できる文化の方が良いので、この極端な方法は逆効果になる可能性がある)。
- 失敗したアイデアからの学びを受け入れる。ほとんどのアイデアは失敗するので、その失敗から学び、その後の実験を改善していくことが鍵となる。

内製 vs. 他社製

図 4.1 は、Google, LinkedIn, Microsoft が実験の規模を何年に渡ってどのように拡大したかを示している。実験が 1 日当たり 1 回以上 (365 回以上/年) に拡大した年を 1 年目にした。グラフは、Bing, Google, LinkedIn について、最初の 4 年間の

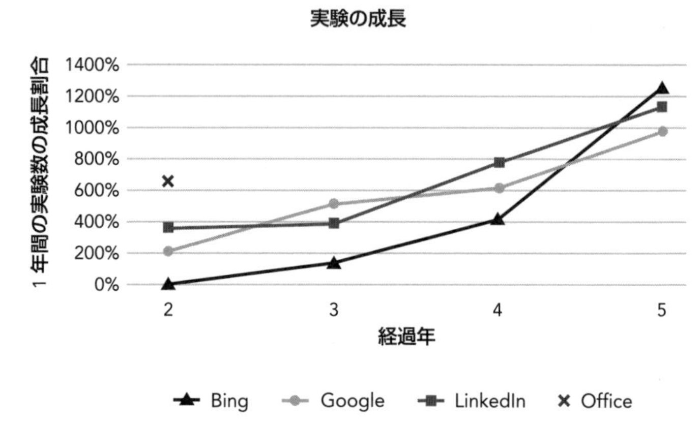

図 4.1 ● Bing, Google, LinkedIn, Office の実験の長期間での成長。現在、Google, LinkedIn, Microsoft では、集計方法は異なるものの、年間 20,000 件以上のコントロール実験を行っている

桁違いの成長を示している。初期のフェーズでは、実験プラットフォームの能力そのものが成長を鈍らせていた。2017 年にコントロール実験を、機能のロールアウトの安全な展開メカニズムと位置付け、大規模に使用し始めたばかりの Microsoft Office の場合は、Bing で先行して実験プラットフォームが使用されていたため、プラットフォームが制約要因にはならず、2018 年には実験回数は平均 600% の成長を遂げた。組織が「すべてをテストする」という文化に到達すると成長は遅くなり、制約要因はアイデアをコントロール実験でデプロイするためのコードに変換する能力になった。

著者らは皆、それぞれの会社で社内の実験プラットフォームの構築に大きく関わってきたが、すべての会社が自社で構築することを推奨しているわけではない。特にウォークフェーズでは、構築するか購入するかは ROI の観点での決定になる（構築と購入に関する統計は Fabijian et al. (2018) 参照）。ここでは、その決定を行う際に考慮すべきいくつかの質問を紹介する。

外部のプラットフォームはあなたが必要な機能を提供できるのか？

- フロントエンドとバックエンド、サーバーとクライアント、モバイルと Web など、実行したい実験の種類を考慮する。多くのサードパーティのソリューションは、すべてのタイプをカバーするのに十分な汎用性を持っていない。例えば、JavaScript をベースにしたソリューションは、バックエンドの実験には機能しないだろうし、同時に大量に実験を実行するさいに十分なスケーリングができない可能性がある。ベンダーによっては、1 つのチャンネルには強いが、他のチャンネルには強くないものもある（例：モバイル向けのソフトウェア開発キット（SDK）は優れているが、Web を扱う能力が弱い、あるいは Web 向けの WYSIWYG エディタは優れているが、モバイル向けの SDK は頻繁にクラッシュするなど)。

- Web サイトの速度を考慮する。いくつかの外部ソリューションでは、ページの読み込みを遅くすることが知られている JavaScript を追加で必要とする (Optimizely 2018, Kingston 2015, Neumann 2017, Kesar 2018, Abrahamse 2016)。第 5 章で示したように、レイテンシの増加はユーザーのエンゲージメントに影響を与える。
- 使用する可能性のあるディメンションとメトリクスを考慮する。たとえば、外部プラットフォームの中には、実験で計算できるメトリクスが制限されているものがある。セッション化を必要とする複雑なメトリクスは、外部ソリューションでは不可能な場合がある。平均値ではなくテールでより敏感になる傾向があるレイテンシを測定するためにパーセンタイルのようなメトリクスが一般的に使用されているが、それさえも多くの場合サポートされていない。広範なビジネスレポートを個別に構築しなければならない場合があるため、ディメンションとメトリクスの共通言語の確立は難しく、購入したプラットフォームの場合にはその一貫性を確保するのがより難しくなる可能性がある。
- どのようなランダム化単位を使用したいか、どのようなデータの共有が許容されるかを考慮。例えば、ユーザーのプライバシーが尊重されることを保証する必要があるといった事情による。通常、どのような情報 (特にユーザーについては、第 9 章を参照) を外部の関係者に渡せるかには制限があり、できることに制約があったり追加のコストがかかったりすることがある。
- 外部へのデータロギングは可能か、クライアントは 2 つの場所にログを取る必要があるか (2 重のロギング)、それぞれのログでの要約された統計が乖離(かいり)している場合はどうなるか、調整するためのツールはあるか、を考慮。これらはしばしば過小評価されている複雑さであり、異なるシステムの信用性を低下させ、これらのシステムに対する疑問として有効である。
- 追加のデータソースを統合可能かを考慮。購入データや返品を外部から購入したユーザーのデモグラフィックを統合など。外部システムの中には、このような外部データを結合できないものがある。
- ニアリアルタイム (near real-time : NRT) の結果が必要かを考慮。悪い実験を素早く検出したり、停止させたりするのに役立つことが多い。
- 自分たちのインスティチューショナルメモリを確立したいと思うほどの実験を行っているかを考慮。サードパーティ製の実験システムの多くは、実験記録のための仕組みを助ける機能を持っていない。
- 最終バージョンの実装を実際にできるかを考慮。多くの WYSIWYG システムでは、実験後に機能の再実装する必要がある。大規模な実験の場合は、再実装が必要な機能の列ができてしまい、実験が制限されてしまうことがある。

実験プラットフォームの内製開発にはどのくらいのコストがかかるか

大規模なシステムを構築するのは難しく、コストもかかる。この章の後半で技術的なプラットフォームの問題について説明する。

実験に必要なものの変化

この種のインフラ投資は、組織が本当に実験を受け入れた場合にどれだけの実験を実行するかという予測に基づいて行われるものであり、現在実行している実験の数ではない。実験に勢いと需要があり、外部ソリューションでは対応できないほどの量が増える可能性がある場合は、内製すべきである。内部ソリューションの構築には時間がかかるが、外部ソリューションの統合でも手間はかかる。

デプロイ方法とシステム設定の間の統合

実験は、継続的なデプロイメントプロセスの不可欠な部分になり得る。エンジニアリングシステムが設定とデプロイメントをどのように扱うかと実験の間には、多くの相乗効果がある（第15章を参照）。より複雑なデバッグ状況などの、デプロイメントと実験の間に密な統合が必要な場合は、サードパーティ製のソリューションでは難しいかもしれない。

あなたの組織では、独自のプラットフォームを構築するための投資やそのコミットメントの準備ができていない可能性があるため、独自の実験プラットフォームを構築するかどうかを判断する前に、外部のソリューションを活用して、より多くの実験による影響を実証することが理にかなっている場合がある。

インフラストラクチャとツール

第3章では、実験を失敗させる多くの落とし穴を示した。実験プラットフォームの構築は、実験によるイノベーションを加速させるだけでなく、意思決定のための結果の信用性を確保するためにも重要である。企業における実験の規模を拡大するには、実験プラットフォームのインフラストラクチャを構築するだけでなく、企業文化、開発、意思決定プロセスに実験を深く組み込むためのツールやプロセスも必要になる。実験プラットフォームの目標は、実験をセルフサービス化し、信用できる実験を実施するための追加コストを最小限に抑えることである。

実験プラットフォームは、実験の設計と展開から分析までのプロセスのすべてのステップを網羅していなければならない (Gupta et al. 2018)。Bing (Kobani, Longbotham et al. 2009)、LinkedIn (Xu et al. 2015)、Google (Tang et al. 2010)

での実験プラットフォームのコンポーネントを見ると、4つの高レベルのコンポーネントがある。

- ユーザーインターフェース（UI）またはアプリケーションプログラミングインターフェース（API）を介して実験の定義、設定、管理を行い、実験システムの設定に保存する仕組み
- サーバー側とクライアント側の両方で、実験群への割り当てとパラメータ化をカバーする開発
- 実験用の測定装置
- メトリクスや p 値などの統計検定の定義と計算を含む実験分析

これらのコンポーネントがどのように組み合わされているかは、図4.2を参照。本節では、これらのコンポーネントのそれぞれについて説明する。

実験の定義、設定、管理

多くの実験を実行するために、実験者は実験のライフサイクルを簡単に定義し、設定し、管理する方法を必要とする。実験を定義したり、指定したりするためには、所有者、名前、説明、開始日と終了日、および他のいくつかのフィールドが必要である（第12章参照）。また、以下の理由から、プラットフォームは同じ実験を複数回**繰り返す**ことができるようにする必要がある。

- 実験結果に基づいて機能を進化させるため、実験中に発見されたバグを修正することもある。
- 実験対象者をより広くするために実験を徐々にロールアウトする。これは、事前に定義されたリング（例えば、チーム内の開発者、社内の全従業員）を経由するか、外部の人々のより大きなパーセンテージを経由するかのいずれかである (Xia et al. 2019)。

すべての繰り返し実験は、同じ実験の下で管理されるべきである。一般的には、1つの実験につき1回の繰り返しはいつでも有効であるべきであり、プラットフォームが違えば違った実験の繰り返しが必要になるかもしれない。

プラットフォームには、多くの実験とその複数回の繰り返しを簡単に管理するためのインターフェースやツールが必要である。機能的には以下のものとなる。

- 実験仕様書の下書き、編集、保存の機能
- 実験の仕様の反復経過と現在（実行中）の反復を比較する機能
- 実験の履歴や時系列を見ることができる機能（すでに停止している実験に対しても）

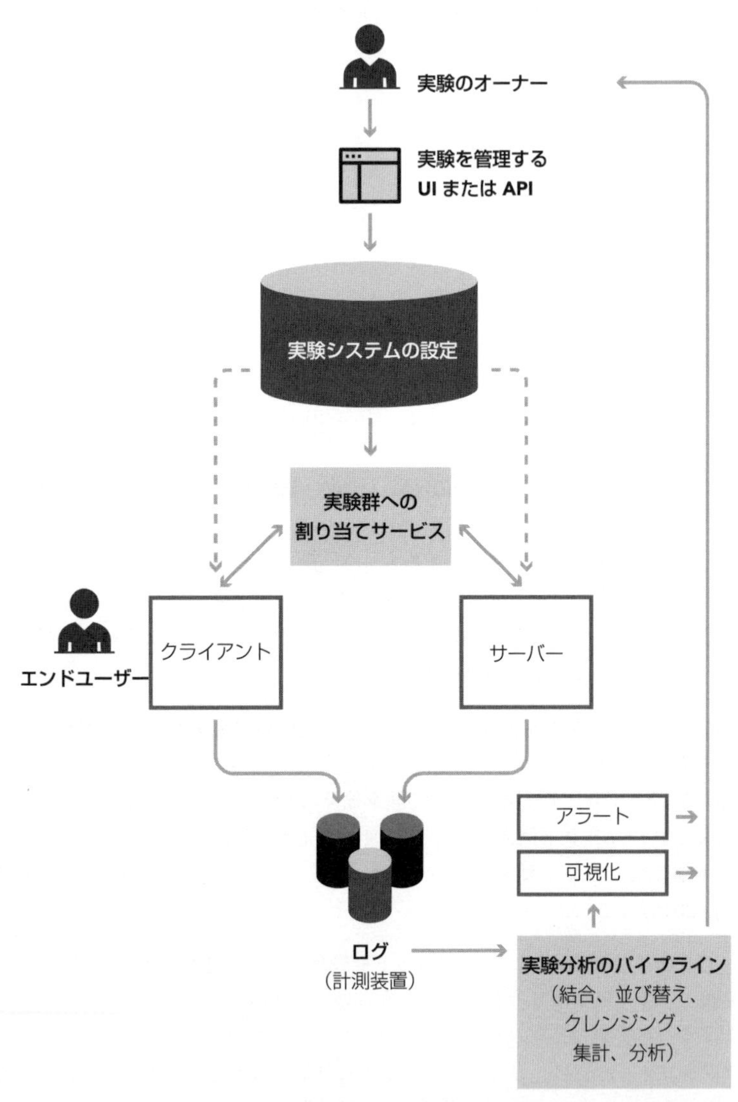

図 4.2 ● 実験プラットフォームのアーキテクチャの例。クライアントおよび/またはサーバーは、実験群への割り当てのサービスを呼び出せる。実験群への割り当てのサービスは、別のサーバーであってもよいし、クライアントやサーバーに組み込まれたライブラリであってもよい（その場合、設定はクライアントやサーバーに直接プッシュされることになる）。異なるアーキテクチャのオプションについては、この章の後の議論を参照

- 生成された実験ID、バリアント、反復回数を自動的に割り当て、実験仕様書に追加する機能。これらのIDは実験の計測装置に必要とされる（この章で後述）
- 設定のコンフリクト、無効なターゲティングオーディエンスなど、仕様に明らかなエラーがないことを検証する機能
- 実験の開始・中止だけでなく、実験の状況を確認することができる機能。人為的なミスを防ぐため、通常、実験を開始できるのは実験所有者か特別な許可を得た人だけである。しかし、利用者に危害を加える可能性から、実験を中止することは誰でも可能であるといった非対称性を持たせ、中止を実験所有者に確実に知らせるためのアラートを生成する機能を持たせている

また、実験は実ユーザーに影響を与えるため、本番前に実験の介入内容を確認するために、追加のツールやワークフローが必要となる。そのオプションとして、デプロイ前に実行しなければならないテストコードから、実験が信頼できる専門家の承認を得なければならないパーミッションコントロールシステムまで、さまざまなものがあり得る。

これらの基本的なチェックに加えて、特に実験が大規模に実行されているときのフライフェーズでは、プラットフォームによるサポートの必要がある。

- 実験のリリースの自動化と逐次改善の自動化（詳細は 第15章 参照）
- 悪い実験を早期にキャッチするための、ニアリアルタイムでの監視と警告
- 悪い実験の自動検出とシャットダウン

これらによって、実験の安全性を高められる。

実験のデプロイメント

実験仕様書を作成した後、ユーザー体験に影響を与えるために仕様どおりのものをデプロイする必要がある。デプロイには通常、2つのコンポーネントが含まれる。

1. 実験の定義、実験群の割り当て、その他の情報を提供する実験インフラストラクチャ
2. 実験の割り当てに応じて実験群ごとの動作を実装するプロダクションコードの変更

この実験インフラストラクチャは下記の機能を提供しなければならない。

- **実験群への割り当て。**ユーザーのリクエストとその属性（例えば、国、言語、OS、プラットフォーム）が与えられると、そのリクエストはどの実験群の組み合わせに割り当てられるかを決める機能。この割り当ては実験の仕様とIDの擬似ランダムハッシュ、つまり $f(\mathrm{ID})$ に基づく。ほとんどの場合、ユーザーごとに割り当て

が一貫していることを保証するために、ユーザー ID が使われる。また、あるユーザーがどの実験群に割り当てられたかを知っても、別のユーザーがどの実験群に割り当てられるかについては何も情報がないように、実験群への割り当ては独立でなければならない。これについては第 14 章でより深く議論する。この章では、ユーザーがランダム化単位であると仮定。

- **プロダクションコード、システムパラメータ、およびその値。** 実験群への割り当てとその定義ができた後、どのようにしてユーザーが適切な体験を得られるようにするか、異なるプロダクションコードや、どのシステムパラメータをどの値に変更すべきかを管理する必要がある。

このインターフェイスは、図 4.2 の実験群割り当てサービスとして表され、パフォーマンスの理由から、実験群への割り当てのパラメータ値のみを返すか、パラメータ値を含む完全な設定を返すかを選択可能である。いずれの場合も、実験群割り当てサービスは別個のサーバーである必要はない。代わりに、共有ライブラリを介してクライアントやサーバーに直接組み込むことができる。インターフェースにかかわらず、実験群割り当てサービスの単一の実装は不用意な発散やバグを防ぐために重要である。

インフラストラクチャを実装するさいには、特に大規模で運用する場合には、考慮すべき重要な細かい点がある。例えば、「**原子性**」が必要か、必要な場合はどの程度の粒度で必要か。ここでの「原子性」に求められることは、すべてのサーバーが同時に次の実験条件に切り替えられるかどうかと同義である。単一のリクエストで何百ものサーバーを呼び出すことができ、一貫性のない割り当ては一貫性のないユーザー体験につながる（例えば、複数のサーバーを必要とする検索クエリを想像。それぞれが検索インデックスの分離した部分を処理する場合）。この例を修正するには、親サービスが実験群の代入を実行し、それを子サービスに渡すことでできる。クライアントベースの実験とサーバーベースの実験の間では、実験の展開にも違いがあり、第 12 章でさらに説明する。

もう 1 つの考慮点は、フローのどこで実験群への割り当てが行われるか（つまり、いつ実験群を割り当てるインターフェイスが呼び出されるか）である。Kohavi, Longbotham et al. (2009) で議論されているように、実験群への割り当てはいくつかの場所で発生し得る。トラフィック分割（トラフィックフロントドアなど）を使用した本番コードの外側、クライアントサイド（モバイルアプリなど）、またはサーバーサイドなどである。どこで実験群への割り当てを行うかについての決定を行う前に、より良い情報を得るため、以下の重要な質問の検討を推奨する。

- **実験群への割り当てを行うために必要な情報が一連の処理の中のどの時点で存在すべきか。** 例えば、単一のユーザーのリクエストだけでも、ユーザー ID、言語、デバイスなどの情報が取得できるかもしれない。実験群への割り当てに、アカウントの年齢や最後に訪問した時間や訪問頻度などの追加情報を使用するには、割り当てる前にそれらの情報を検索できる必要がある。その結果、実験群の割り当ては一連の処理の中で後の方に位置することになる。
- **実験の割り当ては一連の処理の中の 1 箇所でしか行われないか、それとも複数の箇所で行われるか。** 実験プラットフォームを構築する初期段階（ウォークまたは初期のランフェーズ）であれば、実験の割り当てが発生するポイントは 1 つだけにすることを推奨する。複数の割り当て箇所がある場合は、以前に発生した実験の割り当てが一連の処理の中で後に発生した実験の割り当てに偏りがでないようにするための、直交性の保証が必要になる（例えば、この章で後述する「**同時実験**」で説明するように）。

実験群に割り当てた後に、システムがユーザーに適切な処置が提供できていることを確認する段階では、アーキテクチャには主に 3 つの選択肢がある。

- 最初のアーキテクチャは、割り当てられた実験群に基づいてコードをフォークする形式で作られる。

```
variant = getVariant(userId)
If (variant == Treatment) then
  buttonColor = red
Else
  buttonColor = blue
```

- 2 番目のアーキテクチャではパラメータ化されたシステムに移行し、実験でテストしたいあらゆる変更はすべて実験パラメータによって制御する。この時点では、コードをフォークした形式を使い続けるかどうかの選択ができる。

```
variant = getVariant(userId)
If (variant == Treatment) then
  buttonColor = variant.getParam("buttonColor")
Else
  buttonColor = blue
```

あるいは

```
variant = getVariant(userId)
. . .
```

```
buttonColor = variant.getParam("buttonColor")
```

- 3番目のアーキテクチャでは、getVariant()コールさえも削除される。代わりに、一連の処理の中で実験群への割り当てが行われ、その実験群のためのすべてのパラメータ値を持つ設定が渡される。

```
buttonColor = config.getParam("buttonColor")
```

各システムパラメータにはデフォルトの設定があり（例えば、デフォルトのボタンの色は青）、介入時には、どのシステムパラメータとその値を変更するか指定するだけでよい。渡される設定には、すべてのパラメータ名と適切な値が含まれている。

それぞれのアーキテクチャには長所と短所がある。最初のアーキテクチャの主な利点は、実験群の割り当てが実際のコード変更の近くで行われるので、トリガーの処理がより簡単になることである。最初のアーキテクチャのコントロール群と介入群の両方の集団は、影響を受けたユーザーのみを含むことになる（第20章を参照）。しかし、不利な点は、フォークされたコードパスの管理が非常に困難になる可能性があるため、技術的な負債が増大することである。2番目のアーキテクチャ、特に2番目のオプションでは、トリガーをより簡単に扱えるという利点を維持しながら、コードの負債を減らしている。3番目のアーキテクチャでは、実験群の割り当てを早期に行うため、トリガーの処理がより困難になる。システムが数百から数千のパラメータを持つようになると、実験が影響する可能性のあるパラメータが数個だとしても、パラメータに関連する処理を最適化することがパフォーマンスの観点から重要になる。

Googleは、パフォーマンス、技術的な負債の抑制、単一のパスにマージするさいのコードパス修正の課題などを考慮して、将来の変更を容易にするために第1のアーキテクチャから第3のアーキテクチャへと移行した。Bingも第3のアーキテクチャを採用している。Microsoft Officeは第2のアーキテクチャの最初のオプションを使用しているが、実験パラメータとしてバグIDを渡すシステムを実装し、3ヶ月後に実験的なコードパスが削除されていなければアラートを出し、エンジニアに実験的なコードパスの削除を忘れさせないようにしている。

どのアーキテクチャを選択するかにかかわらず、実験を実行するさいのコストと影響を測定する必要がある。実験プラットフォームはパフォーマンスにも影響を及ぼす可能性があるため、実験プラットフォームの外でトラフィックを実行することで、サイトのレイテンシ、CPU利用率、マシンコスト、その他の要因などのプラットフォームによる影響を測定するための実験ができる。

実験の計測装置

ここでは、ユーザーアクションやシステムパフォーマンスなどをログに記録する基本的な仕組みはすでにあるものだと仮定している（計測方法については第13章を参照）。特に新機能をテストする場合は、この基本的な計測方法を更新し、新機能の存在を反映させる必要がある。クロールフェーズでは、このレベルの設備に重点が置かれており、リーダーシップをとる者は計測装置が常にレビューされ、改良されていることを保証しなければならない。

実験のためには、どんな実験条件や反復実験が実行されているときでも、すべてのユーザーからのリクエストとインタラクションを計測するべきである。すべてのサーバーやクライアントでユーザーへの介入が同時変更されるわけではないので、反復実験の計測は特に実験開始時や実験対象の拡大時に重要になる（第12章）。

多くの場合、特にランとフライのフェーズになると、反実仮想（counterfactual）のログ、つまり実験をしなかった場合に何が起こり得たのかを記録したいと思うことがある。例えば、介入群のユーザーに対して、彼らがコントロール群のユーザーとしたときに返却される検索結果を記録したいと思うかもしれない。上記で説明したシステムパラメータ化されたアーキテクチャでは、実験群への割り当てが早い段階で行われるため、反実仮想の計測は非常に困難だが必要である（第20章を参照）。反実仮想の計測はパフォーマンスの観点からはコストがかかるため、いつ必要になるかについてのガイドラインを確立する必要があるかもしれない。プロダクトにユーザーがフィードバックを入力する場所がある場合、そのフィードバックと実験群の値は記録されなければならない。これは、フィードバックが実験群に固有のものであった場合に助けになる。

実験のスケール。実験割り当ての掘り下げ

企業がウォークからランのフェーズに移行すると、実験に十分な検出力を提供するために、各実験群に十分な割合のユーザーを割り当てることに意識する必要が出てくる。最大の検出力が必要な場合、実験は50%/50%で実行され、すべてのユーザーを含む。だが、実験の数を増やすために、ユーザーは複数の実験に参加しなければならない。本節ではその方法について述べる。

シングルレイヤー法

ユーザーの実験群への割り当てには一貫性が求められる。ウォークフェーズでは、通常、実験の数は少なく、各実験群が総トラフィックの特定の割合を受け取るように、すべてのトラフィックを分割するのが一般的である。例えば、トラフィックの60%を1つのコントロール群と2つの介入群の実験に割り当て、残りの40%をコン

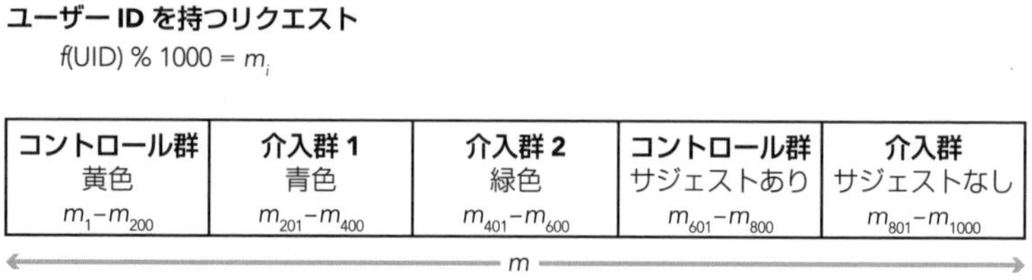

ユーザー ID を持つリクエスト

$f(UID)\ \%\ 1000 = m_i$

コントロール群 黄色 $m_1 - m_{200}$	介入群 1 青色 $m_{201} - m_{400}$	介入群 2 緑色 $m_{401} - m_{600}$	コントロール群 サジェストあり $m_{601} - m_{800}$	介入群 サジェストなし $m_{801} - m_{1000}$

← m →

図 4.3 ● シングルレイヤー法による割り当て

トロール群 1 つと介入群 1 つの実験に割り当てることができる（図 4.3）。この割り当ては通常、ハッシュ関数を使用してユーザーがどのバケットに割り当て続けられるために行われる。この例では、1,000 個の不連続バケットを使用し、どの実験群がどのバケットなのかを指定している。200 個のバケットを持つ実験群に 20% のトラフィックが割り当てられることになる[*2]。

バケットへのユーザーの割り当てはランダムでなければならないが、決定論的でもなければならない。同時に実験を実行している 2 つのバケットを比較する場合、それらは統計的に類似していると仮定される（第 19 章参照）。

- 各バケットには、ほぼ同じ数のユーザーがいるはずである（第 3 章を参照）。国、プラットフォーム、言語などの主要なディメンションで分解した場合、各バケット内の分割結果もほぼ同じ数になる。
- 主要なメトリクス（ゴール、ガードレール、品質）は、バケット間でほぼ同じ値（正常なばらつきの範囲内）でなければならない。

割り当ての監視は重要である。Google，Microsoft，その他多くの企業が、バケットの特性を監視することで、ランダム化のコードにエラーを発見した。もう 1 つの一般的な問題は、キャリーオーバー（繰り越し）効果（第 23 章参照）で、先行実験が現在の実験のバケットに影響を与える可能性があることである。再ランダム化、またはシャッフルすることで、実験のたびにバケットが汚染されないようにするのが一般的な解決策である (Kohavi, et al. 2012)。

シングルレイヤー（numberline とも呼ばれる）方式はシンプルで、複数の実験を同時に実行することができる（各ユーザーは単一の実験にのみ参加）。しかし、主な欠点は、各実験が十分な検出力を持つために十分なトラフィックが必要なため、同時に実行できる実験の数に制限があることである。初期フェーズでも、実験は並行して実行されるために、シングルレイヤー法での実験トラフィックの管理は、運用上、困難な場合がある。同時実行性を管理するために、LinkedIn，Bing，Google はすべて

[*2] 訳注：$1/1000 \times 200 = 0.2 = 20\%$

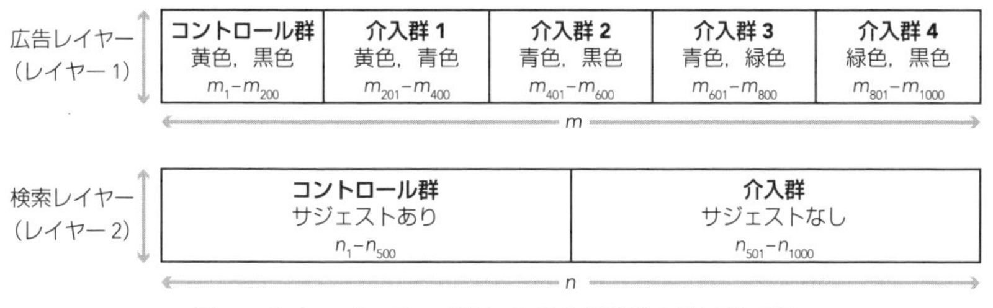

図 4.4 ● オーバーラップ法における実験群の割り当て例

手動の方法で開始した（LinkedInでは、チームが電子メールを使って「トラフィック範囲の交渉」を行い、Bingではプログラムマネージャーが管理し、そのオフィスは通常、実験トラフィックを求める人でいっぱいになった。Googleでは、電子メールとインスタントメッセージングの交渉から始まり、プログラムマネージャーに至った）。しかし、手動の方法では規模が大きくできないため、3社とも時間の経過とともにプログラムによる割り当てに移行していった。

同時実験

シングルレイヤー法を超えて実験を拡大するためには、各ユーザーが同時に複数の実験に参加できるような、ある種のコンカレント（オーバーラップとも呼ばれる）実験システムに移行する必要があり得る。これを実現する1つの方法は、複数の実験層を持ち、各層がシングルレイヤー法のように振る舞うようにすることである。レイヤー間の実験の直交性を確保するために、ユーザーをバケットに割り当てるさいに、レイヤーIDを追加した（他の方法もある）。

リクエストがくると、実験群への割り当ては各レイヤーに対して一度だけ行われる（2つのレイヤーの例については図4.4を参照）。これは、プロダクションコードと計測装置の両方が実験群IDのベクトルを処理しなければならないことを意味する。同時並行実験システムの主な問題は、どのようにレイヤーを決定するかということで、いくつかの選択肢がある。

1つ目の選択肢は、完全実施要因実験計画を完全要因プラットフォーム計画に拡張することである。完全実施要因実験計画では、すべての因子の可能な組み合わせが実験群としてテストされる。これをプラットフォームに拡張すると、ユーザーはすべての実験に同時に参加することになる。ユーザーは、実行中のすべての実験に対して実験群（コントロール群または介入群のいずれか）に割り当てられる。各実験は一意のレイヤーIDに関連付けられているので、すべての実験は互いに直交している。同じ実験の繰り返しは、ユーザーの一貫した体験を保証するために、通常は同じハッシュIDを共有する。このようなシンプルな並列実験構造により、分散型の方法で実験数を簡単にスケールすることができる。

このプラットフォーム設計の主な欠点は、潜在的なコンフリクト、つまり2つの異なる実験からの特定の介入が共存するとユーザーに悪い体験を与える可能性が避けられないことである。例えば、実験1では青いテキストをテストし、実験2では青い背景をテストすることができる。たまたま両方の介入に当てはまってしまったユーザーにとっては、ひどい体験になるだろう*3。

統計学的にいえば、これら2つの実験はお互いに「交互作用」している。劣悪なユーザー体験になるだけでなく、それぞれの実験について独立して測定された結果も、2つの実験間の交互作用を考慮しないと正しくない可能性がある。すべての交互作用が悪影響をもたらすわけではない、2つの介入効果の独立した足し合わせよりも良い結果になることもある。

とは言っても、トラフィックを分割するさいの統計力の低下が交互作用の潜在的な懸念を上回る場合以外では、この方法の方が望ましい。なぜなら、これらの実験を独立して設定すると、どの実験が交互作用して、交互作用にはどのような効果があるのかの分析を可能にするからである。もちろん、有意な交互作用がない場合は、各実験を個別に分析することができ、それぞれが最大の検出力を得るために利用可能なトラフィックの全量を享受することができる。Microsoft の実験プラットフォームには、交互作用の検出を自動化する堅牢なシステムがある (Kohavi et al. 2013)。

劣悪なユーザー体験を防ぐために、**入れ子になった**プラットフォーム設計 (Tang et al. 2010) か、**制約に基づく**プラットフォーム設計 (Kohavi et al. 2013) のいずれかを使用することができる。スケーラビリティのために、Google, LinkedIn, Microsoft, Facebook はこれらの設計のいくつかのバリエーションを使用している (Xu 2015, Bakshy, Eckles and Bernstein 2014)。

入れ子になった設計では、システムパラメータはレイヤーに分割されているので、組み合わせによってユーザー体験が悪くなる可能性のある実験は同じレイヤーで起こるはずなので、同じユーザーに実行されるのを設計で防ぐことができる。例えば、共通のUI要素（例えば、ページのヘッダーとヘッダー内のすべての情報）のための1つのレイヤー、ボディのための別のレイヤー、バックエンドシステムのための3番目のレイヤー、ランキングパラメータのための4番目のレイヤーなどである。

制約に基づく設計では、実験者に制約を指定させ、システムはグラフの色付けアルゴリズムを用いて、懸念を共有する2つの実験がユーザーに同時に適用されないよう

*3 訳注：つまり真っ青で何も見えない。

にする。自動的に交互作用を検出するためのシステムは (Kohavi et al. 2013)、これの有用な拡張である[4]。

実験の分析

実験成熟度の最終段階に移行するため、チームが時間のかかるアドホックな分析を行う必要性から解放され、レポートの背後にある方法論が堅固で一貫性があり科学的に根拠があることを保証するため、自動化された分析が重要であり必要である。私たちは、ゴール、ガードレール、品質メトリクスの選択作業はすでに行われていると仮定し、トレードオフの成文化を OEC に行うことを想定している。

分析の自動化には、まず**データ処理**が必要で、その目的は、実験結果を計算して可視化するためにデータを使用可能な状態にすることである。ユーザーのリクエストに関する測定は複数のシステムで行われる可能性があるため、データ処理では通常、異なるログをソートして結合し、それらをクレンジング、選択、濃縮する必要がある。このプロセスは、データの**クッキング**と呼ばれることもある。

処理済みのデータを得たなら、決定権者のローンチする/しないの意思決定に役立つ主要なメトリクスを要約し目立たせることがゴールとなる。これには、セグメント（国、言語、デバイス/プラットフォームなど）ごとのメトリクス（OEC、ガードレールメトリクス、品質メトリクスなど）の**データ計算**、p 値/信頼区間の計算の他に、SRM チェックなどの信用性チェックが必要である。また、どのセグメントが最も興味深いかを自動的に見つけるための分析も可能である（第 3 章を参照）。データ計算ではこれらすべてを一度に計算することができるが、実際に実験データを見るときには、OEC をチェックしたり、セグメンテーションを行ったりする前に、まず信用性チェックをしなければならないことに注意。さらに、実験データを見る前に、データのクッキングや計算自体の信用性のため、徹底的にテストしてチェックしなければならない。

計算を行えば、最終的には、主要なメトリクスや興味深いメトリクス、セグメントをわかりやすく強調する**データのビジュアライゼーション**を作成することができる。このビジュアライゼーションは、Excel やスプレッドシートのようなシンプルなものにすることができる。メトリクスは相対的な変化として表示され、結果が統計的に有意であるかどうかが明確に示される。知的に統合された文化を醸成するためには、結

[4] 訳注：本書で引用されている Microsoft では、複数の実験を並列で実施し、2 つの実験の組み合わせで交互作用が発生していないかの確認を行っている。つまりすべての組み合わせでなく、組み合わせのペアごとに交互作用の検定を行っている。交互作用の検出のためにこの検定を日次で実施しているが、かなりの多重検定になってしまう。そのため、偽陽性率を抑止するアルゴリズム (Strimmer, Korbinian. “A unified approach to false discovery rate estimation.” BMC bioinformatics 9.1 (2008): 303.) も採用している。

果が追跡可能でアクセス可能な共通の定義を使用し、頻繁にレビュー、合意、更新されることの確認が必要である。

組織の成熟度がランやフライのフェーズに移ると、多くのメトリクス（1,000 個なこともあり得る）を扱うことになる。これは、階層別（全社的、製品特有、機能特有 (Xu et al. 2015, Dmitriev and Wu 2016)）または機能別（OEC、ゴール、ガードレール、品質、デバッグ：第 7 章参照）にメトリクスをグループ化する場合である。複数テストは、メトリクスの数が増えるほど重要になり、「無関係だと思われるのに、なぜこのメトリクスが大きく動いたのか?」といった実験者からの疑問が生じ、これは広く見受けられる。

教育の助けを借りながら、標準の 0.05 よりも小さい p 値のしきい値を使用するためのツールのオプションも有効である。しきい値を低くすることで、実験者は最も有意なメトリクスに素早くフィルタをかけることができる (Xu et al. 2015)。

可視化ツールを使用して、すべての実験結果のメトリクスごとのビューを生成することで、利害関係者は主要なメトリクスのグローバルな健全性を詳細に監視し、どの実験が最もインパクトのあるものであるかを確認することができる。この透明性により、実験責任者とメトリクスの責任者の間で会話が促進され、企業内での実験に関する全体的な知識が向上する。

可視化ツールは、何が実験されたのか、なぜその決定がなされたのか、そして知識の発見や学習につながる成功と失敗を補足するため、**インスティチューショナルメモリ**に至るための素晴らしい入り口となる。例えば、過去の実験をマイニングすることで、どのような種類の実験が特定のメトリクスを動かす傾向があり、どのようなメトリクスが（自然な相関関係を超えて）一緒に動く傾向があるかについて、メタアナリシスを実行することができる。これについては 第 8 章 で詳しく説明する。新入社員が入社してきたとき、ビジュアルは直感を素早く形成し、会社の目標を感じ取り、仮説プロセスを学ぶのに役立つ。エコシステムが進化していく中で、過去の結果と洗練されたパラメータを持つことで、失敗した実験を再実行することができる。

第II部

すべての人を対象にした選択的トピック

第II部では、実験に関わるすべての人（特にリーダーや経営陣）に関連する5つのトピックを詳細に解説する。

まず、**スピードの重要さ**を示すケーススタディについて述べる。レイテンシとサイトスピードをユーザーエンゲージメントと収益に敏感に影響する重要なサロゲートメトリクスとして確立させた、慎重な実験設計と分析の一連の例を示す。この結果は、実験結果がサイトやドメインに依存せずに適用される可能性がある好例でもある。

次に、**組織を運用するためのメトリクス**について紹介する。あらゆる企業においてデータに基づいた意思決定を行うためにはメトリクスが重要であることから、実験を行っているかどうかにかかわらずリーダーが組織のために理解し、議論し、確立すべき事柄である。また、それらのメトリクスを作成し、検証し、反復する方法についても議論する。

特に、組織が実践的な実験を進化させていく中で、リーダーは、**実験のためのメトリクスと総合評価基準（Overall Evaluation Criterion：OEC）**について議論し、理想的には合意する必要がある。OECは、実験に必要な特定の基準を満たす1つまたは複数の組織のメトリクスを組み合わせたものである。OECはメトリクス間のトレードオフを表現するために使用され、オンラインでのコントロール実験を容易にし、イノベーションの拡大を推進するために使用される。

組織が**ランフェーズ**と**フライフェーズ**の成熟段階（第4章を参照）にあり、実験規模を拡大し始めると、**インスティチューショナルメモリ**と**メタアナリシス**を確立することがますます有用になる。インスティチューショナルメモリは、過去の実験と変化を捉え、データに基づいた意思決定を行う文化を奨励し、イノベーションや継続的な学習の促進に役立つ。

最後は、**コントロール実験の倫理**について述べる。オンラインでのコントロール実験は実際の人間を相手に実施されるため、コントロール実験における倫理とエンドユーザーへの配慮は非常に重要である。私たちは、オンラインでのコントロール実験における倫理の重要性と考慮すべき事項をまとめ、その他倫理の分野での参照資料を示す。

第5章
スピードの重要さを示すケーススタディ

Web サイトが遅いと起こる危険：ユーザーの挫折、ネガティブなブランド認知、運用費の増加、収益の損失。

— *Steve Souders* (2009)

サーバーのパフォーマンスを 10 ミリ秒（まばたきの 30 分の 1）向上させるエンジニアは、会社が支払うその人の年間コスト以上の貢献をしている。私たちは、すべてのミリ秒をカウントしている。

— *Kohavi, Deng, Frasca, Walker, Xu and Pohlmann* (2013)

速さは私のお気に入りの機能

— *Google shirt circa 2009*

注意を払うべき理由：スピードの重要性を評価するために、実験の設計（明示的な仮定を含む）、実行、解釈までの一例を最初に述べる。例を示すのが簡単なので、実験例の多くはユーザーインターフェース（UI）に焦点を当てるが、複数の企業が発見したように、バックエンド側にも多くのブレークスルーがありスピードは非常に重要である。もちろんスピードは速い方が良いが、10 分の 1 秒でもパフォーマンスを向上させることがどれほど重要なのかは自明でない。そこで、パフォーマンスを向上させることがどれだけ重要なのかの評価も行う。つまり、パフォーマンスの専門家の雇用や専門チームに投資すべきかといった問いに答えるためである。そのような努力の投資収益率（ROI）は、単純なスローダウン実験を実行することで定量化することができる。2017 年には、Bing では 10 分の 1 秒の改善ごとに年間で 1,800 万ドルの収益増の価値があることがわかり、それは専門チームの拡大の根拠には十分であった。これらの結果と長年に渡る複数の国での複数の結果に基づいて、私たちはガードレールのメトリクスとしてレイテンシを使用することを推奨する。

プロダクトのシステムパフォーマンスはどれほど重要なのか。プロダクトのどの箇所でのレイテンシの低減が重要なのか。シンプルでありながら強力なテクニックであるスローダウン実験によって、これらの質問に対する明確な答えが得られる。プロダクトをスローダウンすることで、収益やユーザー満足度の低下などの主要なメトリクスに対する遅延の影響を評価することができる。ちょっとした仮定の下で、パフォーマンスの改善、つまりレイテンシを減らすことで、これらのメトリクスが改善され、収益と満足度が向上することを示すことができる。

Amazonでは、100ミリ秒のスローダウン実験で売り上げが1%減少した (Linden 2006, 10)。Bing と Google (Schurman and Bruilag 2009) からの登壇者による珍しい共同講演では、クエリ種類数、収益、クリック数、満足度、クリックまでの時間などの主要なメトリクスに対するパフォーマンスの重要な影響が示された。Bing (Kohavi et al. 2013) での2012年の詳細な研究では、100ミリ秒ごとのスピードアップで0.6%の収益改善が見られた。2015年、Bingのパフォーマンスが向上したことで、サーバーが95パーセンタイルで1秒未満で結果を返していた。これでもパフォーマンス向上にまだ価値があるのかという疑問が生じていた。その後の調査が行われ、収益への影響は多少軽減されたものの、パフォーマンスを以前よりも1ミリ秒でも改善すればBingの収益を向上することができた。たった4ミリ秒の改善でエンジニア1人を1年間雇用するコストがまかなえるほどであった。

パフォーマンスに関連した複数の結果が *Why Performance Matters* (Wagner 2019) で共有され、コンバージョンやユーザーエンゲージメントの改善を示したが、その多くの結果はコントロール実験をしていなかったため、パフォーマンス以外の変化と混同されている。

スピードの重要性から、パーソナライゼーションと最適化のためのサードパーティ製品の使用には考慮が必要である。これらの製品の中には、HTMLページの先頭にJavaScriptスニペットを挿入する必要があるものがある。これらは、スニペットのプロバイダと往復してJavaScript経由で情報を転送する必要（数十キロバイト程度であることが多い）があり、その間に他のスニペットをブロックするため、ページが大幅に遅くなる (Schrijvers 2017, Optimizely 2018b)。スニペットをページの下の方に置くと、ページが**点滅**してしまう。サードパーティ製品の利用によるゴールメトリクスの増加は、レイテンシ実験の結果から推定されるレイテンシの増加のコストによって相殺される可能性がある。したがって、サーバーサイドのパーソナライゼーションと最適化を使用するさいは可能な限り、サーバーサイドで実験群の割り当て（第12章参照）を実装し、実験群用のHTMLコードを生成することを推奨する。

本章の目的は、パフォーマンスを向上させるための具体的なテクニックではなく、主要なメトリクスに対するパフォーマンスの影響を測定する方法を示すことである。パフォーマンスを向上させるための優れた参考文献はいくつかある (Sullivan 2008,

Souders 2007, 2009)。

この種の実験を実行するもう1つの利点は、パフォーマンスの差分値から主要なメトリクスの差分値の影響を推定することで、次のような質問に答えることが可能になることである。

- パフォーマンス向上による収益に与える影響のうち、即効性のあるものは何か?
- パフォーマンス向上によって長期的な影響（解約の減少など）はあるか?
- とあるメトリクスXへのパフォーマンス影響は? 新機能の初期実装が非効率的であることはよくあることである。A/BテストでメトリクスXによる劣化が示された場合、実装を高速化すればその劣化を補えるだろうか? 多くの場合、新しい機能はWebサイトやアプリケーションの速度をわずかに低下させるので、このトレードオフの影響を明らかにすることは有益である。
- どの部分のパフォーマンスの向上がより重要なのだろうか? たとえば、ユーザーがスクロールしないと見られない要素のレイテンシの増加は、それほど重要ではないかもしれない。同様に、右側のペインも重要度が低いことがわかっている。

コントロール実験により、レイテンシを変更された**唯一の**要因としその他の影響からレイテンシ影響を分離する。パフォーマンスを改善するのは非常に難しいことである。簡単なものならば、開発者はすでに改善しているはずである。介入群をコントロール群と比較して遅くすることで、簡単に任意のメトリクスの影響を測定できるが、それにはいくつかの仮定を立てる必要がある。

主要な仮定。局所的な線形近似

スローダウン実験の重要な仮定は、メトリクス（収益など）対パフォーマンスのグラフが、現時点のパフォーマンスの値を中心とした直線でよく近似されるといったものである。これは一次テイラー級数での近似、つまり線形近似である。

図5.1は、時間（パフォーマンス）と関心のあるメトリクス（例えば、CTRやユーザー1人当たりの収益など）との関係性を表したグラフである。一般的に、サイトの速度が速いほど、つまりこの図では高さが高いとメトリクス値が改善する。

実験条件をより遅くすると、グラフと交差する点から垂直線が右に移動し、メトリクスへの変化を測定することができる。ここでの過程は垂直線が右に移動した場合（パフォーマンスが劣化した場合）、同程度左に移動した場合（パフォーマンスが向上した場合）のメトリクスの変化量は、正負は逆だが同程度になるといったものである。

この仮定が現実的であることの根拠を2つ示す。

1. 私たち自身のユーザーとしての経験からすると、検索は速い方が良い。とはいえ、

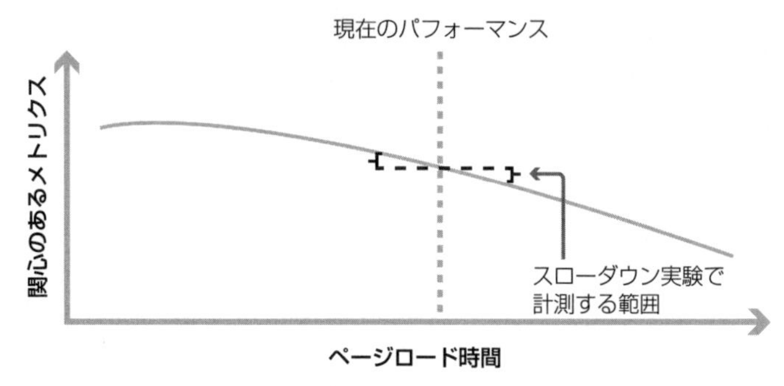

図 5.1●パフォーマンス（時間）と関心のあるメトリクスとの典型的な関係

一般的に今日のパフォーマンスは我慢できないほど遅いといったことは少ないので、その地点からのグラフに不連続性や劇的な変化があるとは考えにくい。例えば3秒遅らせた場合、劇的な非連続点が生じることは想像できるが、10分の1秒の足し算や引き算では、その可能性は低いだろう。

2. グラフを2点でサンプリングして、線形近似が妥当かどうかを確認した実績が私たちにある。Bingでは、100ミリ秒と250ミリ秒のスローダウン実験を実行した。いくつかの主要なメトリクスで、250ミリ秒の実験の変化量は100ミリ秒実験の変化量の約2.5倍（信頼区間内）であり、これは線形性の仮定を支持している。

Webサイトのパフォーマンスの計測方法

Webサイトのパフォーマンスの測定方法は自明でない。この節では、関連する複雑さと仮定の一部を共有する。これらの重要な詳細は、実験の設計に影響を与える。ここでは、簡単そうに見えるが実際は複雑であることを示すため、詳細な説明を行う。

リクエストは一般的に異なるサーバーによって処理されるため、レイテンシを確実に測定するためにはサーバー間は同期されていなければならない。サーバーが頻繁にクロックを同期させることは非常に重要である。私たちの例では、クライアントとサーバーの時刻を混在させていないことに注意。なぜなら、クライアントの時刻は異なるタイムゾーンにある可能性があったりさほど信頼できないからである（第13章参照）。

図5.2は、特に検索エンジンのようなWebサイトに最適化されたリクエストを示している。その手順は以下のとおりである。

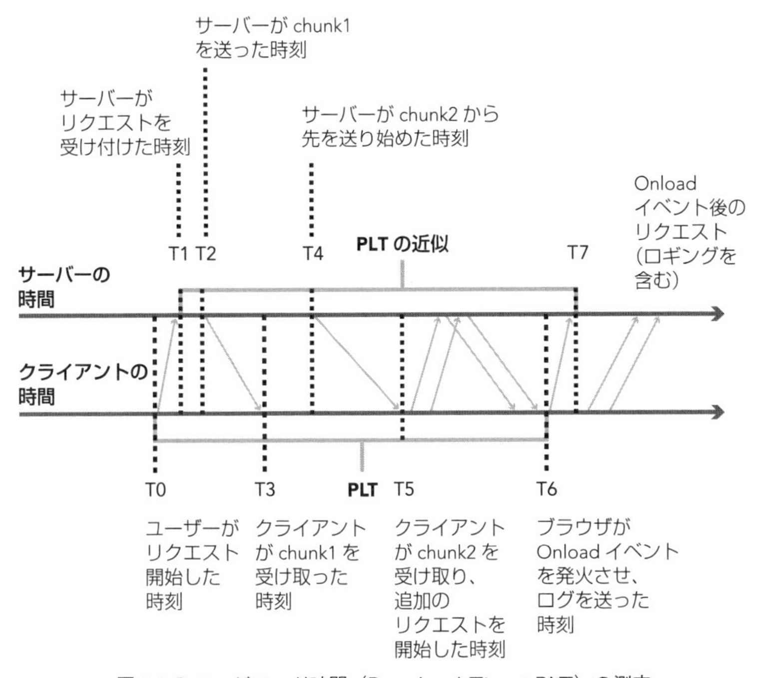

図 5.2 ● ページロード時間(Page Load Time:PLT)の測定

1. ユーザーは時刻 T0 でリクエストを行う。例えば、ブラウザのアドレスバーや検索ボックスにクエリを入力してリターンを押すか虫眼鏡のクリックが該当する。
2. リクエストはサーバーに到達するまでに時間がかかるため、時刻 T1 に到着するとする。T1–T0 の推定は非常に難しいように思われるが、あるトリックでここの推定ができる。このリストの後に解説する。
3. 時間 T2 をリクエストを受信したサーバーが HTML の最初のチャンクをクライアントに送信した時刻とする。

   この最初のチャンクを迅速に提供するため、リクエストの内容(クエリや URL のパラメータなど)から独立させる。これには通常、ヘッダー、ナビゲーション要素、JavaScript 関数などの基本的なページ要素が含まれる。リクエストが受信されたという目に見えるフィードバックをユーザーに迅速に提供することは有益である: 通常はページがクリアされヘッダーにはクロームやフレームと呼ばれるページ装飾が表示される。サーバーは、ページの URL 依存部分(例えば、クエリ、または URL パラメータ)を計算するのに時間がかかり(時間 T4 までとする)、その期間はクライアントとネットワークが待機状態になってしまうため、送られる「コード」の量が多ければ多いほど、この手法でページ表示を速くすることができる。

4. 時刻 T4 は、サーバーがページの残りの部分の送信を開始した時刻とする。他のアセット（画像など）のための追加のラウンドトリップが生じる可能性がある。
5. 時刻 T6 は、ブラウザが `Onload` イベントを発生させ、ページの準備ができた時刻とする。通常、この時点で、単純な 1×1 画像要求（ビーコン）またはそれに相当するものでログのためのリクエストが生じる。このリクエストは時刻 T7 にサーバーに到達するとする。`Onload` イベントの後には他のアクティビティが発生し、追加のログが記録されることがある（例えば、スクロール、ホバー、クリックなどのユーザーアクション)。

ユーザーが経験するページロード時間（Page Load Time：PLT）は T6–T0 で、T7–T1 を測定することで近似できる。最初のリクエストがサーバーに到達するまでにかかる時間は `Onload` イベントのビーコンがサーバーに到達するまでにかかる時間に非常に近いはずであり（どちらも小さなリクエストである)、この 2 つの差分値はおそらく非常に似ていて、ユーザー体験の時間を近似することができる[*1]。

新しい W3C（World Wide Web Consortium）規格をサポートする新しいブラウザでは、Navigation Timing を呼び出すことで、複数のページロード時間関連情報が提供される（`www.w3.org/TR/navigation-timing/` を参照)。上記の測定値はより一般的なもので、W3C Navigation Timing から得られる数値とよく一致している。

スローダウン実験の設計

スローダウン実験は簡単な実験のように見えるかもしれないが、かなり複雑である。問題の 1 つは、どこにスローダウンを挿入するか、である。Bing は当初 Chunk1 の送信を遅くしたが（図 5.2 参照)、影響が大きすぎ、次のような理由で不合理と判断された。

1. Chunk1 には計算するものが何もないので、サーバーから素早く送られる。そのため、Chunk1 のレイテンシの改善は非常に困難である。
2. Chunk1 は、ページのクロームやフレームを色付けすることで、ユーザーにリクエストを適切に受け取ったというフィードバックを与えるものである。それを遅

[*1] 訳注：ここでは Web サーバーとビーコンのサーバーが同一であることを暗に仮定しており、例えばビーコンサーバーがサードパーティ製であり Web サーバーとまったく別のものである場合はこの論理は成立しない。

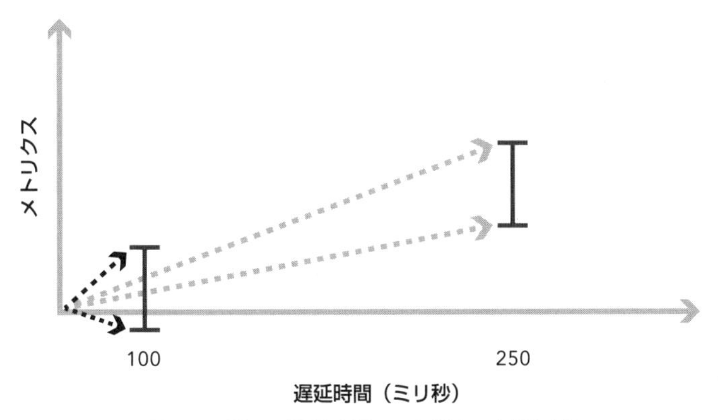

図 5.3 ● 異なる遅延時間にした場合の信頼区間

らせることは、改善したいサイトのパフォーマンスとは無関係な複数の悪影響が起こり得る。

遅延させるのに適した場所は、サーバーが Chunk2（URL 依存の HTML）の計算を終えたときである。HTML のクエリ依存部分の生成に時間がかかっているかのように、サーバーからのレスポンスを遅延させる。

遅延時間をどのくらいにすべきか?　ここにはいくつかの要因がある。

- 私たちが計算するすべてのメトリクスには信頼区間、つまりバラツキがある。そのため「傾き」をより正確に推定できるように、介入効果を大きくする必要がある。図 5.3 は、遅延時間を 100 ミリ秒と 250 ミリ秒にした場合の 2 つ測定結果を示している。両方とも信頼区間の大きさが同じくらいで、250 ミリ秒の測定では傾きの境界部分がかなり狭い、もしくは重なっている。このため、遅延時間をより大きくする必要がある。
- 一方で、遅延が長くなると一次テイラー級数近似の精度が低下することになる。この要因は、短い遅延を要求する。
- また、遅延が長ければ長いほどユーザーに害を与えることになる。この要因は、短い遅延を要求する。

もう 1 つの問題は、地理的なネットワークの違いを考慮して、遅延を一定にするか、パーセンテージにするかといったものである。例えば、南アフリカの Bing ユーザーはページロード時間が非常に遅いので、250 ミリ秒の遅延は影響がないかもしれない。バックエンドのサーバー側の遅延をモデル化したい実験では、一定の遅延は良い選択だと考えられる。一方、ネットワークの違いに関連して何が起こるかをモデル化したい実験であれば、レイテンシではなくペイロードのサイズなどを考慮した実験も考えられる。

最後に、セッションの最初のページとそれ以降のページのどちらが高速化の重要性が高いのかという疑問をあげる。いくつかの高速化技術（JavaScriptのキャッシングなど）は、セッションの後のページのパフォーマンスを向上させることができる。

上記の要因を考慮し、Bingの実験では100ミリ秒と250ミリ秒のスローダウンが妥当な選択であるとされた。

ページ要素の違いによる影響の違い

ページの異なる領域のパフォーマンスは異なるものである。Bingの検索結果の表示速度は重要であり、速度低下は収益やユーザーメトリクスなどの主要なメトリクスに重大な影響を与えていた。

ページの他の部分はそれほど重要ではないことがわかった。Bingでは、右ペインのいくつかの要素の読み込みを遅くしている（厳密には`window.onload`イベントの後）。右ペインの要素が表示される時間を250ミリ秒遅らせるスローダウンのコントロール実験を行った。実験に参加したユーザー数は約2,000万人であったが、主要なメトリクスについて統計的に有意な影響は検出されなかった。

上述の枠組みではなく、ブラウザアクティビティの終了を測定するために、`window.onload`が使用されることが多い。しかし、この測定には、現代のWebページでは深刻な欠陥がある。Steve Soudersが示したように(2013)、Amazonのページは、ファーストビューを2.0秒でレンダリングすることができる(Wikipedia contributors, Above the Fold 2014)が、`window.onload`イベントの発火は5.2秒後である。Schurman and Brutlag (2009)は、ヘッダーが早く表示されるようにページを徐々にレンダリングすることが助けになると報告している。Gmailは反対の例で`window.onload`は3.3秒で起動し、その時点ではプログレスバーのみが表示され、ファーストビューは4.8秒後に表示されている。

「知覚されたパフォーマンス（perceived performance）」という用語は、ユーザーはページが十分に表示された時点でそのページを解釈し始めるという直感的な考えを指すことが多い。知覚されたパフォーマンスの概念は、実際に測定するよりも抽象的に述べる方が簡単であり、`Perception.ready()`はどのブラウザのロードマップにも存在しない(Souders 2013)。知覚されたパフォーマンスを推定するために、以下のような複数の提案が行われてきた。

- **最初の結果までの時間。**Twitterのようにリストが表示される場合、最初のツイート表示までの時間が指標になる可能性がある。

- **Above the Fold Time (AFT)** [*2]。ブラウザの初期表示領域のピクセルが塗りつぶされるまでの時間で測定できる (Brutlag, Abrams and Meenan 2011)。動画、アニメーション GIF、回転するギャラリー、その他の動的コンテンツを処理するために、ヒューリスティックな実装が求められる。「塗りつぶされたピクセルの割合」にしきい値を設定して、測定時間を長くしないようにする工夫ができる。
- **スピードインデックス。**これは AFT (Meenan 2012) を一般化したもので、ページ上に表示される要素が表示される時間を平均化したものである。これは、ささいな要素の表示遅れに悩まされることはないが、ブラウザの初期表示領域での動的なコンテンツに悩まされることになる[*3]。
- **ページフェーズ時間とユーザー待機時間。**ページフェーズ時間は、知覚されたパフォーマンスを満たすレンダリングフェーズを特定する必要があり、フェーズはピクセル変化速度によって決定される。ユーザー待機時間は、ページの本質的な要素（各コンテキストで定義されている）が使用可能になるまでの時間を測定する (Meenan, Feng and Petrovich 2013)。

知覚されたパフォーマンスのややこしい定義の話を回避する方法の 1 つは、クリックなどのユーザーの行動までの時間を測定することである。この手法は、ユーザーが期待するアクションがある場合に有効である。クリックまでの時間のより洗練されたバリエーションは、成功したクリックまでの時間であり、成功とはユーザーが 30 秒間戻ってこないクリックと定義でき、「おとり」クリックを避けることができる。このようなメトリクスは、多くのパフォーマンスメトリクスに必要とされるヒューリスティックの影響を受けず、多くの変更にもロバストである。このようなメトリクスの主な問題点は、アクションが期待される場合にのみ機能することである。例えば、ユーザーが「パリでの時間」というクエリをリクエストし、良いインスタントアンサー[*4]が得られれば、クリックすることは何もないため、クリックは成功のメトリクスとして機能しない。

極端な結果たち

スピードは多くの点で重要であるが、誇張されていると思われる結果もあった。当時 Google で働いていた Marissa Mayer による Web 2.0 の話の中で、彼女は Google

---

*2 訳注：ファーストビューとも呼ばれる。

*3 訳注：要素が遅れて表示されているのかアニメーションしているだけなのかの違いの判別が困難なため。

*4 訳注：ユーザーが検索結果から移動する必要がない、検索クエリに応じて検索エンジンによって提供される答えのこと。

が検索エンジンの検索結果ページ（SERPs）の検索結果の数を10から30に増やした実験について説明している (Linden 2006)。彼女は、実験グループのGoogle検索者からのトラフィックと収益が20%減少したと主張した。彼女の説明はページが生成されるまでの時間が1.5倍になったからだというものだった。パフォーマンスは重要な要因だが、複数の要因が変更されており、パフォーマンスが損失のごく一部を占めているにすぎないのではないかと私たちは疑っている。詳しくはKohavi et al. (2014) を参照。

逆に、当時EtsyにいたDan McKinley (2012) は、200ミリ秒の遅延はまったく問題ではないと主張している。Etsyのユーザーにとって、パフォーマンスは重要ではない可能性があるが、より可能性の高い仮説は、実験には違いを検出するのに十分な統計的な力がなかったというものだ。パフォーマンスは重要ではないということを組織に伝えると、すぐにユーザーがサイトを放棄してしまうほどサイトは遅くなってしまうだろう。

最後に、速すぎると悪影響があった珍しいシナリオを紹介する。スピードが速すぎると、その間にいくつかのアクティビティが本当に行われたかどうかをユーザーが疑うため、一部の製品では偽のプログレスバーを追加している (Bodlewski 2017)。

実験結果をレビューするさいには、どの程度信頼すべきかを自問自答し、あるアイデアが特定のサイトではうまくいったとしても、別のサイトではうまくいかない可能性があることを意識すべきである。あなたができることの1つは、過去の実験の再現を報告することである（成功したかどうかは別として）。これこそが科学を最も効果的に機能させる方法である。

第6章
組織を運用するためのメトリクス

計測できなければ、改善できない。

— *Peter Drucker (longer version by Lord Kelvin)*

「スイカのメトリクス」チームは緑色についての目標に対して素晴らしい仕事をしているが、顧客が見るのは赤い部分である。

— *Barclay Rae* (2014)

コンバージョンを最適化するために、パンクしたタイヤを無視してエンジントルクを向上させようとするクライアントをよく見かけます。

— *Bryan Eisenberg and John Quarto-vonTivadar* (2008)

注意を払うべき理由：組織は進捗と説明責任を測定するために、良いメトリクスを必要としている。例えば、組織を把握する一般的な方法の 1 つには Objectives and Key Results（OKRs）があり、Objective は長期的な目標を指し、Key Results は短期的な目標に向かう測定可能な結果である (Doerr 2018)。OKR システムを使用する場合、それらの目標に向かっての進捗を追跡するためには、「良い」メトリクスが鍵となる。異なる種類の組織のためのメトリクス、それらメトリクスが満たす必要がある重要な基準、メトリクスの評価方法、そしてこれらの重要な交互作用を理解することは、実験を行うかにかかわらず、データに基づいた意思決定を行うために必要な洞察の獲得を助ける。

メトリクスの分類

データ駆動型の組織では、メトリクスとそれに付随するデータ分析は、トップレベルの目標設定やチームの説明責任といった、すべてのレベルで使用される。組織やチームにとってのメトリクスが何であるべきかを議論することは、目標に向けて認識を合わせ、その後、その目標に向けて行動するさいの透明性と説明責任を提供するために有用である (Doerr 2018)。本節では組織のメトリクス全体に焦点を当て、第7章では実験に特化したメトリクスについて議論し、第21章では実験におけるアラートのためのガードレールメトリクスの役割について議論する。

組織のメトリクスを議論する上で、一般的に使用される分類は、ゴール、ドライバー、ガードレールである。この分類は、会社全体から大きな組織内の特定のチームまで広く有用である。

ゴールメトリクスは、**成功のメトリクス**または**真に重要なメトリクス**とも呼ばれ、組織が最終的に何を大切にしているのかを反映している。ゴールメトリクスを考えるさいには、まず何を求めているのかを言語化し明確にすることを推奨する。あなたのプロダクトはなぜ存在するのか、あなたの組織にとっての成功はどのようなものか、といったような質問に組織のリーダーは答えなくてはならない。そして、その答えは多くの場合、ミッションステートメントに結び付けられる。例えば、Microsoft のミッションが、地球上のすべての人とすべての組織がより多くのことを達成するために力を与えることであり、Google のミッションが世界の情報を整理することであるならば、彼らの目標は、しばしばそれらのミッションに直接関連している。

目標をメトリクスへ完璧に変換することは困難であるため、言葉で目標を明確にすることが重要である。ゴールメトリクスは、あなたが本当に気にしていることのプロキシである可能性があり、目標のメトリクスへの変換には時間をかけて反復改善することが求められる。メトリクスとゴールの間の違いと関係性の限界を理解することは、ビジネスを正しい方向に進める上で非常に重要である。

ゴールメトリクスは単一または非常に小さなメトリクスのセットであり、あなたが目指す最終的な成功を最もよく捉えるものである。日々の活動がこれらメトリクスに与える影響がとても小さい、または影響がでるまで長い時間がかかるため、これらのメトリクスが短期的に変動させることは簡単ではないかもしれない。

ドライバーメトリクスは、別名**サインポストのメトリクス**、**サロゲートメトリクス**、**代理指標**、**間接的または予測メトリクス**と呼ばれ、ゴールメトリクスより短期的に動く、敏感なメトリクスである傾向がある。ドライバーメトリクスは成功そのものよりもむしろ、組織を成功に導くためのメンタル因果モデルを反映、つまり成功要因は何かの仮説を反映する。

何が成功を促進するかについて考えるための有用なメトリクスのフレームワークがいくつかある。HEARTフレームワーク（Happiness, Engagement, Adoption, Retention, and Task Success）(Rodden, Hutchinson and Fu 2010)、Dave McClure のPIRATEフレームワーク（Acquisition, Activarion, Retention, Referral, Revenue: AARRR!）(McClure 2007)、または一般的なユーザーファネルが該当する。これらのフレームワークは、成功につながる過程を分解するのに役立つ。例えば、典型的な企業は、最終的に収益を得る前に、ユーザーを獲得し、その製品がユーザーを維持するのに十分な魅力を持っていることを確認しなければならない。

良いドライバーメトリクスは、取り組みがゴールメトリクスに向けた正しい方向に動いていることを示す。

ガードレールメトリクスは、そもそもの前提条件に違反することを防ぐためのものである。ビジネスを守るメトリクスと、実験結果の信用性と内部妥当性を評価するメトリクスの2つのタイプがある。ここでは、最初のタイプの組織のガードレールに焦点を当て、信用性ガードレールメトリクスについては第21章で議論する。

通常はゴールとドライバーのメトリクスに注目するが、重要な制約に違反することなく、適切なバランスで成功に向かって進むためには、ガードレールのメトリクスが重要である。例えば、できるだけ多くのユーザーに登録してもらうことが目標だとしても、ユーザー1人当たりのエンゲージメントレベルが急激に低下することは避けたい。パスワード管理会社を別の例としてあげる。セキュリティ（乗っ取りや情報の盗難がないこと）、使いやすさ、アクセシビリティ（ユーザーがロックアウトされる頻度など）の間にトレードオフの関係があるとする。セキュリティはゴールになり、使いやすさとアクセシビリティはガードレールになる。最後に、ページロード時間はゴールメトリクスではなくても、ローンチした機能がページロード時間を低下させないようにする必要がある（第5章を参照）。ガードレールメトリクスは、ゴールやドライバーのメトリクスよりも敏感であることが多い。ガードレールメトリクスの詳細な例については、第21章を参照。

ゴール、ドライバー、およびガードレールによるメトリクスの分類は適切な粒度かつ網羅性も高いが、他のビジネスメトリクスの分類法もあるので紹介する。

- **アセットメトリクスとエンゲージメントメトリクス。**アセットメトリクスは、Facebookユーザー（アカウント）の総数や接続数の総数など、静的な資産の蓄積を測定する。エンゲージメントメトリクスは、ユーザーのアクションの結果、または他の人のプロダクト利用（セッションやページビューなど）により受け取った価値を測定する。
- **ビジネスメトリクスと運用メトリクス。**1ユーザー当たりの収益やデイリーアクティブユーザー（DAU）などのビジネスメトリクスは、ビジネスの健全性を捕捉する。1秒当たりのクエリなどの運用メトリクスは、運用上の懸念があるかどうかを捕捉する。

実験のためのメトリクスについては第7章でさらに議論するが、実験で一般的に使用されるメトリクスには他のタイプもある。**データ品質メトリクス**は、基礎となる実験の内部妥当性と信頼性を保証する（第3章と第21章も参照）。**診断またはデバッグメトリクス**は、ゴール、ドライバー、またはガードレールメトリクスに問題があることを示しているシナリオをデバッグするときに役立つ。これらの情報は、通常は詳細すぎて継続的に追跡することが難しいが、追加の粒度やその他の情報を提供することもあり状況を掘り下げるときに有用である。例えば、クリックスルー率（click-through rate：CTR）が重要な指標である場合、ページの特定の領域でのクリックを示す 20 の指標があるかもしれない。または、収益が重要なメトリクスである場合は、収益をさらに 2 つのメトリクスに分解したい場合がある。これは (1) ユーザーが購入したかどうかだけを示すブール値（0/1）である収益インジケータと、(2) ユーザーが購入した総金額（購入していないユーザーの場合は NULL）である収益指標（収益指標で平均化すると、購入ユーザーからの収益のみが平均化される点に注意）の 2 つである。これらの 2 つのメトリクスの掛け算は平均化された全体的な収益になり、それぞれのメトリクスが収益についての異なるストーリーを伝える。つまり、より多くの/より少ない人々が購入したため、または平均購入価格が変化したために収益は増加/減少した、といったように。

どの分類を使用するかにかかわらず、メトリクスについての議論を行うことは有用である。メトリクスは、会社レベル、チームレベル、機能レベル、または個人レベルでの目標設定に使用することができ、役員報告からエンジニアリングシステムの監視まで、あらゆるものに使用することができる。また、組織が進化し、メトリクスの理解が進化するにつれて、時間をかけてメトリクスを反復改善することも期待される。

しばしば、ゴール、ドライバー、ガードレールメトリクスの測定を会社レベルとチームレベルの両方で行う必要がある。各チームは異なる種類の貢献をし、結果的に会社の全体的な成功に貢献している可能性が高い。プロダクトが採用されることに重点を置くチームもあれば、幸福度を重視するチームもあれば、リテンションやパフォーマンス、レイテンシを重視するチームもあるだろう。各チームは、それぞれのメトリクスが会社全体のメトリクスにどのように関連しているかについて、目標と仮説を明確にしなければならない。同じメトリクスは異なったチームでは異なった役割をするかもしれない。一部のチームでは、レイテンシやその他のパフォーマンスメトリクスをガードレールとして使用し、インフラストラクチャチームでは、同じレイテンシやパフォーマンスメトリクスをゴールメトリクスとして使用し、その他のビジネスメトリクスをガードレールメトリクスとして使用することもあり得る。

例えば、全体的なゴールメトリクスが長期的な収益であり、ビジネスレベルでのドライバーメトリクスがユーザーエンゲージメントとリテンションであるプロダクトに取り組んでいるとする。さて、このプロダクトのサポートサイトに取り組んでいるチームがあるとする。このチームは、改善するために「サイト上での滞在時間」を主要なドライバーメトリクスとして設定しようとしたが、サイト上での時間が長い方が良いのか、悪いのかに議論の余地がある。この種の議論は、会社のあらゆるレベルで、理解や認識をそろえるのに役立つ。

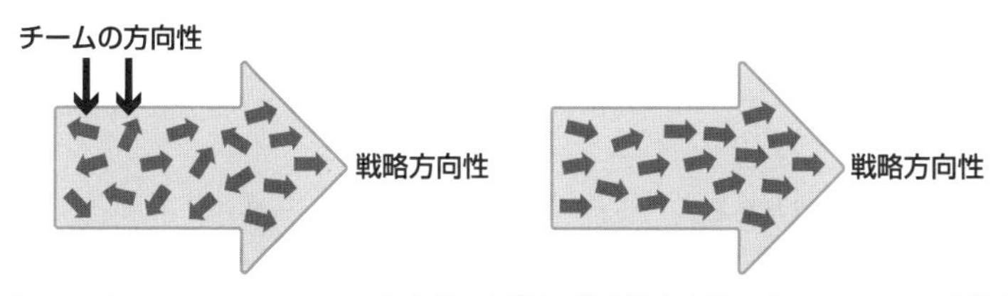

図 6.1 ● 各チームのメトリクスを全体の目標や戦略的方向性に合わせることが重要

Key Performance Indicators (2015) の中で Parmenter は、図 6.1 のダイアグラムを使用して、ゴールとドライバーのメトリクスを事業戦略全体に合わせることの重要性を強調している。

組織の規模や目的に応じて、複数のチームがあり、それぞれが独自のゴール、ドライバー、ガードレールのメトリクスを持っていたとしても、そのすべてが全体的なゴール、ドライバー、ガードレールのメトリクスとの間の整合性がとれていなければならない。

メトリクスを定式化するための原理とテクニック

ここからは、成功とはどのようなものか、可能性のあるドライバーは何かを言葉にしたとし、メトリクスの定式化を始めるとする。これは、定性的な概念を具体的で定量化可能な定義にする操作である。短期的な収入のようないくつかのケースでは、答えは明白かもしれない。しかし、会社は成功を長期的な収益と定義することがある。他にも、測定が難しい成功の概念には、ユーザーの幸福度やユーザーからの信頼などがある。

ゴールまたはドライバーメトリクスを開発するさいに主要な原理がある。

1. ゴールメトリクスは下記を保証しなければならない。
   - **単純である。** 理解が簡単で、ステークホルダーの間で広く受け入れられるべきである。
   - **安定している。** 新機能をローンチするたびにメトリクスを更新すべきでない。
2. ドライバーメトリクスは下記を保証しなければならない。
   - **ゴールとの間に整合性がある。** ドライバーメトリクスが実際に成功のドライバーであることを検証することが重要である。この検証のための一般的な手法の 1 つは、この目的のために特別に実験を実行することである。後で詳細な解説を行う。
   - **操作可能かつ関連性がある。** チームがこれらのメトリクスをレバー（プロダクトの機能など）で動かせると感じられるものでなければならない。

- **敏感に反応する。**ドライバーメトリクスは、ゴールメトリクスのための先行指標である。ほとんどの活動からの影響を測定するのに十分な感度であることが保証されなければならない。
- **ゲーム化に耐性がある。**ドライバーメトリクスとゴールメトリクスは成功を測定するために、簡単にゲーム化させてはならない。個々人のインセンティブと行動がメトリクスをドライブさせゲーム化してしまわないかを考慮する。この章の後半の「サイドバー：ゲーム化のしやすさ」を参照。

これらの原則を念頭に置いた上で、メトリクスを開発するさいに役立つテクニックと考慮すべき点をいくつか紹介する。

- 広く実施することが困難な方法論によって仮説を立てアイデアを生み出し、広く検証することが可能なデータ分析で検証して正確な定義を決定する（第10章参照）。例えば、ユーザーの幸福度やユーザータスクの成功度は、ユーザー調査でしか直接測定できないかもしれず、これは広く実施することが困難である。しかし、調査やユーザー体験の調査研究（user experience research：UER）（第10章を参照）を実施して、成功や幸福と一般的に相関する行動のタイプを観察することができる。そしてオンラインのログデータ分析を使って、それらの行動パターンを探り、それらのメトリクスが高レベルのメトリクスとして機能するかどうかを判断することにより結果を拡大することが可能になる。Webサイトに短時間しか滞在しないユーザーの割合であるバウンス率を例に具体的に説明する。短時間の滞在がユーザーの不満と相関していることを観察できたとする。この観察をデータ分析と組み合わせることで、メトリクスを正確に定義するために必要なしきい値（しきい値は1ページビューにすべきか20秒にすべきかなど）の決定に役立つ(Dmitriev and Wu 2016, Huang, White and Dumais 2012)。
- ゴールやドライバーのメトリクスを定義するさいには、「**品質**」を考慮する。検索結果のクリックはユーザーがすぐに戻るボタンをクリックした場合では「悪いクリック」であり、新規ユーザーのサインアップはユーザーがWebサイトを積極的に利用した場合では「良いサインアップ」であり、LinkedInのプロフィールは学歴や現在および過去の役職などのユーザーを表すのに十分な情報が含まれている場合では「良い」プロフィールである。人間による評価（第10章を参照）のように、品質の概念をゴールとドライバーのメトリクスに組み込むことで、これらのメトリクスからの動きが、意思決定の基礎となる確固たる解釈につながる可能性が高くなる。
- メトリクスの定義に統計モデルを組み込む場合、そのモデルを解釈可能な状態に保ち、時間をかけて検証することが不可欠である。例えば、サブスクリプションからの長期的な収益を測定するために、予測された生存確率に基づいて顧客生涯価値（lifetime value：LTV）を計算するのが一般的である。しかし、生存関数が複雑すぎると、利害関係者の賛同を得るのが難しくなり、さらにメトリクスの突然の低下を調査する必要がある場合に困難になる可能性がある。Netflix がバケット化された視聴時間をドライバーメトリクスとして使用しているのは、それが解釈可能であり、長期的なユーザーリテンションを示すものであるからである (Xie and Aurisset 2016)。

- 望むものを測定するよりも、ユーザーの不満や不幸など、望まないものを正確に測定する方が簡単な場合もある。例えば、ユーザーが「満足している」とみなされるためには、サイトにどれくらいの時間滞在する必要があるかを考える。検索エンジンのようなタスクのあるサイトでは、検索結果が示したサイトへの訪問が短時間であると、長時間の訪問よりもユーザーが不幸であることとの相関関係があることが多い。つまり、長時間の訪問は、ユーザーが必要としているものを見つけているか、何かをしようと必死になっていて、実際には不満を感じているかのどちらかを暗示している可能性がある。このように、**ネガティブな**メトリクスは、ガードレールやデバッグのメトリクスとしても有用である。
- メトリクスはそれ自体がプロキシであり、それぞれが独自の失敗例を持っていることを常に意識すべきである。例えば、検索エンジンはユーザーエンゲージメントを測定するために CTR を使用したいが、CTR だけをドライバーにするとクリックベイト[*1]の増加につながる可能性がある。このような場合、エッジケースを測定するための追加のメトリクスを作成する必要がある。この例では、関連性を測定するメトリクスとして人間の評価（第 10 章参照）を使用して、クリックベイトに報酬を与える傾向を相殺することが考えられる。

メトリクスの評価

メトリクスを開発するさいに従うべきいくつかの原則を概説してきた。ほとんどのメトリクスの評価と検証は、定式化の段階で行われるが、時間をかけて継続的に行う必要がある作業もある。たとえば、新しいメトリクスを追加する前に、既存のメトリクスと比較して追加情報を提供するか否かを評価する。顧客生涯価値（lifetime value：LTV）メトリクスは、その予測誤差が小さくなるように時間をかけて評価する必要がある。実験に大きく依存しているメトリクスは、定期的に評価して、ゲーム化を奨励していないかどうかを判断する必要がある（メトリクスの定義で使用されているしきい値を超えるか超えないかに不必要に焦点が当たっていないか、など）。

[*1] 訳注：クリックさせるための虚偽や誇大広告。

評価方法を確立する上で、最も一般的かつ挑戦的なものの1つは組織のゴールメトリクスとドライバーメトリクスの因果関係の確立である、つまりこのドライバーメトリクスが実際にゴールメトリクスを促進しているかどうかの評価である。Kaplan と Norton は、営利組織では「最終的に、スコアカードでのすべての測定からの因果パスは財政の目的につながるべきである」(Kaplan and Norton 1996) と書いた。Hauser と Katz は、「会社のチームが今日影響を与えることができ、最終的には会社の長期的な目的に影響を与えるメトリクスを特定しなければならない」(Hauser and Katz 1998) と書いた。Spitzer は「最初の測定のフレームワークは主要な測定の仮説や過程およびそれらの因果関係で構成される」(Spitzer 2007) と書いた。これらの仮説は、その後、実際のデータでテストされ、確かめられたり、確かめられなかったり、修正されたりする。これは私たちが背後にある因果モデルを知らず、単に仮説化された私たちの頭の中の因果モデルでしかないことが多いため、十分な水準に達することが最も難しい特性である。

ここでは、他のタイプのメトリクス評価にも適用できる、因果の検証に取り組むための高レベルのアプローチをいくつか紹介する。

- サーベイ、フォーカスグループ、ユーザー体験の調査研究（UER）などの他のデータソースを参照し、ズレがないことを確める。
- 観察データの分析。観察データを用いて因果関係を立証することは難しいが（第11章で述べる）、慎重に実施された観察研究は仮説が間違っていたことを示すのに役立つ。
- 他社で同様の検証が行われているかどうかを確認。例えば、いくつかの企業ではサイトのスピードの収益やユーザーエンゲージメントに対する影響を示す研究結果を共有している（第5章参照）。他には、アプリのサイズがアプリのダウンロードに与える影響を示す研究もある (Reinhardt 2016, Tolomei 2017)。
- メトリクスの評価を主な目的とした実験を行う。例えば、顧客ロイヤルティプログラムが顧客維持率、ひいては顧客のLTVを向上させるかどうかを判断するために、顧客ロイヤルティプログラムをゆっくりと展開し、維持率と顧客のLTVを測定する実験を実行する。これらの実験は比較的狭い仮説を検証することが多いため、結果を一般化するための作業がまだ必要であることに注意。
- 新しいメトリクスを評価するための貴重なサンプルとして、過去の実験のコーパスを使用する。これらの実験を十分に理解し、信用できることが重要である。これらの歴史的実験を使って、メトリクスの繊細さと因果関係の整合性を確認することができる (Dmitriev and Wu 2016)。

ドライバーメトリクスをゴールメトリクスに関連付けるという課題は、ガードレールメトリクスにも当てはまることに注意。ガードレールメトリクスであるレイテンシがゴールメトリクスに与える影響を測定するための実験の実施方法については、第5章の例を参照。

メトリクスの進化

メトリクスの定義は時間の経過とともに進化する。概念が同じであっても、正確な定義が変わることがあり得る。変化は、以下のような理由で起こる可能性がある。

- ビジネスが進化した。ビジネスが成長し、経営が多角化した可能性がある。これは、顧客の獲得からエンゲージメントとリテンションへのシフトなど、ビジネスの焦点を変更することにつながる可能性がある。進化の具体的なタイプとしては、ユーザー層の変化がある。メトリクスを計算したり、実験をしたりするとき、そのデータはすべて既存のユーザー層から得ていることに注意。特に初期段階のプロダクトやスタートアップの場合、アーリーアダプタは、長期的にビジネスが求めるユーザー層の代表ではないかもしれない (Forte 2019)。
- 環境が進化した。競争環境が変化した可能性があり、より多くのユーザーがプライバシーの懸念を認識している可能性や、新しい政府のポリシーが有効になったなどが対応する。これらの変化はすべて、ビジネスの焦点や視点を変更させるため、測定すべきメトリクスも変化を受ける。
- あなたのメトリクスへの理解が進化した。あなたが開発段階で慎重に評価したメトリクスであっても、実際にそのパフォーマンスを観察すると（例えば、ゲーム化耐性を探る）、より詳細な粒度や異なるメトリクスの定式化につながる余地を発見することがある。Hubbard は、追加情報が意思決定にどのように役立つかを捉えた概念である情報の期待値（Expected Value of Information：EVI）について論じている (Hubbard 2014)。メトリクスを調査したり、既存のメトリクスを修正したりするために時間と労力をかけることは、高い EVI がある。アジャイルであることや測定するだけでは不十分であり、メトリクスが正しい方向に導くようにしなければならない。

特定のメトリクスは、他のメトリクスよりも急速に進化する場合がある。例えば、ドライバー、ガードレール、およびデータ品質のメトリクスは、ゴールメトリクスよりも迅速に進化することがあり得るが、これは多くの場合、それらが根本的なビジネスや環境の進化ではなく、方法論の改善によって起こるからである。

メトリクスは時間の経過とともに進化し、組織の成長のようにメトリクスの変化もより構造的に扱うようになるべきである。具体的には、新しいメトリクスの評価、それに伴うスキーマの変更、必要なデータの巻き戻し処理などをサポートするためのインフラが必要になる。

追加の参考文献

メトリクス、測定、およびパフォーマンス指標についてのいくつもの素晴らしい本がある (Spitzer 2007, Parmenter 2015, McChesney, Covey and Huling 2012)。Spitzer は「測定は、情報に基づいた行動に扇動 ― 人々が適切なタイミングで適切な行動に従事する機会を提供するために ― する能力を持たせることで非常に強力になる」と書いた。コントロール実験の文脈では、介入群が各メトリクスへの影響の原因（統計的に有意とされる確率で）となるため、主要なメトリクスを定式化することは、関心のある軸上のアイデア（介入方法）の評価につながる。

サイドバー：ガードレールメトリクス

ガードレールメトリクスには、信用性に関連したものと組織のためのものと 2 種類ある。信用性に関連したガードレールメトリクスは、実験結果が信頼できるものであることを保証するために必要なものであり、第 21 章で詳しく説明する。ここでは、組織のガードレールメトリクスについて議論する。

第 5 章で説明したように、レイテンシが数ミリ秒でも増加すると、収入の減少とユーザー満足度の低下を招く可能性がある。特に収益とユーザー満足度のメトリクスが非常にレイテンシ低下に敏感であるため、レイテンシはガードレールメトリクスとして使用されることが多い。ほとんどのチームは通常、ゴールやドライバーのメトリクスを動かそうとする新機能に取り組むが、そのさいにはレイテンシをチェックし、その機能がレイテンシを増加させないことを確認すべきである。もし増加した場合に、新機能の影響がレイテンシの増加による影響に見合うものかどうか、レイテンシ増加を緩和する方法があるかどうか、あるいはレイテンシを改善（減少）する他の機能で新機能を相殺する方法があるかどうかなどのトレードオフについての議論のきっかけになる。

組織のガードレールメトリクスの多くはレイテンシのように、(1) ゴールやドライバーのメトリクスに影響する現象の測定であり、(2) ほとんどのチームはそのような影響を与えてはならないといったものである。このようなメトリクスの例としては、以下のようなものがある。

1. ページ当たりの HTML のレスポンスサイズ。Web サイトでは、サーバーのレスポンスサイズは、大量のコード（JavaScript など）が導入されたことを示す初期のメトリクスとなる。このような変更を警告することは、最適化すべき不完全なコードを発見するための良い方法である。

2. ページ当たりの JavaScript のエラー数。ページの平均エラー数のデグレ（例えば単純な増加）は、良い代理指標である。ブラウザごとにセグメント化することで、JavaScript の問題がブラウザに依存しているかどうかを特定するのに役立つ。
3. 1ユーザー当たりの収益（Revenue-per-user）。製品の一部分に取り組むチームは、彼らが全体的な収益を阻害していることに気づかない可能性がある。1ユーザー当たりの収益は通常、統計的な分散が高いので、ガードレールとしては分析感度が高くない。ユーザーから収益があったか否かのバイナリなメトリクス（Revenue indicator-per-user）、上限付き1ユーザー当たりの収益（Capped revenue-per-user，ユーザーからの収益が X ドルを超えたとしても X ドルとみなす[a]）、およびページ当たりの収益（Revenue-per-page，ページをどのような単位でまとめるかいくつも方法があり、第22章でふれる）などは、より分散が小さく感度の高いメトリクスである。
4. 1ユーザー当たりのページビュー（Pageviews-per-user）。多くのメトリクスがページごとに測定されるため（CTR など）、1ユーザー当たりのページビューの変化は、多くのメトリクスが変化されたことを暗示する可能性がある。この種のメトリクスでは普通は分子に焦点が当てられがちだが、1ユーザー当たりのページビューが変化は分母、つまりユーザーについても考慮すべきである。変化が予想外のものであれば、その理由をよく検討する価値がある (Dmitriev et al. 2017)。1ユーザー当たりのページビューがすべてのケースでガードレールとして機能するとは限らないことに注意。例えば、無限スクロール機能をテストしている場合、1ユーザー当たりのページビューはほぼ確実に変化する。
5. クライアントのクラッシュ。クライアントソフトウェア（例：Office Word/PowerPoint/Excel，Adobe Reader）や電話アプリケーション（例：Facebook，LinkedIn，Minecraft，Netflix）では、クラッシュ率は重要なガードレールメトリクスである。すべてのユーザーの平均である1ユーザー当たりのクラッシュ数は、分散が少なく早い段階で統計的有意差がでやすい指標であり一般的に使われている。

どのメトリクスがゴール、ドライバー、およびガードレールであるかはチームによって入れ替えることができる。例えば、ほとんどのチームが標準的なゴール、ドライバー、およびガードレールメトリクスを使用する一方で、例えばインフラストラクチャチームは、パフォーマンスと組織的なガードレールメトリクスをゴールとして使用することができる（そして、製品チームのゴールとドライバーメトリクスをガードレールとして使用することができる)。ドライバーメトリクスと同様に、ガードレールメトリクスとゴールメトリクスの間の因果関係を第5章で行ったように確立することが重要である。

[a] 訳注：非常に収益の高いユーザーのおかげで分散が高くなりがちだから。

サイドバー：ゲーム化のしやすさ

あなたのゴールとドライバーのメトリクスは、ゲーム化しにくい必要がある。人は数値目標を与えられたとき、特にインセンティブと結び付いている場合に、非常に巧妙なことをする。歴史の中で数多くの例がある。

- ロシアの有名なスーパーヘビー級重量挙げ選手であるVasili Alexeyevは、彼が世界記録を破るごとにインセンティブを提供されていた。この結果、彼は報酬の支払いを最大にするために1グラムまたは2グラムの世界記録を破り続けた (Spitzer 2007)。
- あるファーストフード店の店長は、「鶏肉効率」というメトリクス（鶏肉を売った数と捨てた数の比率）で100点満点を達成することを目標にした。彼はチキンが注文されるまで待ってから調理することでそれを達成した。彼はこの賞を受賞したが、待ち時間が長いためにレストランを廃業に追い込んだ (Spitzer 2007)。
- ある企業では、中央倉庫のスペアパーツ担当者にボーナスを支給し、在庫を少なく維持していた。その結果、必要な予備部品が倉庫で入手できなくなり、部品を注文して納入できるようになるまで業務を停止しなければならなかった (Spitzer 2007)。
- 英国のある病院の管理者は、事故・救急部門の患者の治療にかかっている時間に注目した。そして、患者が登録されてから主治医の診察を受けるまでの時間を測定することにした。その結果、看護スタッフは、救急隊員に患者を救急車の中に置いて、主治医が診察できるようになるまで患者を預けるように頼んだ。患者が登録されてから治療が始まるまでの平均時間は改善された (Parmenter 2015)。
- フランス植民地支配下のハノイでは、ネズミの尻尾を渡すごとに賞金を支払うプログラムがあった。これはネズミの駆除を目的としていたが、駆除の代わりにネズミの養殖につながった (Vann 2003)。同様の例としては、おそらく逸話的ではあるが、蛇のコブラに関して言及されている。英国政府はデリーで死んだコブラのすべてに懸賞金を提供し、人々は収入のためにコブラを繁殖させ始めた (Wikipedia contributors, Cobra Effect 2019)。
- 1945 年から 1960 年の間に、カナダ連邦政府は孤児院に孤児 1 人につき 1 日 70 セントを支払い、一方、精神科病院の患者 1 人につき 1 日 2.25 ドルを支払っていた。疑惑ではあるが、最大 2 万人の孤児を精神疾患であると偽って認定したので、カトリック教会は患者 1 人当たりの 1 日 2.25 ドルを得ることができたという話がある (Wikipedia contributors, Data dredging 2019)。
- 火災発生件数によって消防署に資金を提供することは、最も多くの仕事をしている消防署に報酬を与えることを目的としている。しかし、火災件数を減らすような火災予防活動を減らす可能性がある (Wikipedia contributers, Perverse Incentive 2019)。

これらの例は、メトリクスを慎重に選択することの重要性を示しているが、これはオンラインでの話にどのように適用されるのだろうか? 一般的なシナリオの 1 つは、主要なメトリクスに短期的な収益を採用することである。しかし、価格を上げることや広告を Web サイトに貼り付けることで短期的な収益を増やすことができるが、それらによってユーザーがサイトを放棄し、LTV が低下することにつながる可能性が高い。メトリクスを検討時に、LTV は原理原則を導くために有用である。より一般的には、多くの制約のないメトリクスにはゲーム性がある。広告収入を測定するメトリクスにページ上のスペースや品質のメトリクスに連動させたメトリクスは、高品質のユーザーエクスペリエンスを保証するための優れたメトリクスである。一方どれだけ多くのクエリが結果を返さないかをメトリクスにすると、どんなクエリでも常に悪い結果を返すことができるため、このメトリクスには品質についての制約がないためゲーム性があるといえる。

一般的に、ユーザーの価値やアクションを測定するメトリクスを使用することを推奨する。ユーザーが無視することが多い「あなたのアクション」のメトリクスは虚構であり、避けるべきある (例えば、バナー広告の出現回数は虚構メトリクスであり、広告のクリック数は潜在的なユーザーの興味を示すために有用である)。Facebook での、ユーザーの「いいね!」は、ユーザー体験の基本的な部分であるユーザーのアクションを捕捉する UI 機能の例である。

第 7 章
実験のためのメトリクスと OEC

どのような尺度で私を評価するのか教えてくれれば、どのように私が行動するのかを教えてあげましょう。

— *Eliyahu M. Goldratt* (1990)*1

第一のルールは、測定はどんな測定であったとしても、ないよりはよいということである。だが、真に有効なインディケーターは、作業単位の"アウトプット"を測定するものであって、それに含まれる"活動（アクティビティ）"だけを見るものではない。セールスパーソンの場合には、取ってくる注文（アウトプット）で測定するのであり、何回訪問したか（活動）の回数で調べるのではないのは当然のことである。

— *Andrew S. Grove in High Output Management* (1995)*2

注意を払うべき理由：優れたオンラインでのコントロール実験を設計して実行するには、特定の特性を満たすメトリクスが必要である。それらのメトリクスは実験で有用であるために、短期的（実験期間内で）に測定可能であり、計算可能であり、十分に敏感で即時的に反応するものでなければならない。実験の成功を測定する複数のメトリクスがある場合、理想的には長期的な目標に影響を与える原因と信じられている OEC（Overall Evaluation Criterion：総合評価基準）にそれらを組み込みたいと考えるだろう。それにはしばしば OEC を調整し洗練されたものにするための試行錯誤を必要とする。上記の Eliyahu Goldratt による引用でハイライトしたように、その過程によって組織内で明確な認識合わせが促進される。

---

*1 『ゴールドラット博士のコストに縛られるな! — 利益を最大化する TOC 意思決定プロセス』, 村上悟 編集/寄稿, 三本木亮 訳, ダイヤモンド社, 2005 年。

*2 『HIGH OUTPUT MANAGEMENT（ハイアウトプット マネジメント）— 人を育て、成果を最大にするマネジメント』, 小林薫 訳, 日経 BP, 2017 年。

ビジネスメトリクスから実験に適したメトリクスを作成

第6章で説明したように、データ駆動型の組織では、透明性と説明責任を持ってビジネス目標を調整し実行するために、ゴール、ドライバー、およびガードレールのメトリクスがしばしば使用される。しかし、これらのビジネスメトリクスはオンラインでの実験に直接役に立たないかもしれない。実験のためのメトリクスには以下の条件がある。

- **測定可能。**オンラインの世界でも、すべての効果が簡単に測定できるわけではない。例えば、購入後の満足度は測定が難しいだろう。
- **紐付け可能。**実験の目的に合わせたメトリクスを計算するには、実験群にメトリクス値を紐付けできなければならない。たとえば、ある介入群がコントロール群よりも高いアプリのクラッシュ率を引き起こしているかどうかを分析するには、アプリのクラッシュを実験群に紐付けなければならない。この紐付けは、サードパーティ製のデータプロバイダによって提供されるメトリクスでは利用できない場合がある。
- **敏感かつ即時的。**実験メトリクスは、重要な変化を瞬時に検出するのに十分な分析感度を持っていなければならない。分析感度は、基礎となるメトリクスの統計的分散、効果の大きさ（実験における介入群とコントロール群の差分）、およびランダム化単位（ユーザーなど）の数に依存する。分析感度の低いメトリクスの極端な例として、コントロール実験を実行して、会社の株価を見る場合を考える。実験期間中の日常的なプロダクト変更が株価に影響を与える能力は実質的にゼロであり、株価指標は十分に敏感であるとはいえない。もう一方の極端な例では、新機能の存在（表示されているかどうか）を測定はでき、これは非常に敏感に反応するが、ユーザーにとっての実際の価値については情報が得られない。この両極端の間に位置する新機能のCTRは感度こそ高くなるが、ページの他の部分への影響や他の機能との共食いの可能性を捉えることができず非常に局所的な影響しか捕捉できない。ページ全体のCTR（特に、ユーザーがすぐに戻ってくるクイックバックにペナルティが課せられる場合）、「成功」の指標（購入のようなもの）、および成功までの時間は、通常、実験のための十分な分析感度を持つ良いメトリクスである。分析感度に関する詳細な議論については、Dmitriev and Wu (2016) を参照。ここでは、より一般的な例をいくつか紹介する。
    - 広告収入の世界では、クリック単価が非常に高いクリックのように、いくつかの外れ値が収入に不釣り合いに高い影響力を持つことが一般的である。1ドルは1ドルであるので、これらの高価なクリックは、ビジネスレポートに含まれている必要があるが、これらの大きな外れ値は、分散を膨らませ、介入効果の検出を困難にする。この理由から、実験のためにより感度の高い追加のメトリクスにユーザーごとの収益に上限を付けるバージョンが検討できる（第 22 章を参照）。
 - 1 年ごとの更新サイクルを持つサブスクリプション契約を想定する。1 年間の実験を行う気がない限り、更新率への影響を測定することは困難である。この場合は、更新率を直接実験に使うのではなく、利用状況などの更新につながる満足度の早期指標となるサロゲートメトリクスを見つけることが一般的である。

これらの考察から、ビジネスでの報告目的で使用されるすべてのメトリクスが実験に適しているわけではないことがわかる。私たちは、上記の Andrew S. Grove の引用に同意し、あなた自身で何のために最適化をしたいかについてよく考えることが重要であると考えている。「成功した良いセッション」といった品質の側面を考慮せずに最適化するメトリクスをサイト滞在時間と決めることは、不必要なページや遅いサイトにつながり、短期的にはメトリクスを改善させるが、長期的にはユーザーが離れる原因となる。

一般的に、測定可能性、計算可能性、分析感度、および即時性の特性を満たすビジネスのゴール、ドライバー、および組織的なガードレールメトリクスの一部を実験のために選択することになるだろう。その上で、そのメトリクスセットをさらに次のように追加する必要があるかもしれない。

- ビジネスのゴールやドライバーのためのサロゲートメトリクス（代理指標）の追加
- 特定の機能の動きを理解するためなどの、より詳細なメトリクス。例えば、ページの CTR を、ページ上の何十もの機能の CTR に分解することができる
- 信用性ガードレール（第 21 章参照）とデータ品質のメトリクスの追加
- 診断とデバッグのメトリクスの追加。継続的に追跡するにはあまりにも詳細な情報を提供するが、ゴール、ドライバー、またはガードレールのメトリクスが問題を示している状況に風穴を開けるのに役立つ

メトリクスのすべての異なる分類とユースケースを考慮すると、典型的な実験スコアカードには、いくつかの主要なメトリクスと数百から数千のその他のメトリクスがあり、これらすべてはブラウザや市場などのディメンションによってセグメント化することができる。

主要なメトリクスの合成によるメトリクスを OEC にする

複数のゴールとドライバーのメトリクスがある状況を考える。これは一般的に起こり得る。そこから1つのメトリクスだけを選択するか、複数のメトリクスを保持し続けるか、それらをすべて組み合わせて単一の合成メトリックを作るか、をここでは議論する。一部の書籍、例えば *Lean Analytics* (Croll and Yoskovitz 2013) では関心ごとを1つのメトリクスにすること（One Metric that Matters, OMTM）を提案しており、*The 4 Disciplines of Execution* (McChesney, Covey and Huling 2012) では最重要目標（Wildly Important Goal, WIG）を提案しているが、これらは魅力的だが極端に単純化しすぎである。一部の小さなシナリオを除いて、ビジネスが何のために最適化されているかを捕捉する単一のメトリクスは通常存在しない。Kaplan and Norton (1996) はよい例を与えた。「現代的なジェット機を操縦すること想像してください。あなたがパイロットのダッシュボードに置くべきである単一のメトリクスは存在するでしょうか?　対気速度でしょうか?　それとも高度?　残燃料?　あなたは、パイロットがこれらのメトリクスすべてにアクセスできなければならないことを知っています」。あなたがオンラインビジネスに携わっている場合、あなたにはいくつかの主要なゴールとドライバーのメトリクスがあるだろう。一般的には、ユーザーエンゲージメント（例えば、アクティブな日、ユーザー当たりのセッション、ユーザー当たりのクリック数）と金銭的価値（例えば、ユーザー当たりの収益）を測定している。通常、最適化するための単純な単一のメトリクスは存在しない。

実際には、多くの組織では複数の主要なメトリクスを検討し、それらの値の特定の組み合わせ時にはどのようなトレードオフを受け入れるかのモデルを心の中に持っている。例えば、ある介入によってユーザーは失うが残ったユーザーエンゲージメントと収益がそれを補うほど増加させる場合に、その介入によってどのくらいのユーザーを失っても良いかについての判断。介入によって収益が増加するとしても、成長を優先する組織では、ユーザーの減少は許容できないかもしれない。

多くの場合、トレードオフのモデルが心の中にあり、それを表現するために複数のメトリクスを重み付けした合成メトリクスを単一の OEC とみなすことが、より望ましい解決策になるかもしれない (Roy 2001, 50, 405–429)。そして、他のメトリクスと同様に合成メトリクスがゲーム性を持たないことを確実にすることが重要である（第6章の「サイドバー：ゲーム化のしやすさ」を参照）。例えば、バスケットボールの試合のスコアボードは各チームごとの合計スコア（これは OEC である）のみを記録しており、2点シュートと3点シュートごとには表示していない。FICO のクレジットスコア[*3]は、複数のメトリクスを 300 から 850 までの 1 つのスコアにまとめている。1 つに要約されたスコアを持てることは、スポーツの世界では広く行われ、ビジネスの世界でも重要である。単一のメトリクスは、成功の正確な定義を明確にし、メトリクスに同意することと同様の価値を持っている。それはトレードオフについて組織の人々の認識を合わせられる。さらに、議論を行いトレードオフを明確にすることで、意思決定に一貫性が生まれ、既存のメトリクスの組み合わせの限界を理解し、OEC 自体を進化させるべき時期を判断できるようになる。このアプローチにより、チームは経営陣にエスカレーションすることなく意思決定を行うことができ、究極的には自動探索（パラメータスイープ、AI による探索）のチャンスが生まれる。

複数のメトリクスがある場合、Roy (2001) が提案した 手法は、各メトリクスを事前に定義された範囲、例えば 0–1 に正規化し、それぞれに重みを割り当てることである。OEC は正規化されたメトリクスが重み付けされたものの合計になる。

最初から単一の重み付けされた組み合わせをいきなり思いつくことは難しい。そこで、決定を 4 つのグループに分類することから始める。

1. すべての主要なメトリクスがフラット（統計的に有意ではない）またはポジティブ（統計的に有意）で、少なくとも 1 つのメトリクスがポジティブであれば、変更をローンチする。
2. 主要なメトリクスがすべてフラットまたはネガティブで、少なくとも 1 つのメトリクスがマイナスの場合は、変更をローンチしない。
3. 主要なメトリクスがすべてフラットの場合は、変更をローンチせずに、実験の検出力を上げるか、さっさと失敗とみなすか、方針転換するかの検討を行う。
4. いくつかの主要なメトリクスがポジティブで、いくつかの主要なメトリクスがネガティブであるならば、心の中のトレードオフモデルに基づいて決定する。これらの決定が十分に蓄積されたら、主要なメトリクスに重みを割り当てることができるようになる可能性がある。

主要なメトリクスを 1 つの OEC に要約することができない場合は、主要なメトリクスの数を最小限にすることを試すべきである。Pfeffer and Sutton (1999) は、有名な曲 “Sitting by the Dock of the Bay” にちなんで名付けられたオーティス・レディング問題について警告をしている。これには次のようなセリフがある。「10 人の人に言われてもできないことはできない、だから私は変わらないと思う」。あまりにも多くのメトリクスを持つことは認知的な過負荷と複雑さを引き起こし、潜在的に主要なメトリクスを無視する方向に組織を導く可能性がある。

経験則からなる大まかなルールとして、主要なメトリクスを 5 つまでに制限すると

[*3] 訳注：クレジットカードの返済履歴から作られる点数で、ローンの借り入れ時などに参照される。

いったものがある。基礎的な統計学的な概念からこのヒューリスティックなルールを説明する。帰無仮説が真（変化なし）の場合、単一のメトリクスでの p 値 < 0.05 の確率は 5% である。独立したメトリクスが k 個ある場合，少なくとも 1 つのメトリクスで p 値 < 0.05 の確率は、$1 - (1 - 0.05)^k$ となる。$k = 5$ の場合，1 つ以上のメトリクスが偶然統計的に有意になる確率は約 23% である。一方、$k = 10$ の場合、その確率は 40% にまで上昇する。メトリクスが多ければ多いほど、1 つ以上のメトリクスが偶然有意である可能性が高くなり、競合や疑問を引き起こす潜在的な問題がある。ただし、p 値によるしきい値に強い意味を持たせすぎること自体が p–hacked の問題が起こりやすくなる点には注意が必要 (Wikipedia contributors, Multiple Comparisons problem 2019)。

オープンに合意された単一の OEC を用意する最終的なメリットの 1 つは、単純な実験とパラメータスイープを使うことで実験による改善が自動化されることである。

OEC の例：Amazon のメール

Amazon では、さまざまな条件に基づいてターゲティングされた顧客に対して、プログラマティックなキャンペーンに基づいてメールを送信するシステムが構築されていた。

- 以前購入した著者の本が新発売。キャンペーンで新発売についてのメールが届く。
- 購入履歴。Amazon のリコメンドアルゴリズムを使ったプログラムが、こんなメールを送っていた。「Amazon.com では、あなたが購入した、またはあなたが所有していると言った商品に基づいて、あなたに新しいおすすめの商品を提供しています」。
- 組み合わせ。多くのプログラムは、アイテムを購入した顧客に対し製品のリコメンドをメールで送信するために、人間によって製品カテゴリーの特定の組み合わせが非常に具体的に定義されていた。

問題は、これらのプログラムにどのような OEC を使うべきかということだった。当初の OEC、Amazon では “fitness function” と呼ばれていた、はメールをクリックしたユーザーから得た収益に基づいてプログラムにクレジットを与えていた。

問題は、このメトリクスがメールの量とともに単調に増加することだった。より多くのキャンペーンとより多くのメールは収益を増加させることしかできず、スパム化させることにつながった。介入ユーザー（メールを受信しているユーザー）とコントロールユーザー（受信していないユーザー）の収益を比較した場合でも、メールの量に応じて収益が増加するというこの特性は真であることに注意。

ユーザーがあまりにも多くのメールを受信することに不満を持ち始めたとき、赤信号がともった。Amazon の初期の解決策は、ユーザーは X 日ごとにしかメールを受信できないという制約を追加することだった。彼らはメールトラフィック警察を構築したが、次の問題はそれが最適化の対象になったことだった。複数のメールプログラムがユーザーをターゲットにしたい場合、どのメールを X 日ごとに送信すべきなのか、どのユーザーがより多くのメールを受信しても良いと考えているか判定できるのかに問題が移っただけだった。

彼らの重要なひらめきは、クリックスルー収益の OEC では、ユーザーの生涯価値ではなく、短期的な収益のために最適化していることに気が付いたことだった。イライラしたユーザーがメール配信を停止してしまうと、Amazon は将来的にそのユーザーをターゲットにする機会を失うことになる。そこで、従来の OEC に配信停止の悪影響の補正をかけたものを新たな OEC とした。

$$OEC = \left(\sum_i Rev_i - s * unsubscribe\_lifetime\_loss \right) \Big/ n$$

ここで

- i は実験群でのメール受信の範囲
- s は実験群の中の配信停止数
- $unsubscribe\_lifetime\_loss$ は、その人に“一生” メールを送ることができない場合の推定収益損失
- n は実験群の中にユーザー数

配信停止の $unsubscribe\_lifetime\_loss$ にわずか数ドルを割り当てたこの OEC だと、プログラムに基づいたキャンペーンの半数以上が OEC の値がマイナスになった。

さらに興味深いのは、配信停止にはこれほど大きな損失があるという認識から、新たな配信停止ページが用意され、デフォルトではすべての Amazon メールではなく、この「キャンペーンファミリー」だけ配信停止するようになっており、ユーザーの配信停止が Amazon に与えるコストが大幅に削減されたことである。

OEC の例：Bing の検索エンジン

Bing では 2 つの組織的なメトリクスを用いている。クエリシェアと収益である（詳細は *Trustworthy online controlled experiments: Five puzzling outcomes explained* (Kohavi et al. 2012) を参照）。この例では短期的な目標と長期的な目標が表裏一体でありどのように関連するかを示している。この問題は、*Data Science Interviews Exposed* (Huang et al. 2015) にも掲載されている。

Bing のランキングアルゴリズムにバグがあり、その結果、介入群のユーザーに非

常に悪い検索結果が表示されるようになったとき、2 つの主要な組織的なメトリクスが大幅に改善された。ユーザー当たりのクエリ種類数は 10% 以上増加し、ユーザー当たりの収益は 30% 以上増加した。明らかに検索エンジンの長期的な目標は、この実験ではこれらの 2 つの重要なメトリクスと一致していない。もし一致するとしたら検索エンジンは、クエリシェアと収益を上げるために、意図的に品質を落とすことになる。では、検索エンジンの OEC はどうあるべきか。

劣化したアルゴリズムの結果（ユーザーに表示される検索エンジンの結果、10 個の青いリンクとも呼ばれる）は、ユーザーにより多くのクエリを発行し（ユーザー当たりのクエリ数を増やし）、広告のクリック数を増やす（収益を増やす）ことを強いていた。この問題を理解するために、クエリシェアのメトリクスを分解する。

月間**クエリシェア**は、1 ヶ月間計測されたある検索エンジンのユニークなクエリ数を、すべての検索エンジンのユニークなクエリ数で割ったものと定義される。月間のユニークなクエリ数は、式 7.1 に示すように、これら 3 つの項の積に分解される。

$$n\frac{Users}{Month} \times \frac{Sessions}{User} \times \frac{Distinct\,queries}{Session} \tag{7.1}$$

ここで、掛け算の 2 番目と 3 番目の項は 1 ヶ月間に渡って計算され、セッションはクエリから始まり 30 分間の検索エンジン上での非アクティブ状態で終了するユーザーの活動と定義した。

検索エンジンの目標が、ユーザーが自分の答えを見つけたり、タスクを素早く完了させたりすることであるならば、タスク当たりのクエリ数を減らすことは明確な目標であり、クエリのシェアを増やすというビジネス上の目標とは相反する。クエリシェアはセッション当たりのクエリ数との相関性が高いため（セッション当たりはタスクよりも測定しやすい）、クエリ数だけを検索実験の OEC として使用すべきではない。

式 7.1 に示された 3 つの項を、別個のクエリを例に解説する。

1. 月間のユーザー数。コントロール実験では、ユニークユーザーの数は実験設計時に決定される。例えば、50%/50% 分割の A/B テストでは、各実験群に該当するユーザー数はほぼ同じになるので、コントロール実験ではこの項は意味を持たない。
2. タスク当たりのユニークなクエリ数は最小化すべきだが、測定は困難である。セッション当たりのユニークなクエリ数をサロゲートメトリクスとして使用することもできるが、このメトリクスを増やすと、ユーザーがタスクを完了するためにより多くのクエリを発行しなければならないことを示し、このメトリクスが下がるとユーザー離れは起こっている可能性があり、これは微妙なメトリクスである。したがって、タスクが正常に完了したことを確認している限り（つまり、ユーザー離れが増加していないことを確認している限り）、このセッション当たりのユニークなクエリ数を減少させることを目標における。

3. ユーザー当たりのセッション数は、コントロール実験で最適化（増加）する重要なメトリクスである。つまり、満足しているユーザーはより頻繁に訪問する。

同様に、他の制約を加えないユーザー当たりの収益は、検索や広告実験の OEC として使用すべきではない。エンゲージメントのメトリクスに悪影響を与えずに収入のメトリクスを増加させたい。一般的な制約は、広告が複数のクエリで使用できるピクセル数の平均値（表示領域）を制限することである。この制約を与えられた検索当たりの収益を増加させることは、制約最適化問題の一種である。

グッドハートの法則、キャンベルの法則、ルーカスの批判

OEC は短期的に測定可能でなければならない（実験期間中）。一方で、OEC は長期的な戦略的目的を推進する原因であると信じられなければならない。グッドハートの法則、キャンベルの法則、ルーカスの批判はすべて相関関係が因果関係を意味しないこと、および多くの組織で OEC を選ぶさいに相関関係によって欺かれることを強調している。

Charles Goodhart という英国の経済学者がこの法則を最初に書いた。「観察された統計的な規則性は、調整目的の圧力がかかると崩壊する傾向がある」(Goodhart 1975, Chrystal and Mizen 2001)。今日では、グッドハートの法則を次のように表すのが一般的である。「ある尺度が目標になると、それは良い尺度でなくなる」。

Donald Campbell にちなんで名付けられたキャンベルの法則は、「いかなる定量的な社会指標も、社会的意思決定に使用されればされるほど、それが腐敗圧力の対象となり、それが監視することを意図している社会的プロセスをゆがめ、腐敗させる傾向が強くなる」(Campbell's law 2018, Campbell 1979) といったものである。

ルーカスの批判 (Lucas critique 2018, Lucas 1976) とは、歴史的データで観察された関係は、構造的、因果関係とは考えられないといった批判である。政策決定は経済モデルの構造ごと変えることができ、歴史的に保持されていた相関関係はもはや保持されない。例えば、フィリップス曲線は、英国の 1861 年から 1957 年の研究期間に渡って、インフレと失業の間の歴史的な負の相関を示した。インフレ率が高いときは失業率が低く、逆もまた然りである (Phillips 1958)。失業率を下げることを期待してインフレ率を上げることは、誤った因果関係を想定している。実際、1973〜1975 年の米国の不況では、インフレと失業の両方が上昇した。長期的には、インフレ率は失業に因果関係はないと考えるのが現在の主流である (Hoover 2008)。

Tim Harford は、過去のデータを使うことの誤りを、次のような例を使って扱っている (Harford 2014, 147)。「Fort Knox は一度も強盗に入られたことがないので、

警備員をクビにすることでお金を節約できる」。経験的なデータだけを見るのではなく、インセンティブについても考える必要がある。明らかにこのような方針の変更は強盗が成功する確率を再評価することになる。

過去のデータから相関関係を見つけることは、変数の1つを修正することで、他の変数が相関曲線上のような変化が期待できるようになることを意味しない。関係が因果関係でなければならないので、OEC のためのメトリクスを選ぶことは困難なのである。

第8章
インスティチューショナルメモリとメタアナリシス

個人からは許されることもあるが、組織や社会が許すことはない。
— *Lord Chesterfield* (1694–1773)

注意を払うべき理由：組織の成熟度がフライフェーズにさしかかると（第4章参照）、すべての実験や変更の履歴を含むインスティチューショナルメモリがますます重要になる。インスティチューショナルメモリは、実験を横断して一般化するパターンの特定、実験文化の促進や、将来のイノベーション、その他さらに多くのことを可能にする。

インスティチューショナルメモリとは何か

イノベーションに至る過程の基本段階であるコントロール実験を完全に受け入れた後、あなたの企業は実験によるすべての変更（説明文、スクリーンショット、および主要な結果を含む）についての効果的なデジタルジャーナルを持つことができる。過去に実行された何百、何千もの実験のそれぞれが、ジャーナルの1ページになり、各変更（ローンチされたかどうか）に関する貴重で豊富なデータが記録される。このデジタルジャーナルは、私たちが「**インスティチューショナルメモリ**（Institutional Memory）」と呼んでいるものである。ここでは、これらの歴史的な実験のすべてのデータにメタアナリシスをかけ、マイニングすることで、インスティチューショナルメモリをどのように活用するかを考えていく。

インスティチューショナルメモリの機能の一部としてデータをキャプチャして整理する必要がある。すべての変更がテストされる一元化された実験プラットフォームを持つことにより、それを容易にする。各実験について、オーナーが誰なのか、いつ実験を開始したのか、どのくらいの期間実施したのか、変更が視覚的なものであれば説明文やスクリーンショットなどのメタ情報を取得することを強く推奨する。また、実験がさまざまなメトリクスにどのくらいの影響を与えたかをまとめた結果も用意しておくべきである。最後に、実験の根拠となっている仮説、どのような決定がなされたのか、その理由は何なのかを把握しておく必要もある。

インスティチューショナルメモリが有用である理由

すべての実験からデータをマイニングして得られるものについて述べる。これをここではメタアナリシスと呼ぶ。私たちはユースケースを以下の5つのカテゴリーに整理している。

1. **実験文化。**過去の実験をまとめて見ることは、実験の重要性を強調し、その文化を確固たるものにするのに役立つ。メタアナリシスの具体的な問いの例をいくつか紹介する。
   - **実験が、より広範な組織目標の成長にどのように貢献してきたのか。**例えば、会社の目標が1ユーザー当たりのセッション数を改善することだとしたら、実際に1ユーザー当たりのセッション数が改善した場合、1ユーザー当たりのセッション数の過去1年間の変化は実験によるものか否か。これは、数多くの小さな勝利を足し合わせたものである可能性がある。Bing広告では、2013年から2015年の間の彼らの収益増加が、何百もの実験による増分改善に起因するものであることを示す強力なプロットを共有した（第1章参照）。
   - **大きな、あるいは驚くべき影響を与えた実験の特定。**組織がひらめきをより大量に獲得するためには、数字は役には立つが、それ以上に人間は具体的な例に影響される。そのため、大きな成果を上げた実験や驚くべき結果を得た実験を定期的に共有することは有用であると考えられる（第1章参照）。第4章でも触れたが、人々が気にしているメトリクスに大きな影響を与える実験については、定期的にレポートを共有することもできる。
   - **どのくらいの実験がメトリクスにポジティブな影響を与えたのか、ネガティブな影響を与えたのかの集計。**BingやGoogleのような最適化されたドメインでは、いくつかの測定では成功率はわずか10〜20%である(Manzi 2012)(Kohavi et al. 2012)。Microsoftは、実験の3分の1は主要なメトリクスをポジティブに動かし、3分の1はネガティブに動かし、そのうちの1つは大きな影響を与えなかったと述べている(Kohavi, Longbotham et al. 2009)。LinkedInも同様の統計を観測した。客観的な真の評価を提供するために実験をしなければ、ポジティブな実験とネガティブな実験の両方を出荷して、お互いの影響を相殺してしまう可能性がある。この事実は私たちを常に謙虚な気持ちにさせる。

- **ローンチされた機能のうち、実験された機能の割合。または、最も多くの実験を行ったチームの特定。**または、四半期ごとの成長率。または、最も効果的に OEC を変化させているチーム。または、実験されなかった変更に関連した機能停止事例の特定。メトリクスを改善しなかったローンチの事後分析時に上記のような質問に答えなければならないとき、人々は実験が本当にセーフティネットを提供していることに気づき、文化が変化する。実験の実行に関与するチームが多くある大企業では、インスティチューショナルメモリはその内訳の作成やより良い説明責任を奨励するのに役立つ。

2. **実験のベストプラクティス。**必ずしもすべての実験者がベストプラクティスに従っているわけではない。これは、より多くの人が実験を始める段階で特によく見られる。例えば、実験は内部で推奨されている実験拡大の方法にのっとっているか? 実験は、主要なメトリクスの動きを検出するのに十分な検出力を持っているか? といった点である。十分な数の実験ができたら、メタアナリシスを行い、要約した統計を報告して、チームやリーダーがどこを改善できるかを示すことができる。また、統計をチームごとに分解して説明責任をさらに高めることもできる。これらの洞察は、最大のギャップに対処するために自動化に投資すべきかどうかを決定するのに役立つ。例えば、実際に実験をどのように拡大させていったかを調査することで、LinkedIn は、多くの実験が初期段階に時間をかけすぎており、それ以外の実験も社内の実験拡大の方法にのっとっていないことがわかった（第 14 章参照）。これに対処するために、LinkedIn は実験者が最良の実験拡大の方法に従うのを支援する自動実験拡大機能を構築した (Xu, Duan and Huang 2018)。
3. **未来のイノベーション。**あなたの会社に来たばかりの人やチームに来たばかりの人にとって、過去に何がうまくいったか、何がうまくいかなかったかのカタログを渡せることは非常に価値がある。これは間違いを繰り返さないようにし、効果的なイノベーションを促すのに有用である。マクロな環境の変化のためか、過去にうまくいかなかった変更がもう一度試す価値があるようになることもある。多くの実験のメタアナリシスを行っていくと、より良いアイデアを導き出すために必要な概念が浮かび上がってくる。例えば、どのタイプの実験が主要なメトリクスを動かすのに最も効果的なのか、どのような UI パターンの方がユーザーを巻き込みやすいのか、といったように。`GoodUI.org` では、繰り返し勝った UI パターンを多数まとめている (Linowski 2018)。

検索エンジンの結果ページ（SERPs）のような特定のページを最適化する多くの実験を実行した後、間隔、太字、線の長さ、サムネイルなどの変更がメトリクスに与える影響を予測することができる。したがって、SERPs に新しい要素を追加するさいに、実験の探索範囲を狭めることができる。国ごとの実験の不均一性を調べることもある（第 3 章参照）。国ごとに機能に対する反応がどのように異なるかについての隠された洞察を発見することができ、これらのユーザー向けにカスタマイズされたより良いユーザー体験を構築することができるようになる。

4. **メトリクス。** メトリクスは実験と切り離せない（第7章を参照）。あなたの実験を横断して、さまざまなメトリクスが影響している様子を見て、それらをよりよく活用する方法についての理解を深めることができる。ここでは、メトリクスのためのメタアナリシスの使用例をいくつか紹介する。
    - **メトリクスの分析感度。** メトリクスを開発している間、1つの重要な基準は、それらが実験中に意味ある測定ができるかどうかである。実験で統計的に有意に動かすことができないメトリクスは、良いメトリクスではない（第7章参照）。分散は分析感度に影響を与える重要な要因であり、外因的な変化がメトリクスにどの程度の影響を与えるかも考慮に入れなければならない。例えば、デイリーアクティブユーザー（daily active users：DAU）は、短期実験では動きにくいメトリクスである。過去の実験でのパフォーマンスを比較して既存のメトリクスを研究することで、潜在的な長期 vs. 短期のメトリクスを特定することができる (Azevedo et al. 2019)。また、信用できる実験のコーパスを構築して、新しいメトリクスを評価し、異なる定義をした場合の比較もできる (Dmitriev and Wu 2016)。
    - **関連するメトリクス。** 実験でのメトリクスの動きを利用して、メトリクスがどのように相互に関連しているかを特定することができる。これは、メトリクス間の相関関係とは異なることに注意。例えば、LinkedIn をより頻繁に訪問するユーザーは、より多くのメッセージも送信する傾向がある。しかし、セッションとメッセージは実験では必ずしも一緒に動くわけではない。実験における関連するメトリクスの一例として、早期指標があり、これは影響を示すのに時間がかかる他のメトリクスに対して先行シグナルを示すメトリクスである。動きの遅いメトリクスが意思決定に重要である場合、早期指標は特に有用である（第7章参照）。多くの実験を研究することで、これらの関係を明らかにすることができる。そのような洞察が LinkedIn でどのように発掘され、活用されているかについては、Chen, Liu and Xu (2019) を参照。
    - **ベイズ的アプローチのための確率的な定理。** 実験の評価にベイズ的な手法の人気が上がってきている。ベイズ的な手法を採用する場合、重要な関心事の1つは、あなたが合理的な事前分布を構築できるか否かである。成熟したプロダクトについては、歴史的な実験におけるメトリクスの動きが合理的な事前分布を提供できるとした仮定は合理的である。Deng (2015) を参照。急速に進化する分野では、過去からの経験的分布が合理的に将来を表すことができるかどうかは自明でない。

5. **実証研究。** 膨大な実験データは、メタアナリシスを通じて理論を評価し研究するための実証的な証拠を研究者に提供している。例えば、Azevedo et al. (2019) は、企業がイノベーションの生産性を向上させるために実験を最適に活用する方法を研究した。彼らは、Microsoft の実験プラットフォーム上で実行された何千もの実験に基づいて、最適な実装と実験戦略を提案した。また、実験のランダム化が実験の出来の良さを示す変数になることがわかった。

Saint-Jacques et al. (2018) は、2014 年から 2016 年の間に LinkedIn で行われた「もしかして知り合い？」アルゴリズムに関する 700 の実験を調査することで、人々が仕事に就くのを最も助けるコネクションは強さと多様性の間にあるという因果関係の証拠を発見した。Lee and Shen (2018) は、多くのローンチされた実験からの影響がどのように集約されるかを調べた。実験では通常、有意な成功を収めたものが選ばれて製品にローンチされる。彼らはこのプロセスにおける統計的な選択バイアスを調査し、Airbnb の実験プラットフォーム上で実行された実験の研究に基づいて修正方法を提案した。

第 9 章
コントロール実験の倫理

科学の進歩は人間の倫理観よりずっと先を走っている。

— *Charlie Chaplin* (1964)[*1]

…… コードの変更によってユーザーを欺く検証 …… 私たちはこの新しい手法を A/B テストと区別するために C/D 実験と呼び ……

— *Raquel Benbunan-Fich* (2017)

注意を払うべき理由：実験の倫理を理解することは、リーダー、エンジニア、プロダクトマネージャー、データサイエンティストなど、すべての人にとって非常に重要である。技術、人類学、心理学、社会学、医学のいずれの分野であっても、コントロール実験は人間を対象に行われる。ここでは、実験の倫理に関する専門家の助言を求めるタイミングを決定するさいに考慮すべき質問と懸念事項を紹介する。

背景

倫理の広義の定義は、何をすべきか、何をすべきではないかを規定する一連の規則や道徳のことである。研究に適用される倫理は、結果の完全性を確保するための行動規則、共同作業に不可欠な価値観、公的説明責任、さらには公共の安全と被験者の保護の両方を含む道徳的・社会的価値を支配している (Resnick 2015)。研究へ適用される倫理は、時間とともに変化し得る。それは、調査研究が及ぼす予期せぬ効果に対する世界、文化、人々の反応の変化を反映している。上の引用で Charlie Chaplin が書いているように、倫理的行動のためのルールや規制は発展しつつあるが、科学に遅れをとっている。

[*1] 『チャップリン自伝: 栄光と波瀾の日々』, 中里京子 訳, 新潮社, 2017 年。

この主題は、ここで完全に掘り下げるにはあまりにも深いので、私たちは、コントロール実験の研究倫理の概要を与えるだけにとどめる。より深い研究のために、私たちはいくつかの文献 (Loukides, Mason and Patil 2018, FAT/ML 2019, ACM 2018, King, Churchill and Tan 2017, Benbunan-Fich 2017, Meyer 2015, 2018) を推薦する。これらは重要な原則、チェックリスト、および実践的なガイドを提示している。実験者は倫理の専門家ではないかもしれないが、私たちは自分自身に問いかけ、実践を批判的に検証し、ユーザーとビジネスの長期的な最善の利益を考慮すべきである。私たちは、Google, LinkedIn, Microsoft の代表としてではなく、個人としての立場でこれを書いていることに注意。

テクノロジーが引き起こした2つの最近の事例をもとに、これらの倫理についての問いの必要性を示す。

1. Facebook と Cornell 大学の研究者は、ランダムに選択された参加者がわずかに否定的な投稿にさらされると1週間後により多くの否定的なコンテンツを投稿し、逆に他のランダムに選択された参加者はわずかに肯定的な投稿にさらされると1週間後により肯定的な投稿するかといった研究を行った。この研究のためにソーシャルメディア (Kramer, Guillory and Hancock 2014) を介して感情的な伝染の実験を行った。
2. OKCupid では、まずアルゴリズムで 30%、60% と 90% のマッチ度と判定した顧客のペアを識別した。次に、これらの3つのグループでそれぞれ、1/3 には 20%、もう 1/3 には 60%、残りの 1/3 には 90% のマッチ度と表示した実験を実行した (The Guardian 2014, Meyer 2018)。

これらの例や他の多くの例を考慮し、A/B テストを実行するか否かを評価する基準を考える。

まず、生物医学・行動学的研究の原則を定めた 1979 年に発表されたベルモント報告書 (The National Commission for the Protection of Human Subjects of Biomedical and Behavioral Research 1979) や、これらの原則に基づいて実行可能な審査基準を定めた共通ルール (Office for Human Research Protections 1991) に着目する (Meyer 2012)。これらは、1920 年代のタスキギー梅毒研究 (CDC 2015) や 1960 年代のミルグラム実験 (Milgram 2009) など、医学領域におけるいくつかの事例を経て確立されたもので、一般的に実質的な危害のリスクはオンライン実験よりもはるかに高い。これらのガイドラインに基づいて、現在では、この臨床試験が正当なものであるかどうかを問い (Hemkens, Contopoulos-ioannidis and ioannidis 2016)、無作為化比較試験（Conducting Randomized Controlled Trials：RCTs）を実施することが非現実的であったり非倫理的であったりと認識される状況がある (Djulbegovic and Haxo 2002)。

ベルモント報告書と共通ルールは、生物医学的・行動学的ヒト対象研究の文脈で3つの重要な原則を提供している。

- **人々を尊重すること。** 人々を尊重して扱うこと、つまり、実験に人がいるときは自律的な主体として扱い、そうでないときは人々を守ること。これは、透明性、真実性、自発性（選択と同意）を重視することを意味する。
- **有益性。** 害から人々を守ること。ベルモント報告書では、利益とはリスクを最小化し、実験参加者への利益を最大化することを意味するとしているが、共通規則では、そうすることの難しさを認識し、代わりに、提案された研究をレビューするさいに、リスクと利益を適切に評価し、それらのバランスを適切にとることに焦点を当てている。
- **正義。** 実験参加者が搾取されないようにし、リスクと利益の公平な分配を保証すること。

その複雑さゆえに、共通ルールでは、研究そのものの利点やリスクだけでなく被験者の透明性、真実性、自発性の必要性についても、実験参加者自身によるそれらの権利放棄を含めてバランスをとる規定を示している。

これらの質問は、実質的な害が発生するおそれのある医学という学問分野での有用なフレームワークである。しかし、特定のオンライン A/B 実験に関してこれらの原則を評価するさいは、明確な正解や間違いへの答えはほとんどないので、判断、思考、考慮、および経験が必要である。ここでは、熟考すべき重要な分野を紹介する。

A/B テストのリスクへの反論

あなたの研究では、実験参加者はどのような**リスク**に直面するだろうか。リスクは、共通ルールで定義されている「研究で予想される危害や不快感の確率や大きさが、日常生活や日常的な身体的・心理的検査や検査の実施中に通常遭遇するものよりも大きくない」という最小のリスクを超えているだろうか。害は、物理的、心理的、感情的、社会的、経済的なものである可能性がある。

有用な概念の1つは、**等質性**（equipoise）(Freedman 1987) である。関連する専門家のコミュニティが、2つの介入方法に関して真に不確実な状態であるとみなすかどうかである。これは実験しないと等質かどうか判定できないか否かといった観点で考えられる。

オンラインでのコントロール実験を実施してよいかの基準の1つは、「その変更を実験せずに全ユーザに適用しても問題ないか?」である。つまりアルゴリズムやプロダクトの見た目やユーザーの感じ方を実験なしで変更できるかである（ちゃんと実験を行って科学的に評価することもでき、実験すれば予期せぬ効果を発見することができるかもしれないが)。割引コードは、実際には実験である。それはコントロール実験ではなく、時系列を見る非効率的な逐次テストかもしれないが、主要なメトリクス（例えば、収益、ユーザーのフィードバック）が負の場合、機能はロールバックされる。

ときどき、「A/B illusion」と呼ばれる、オンラインでのコントロール実験への道徳を理由にした抵抗がある (Meyer 2015, Meyer et al. 2019)。私たちはこの論拠を支持しない。一般にあなたが何かをローンチすることを決定したとき、あなたはどのような効果が生じるかを仮定しており、その仮定が続くことも続かないこともあり得る。また、100% のユーザーに何かをローンチしたいのであれば、100% のユーザー向けを意図して 50% のユーザーにローンチしても問題ないはずである。A/B illusion に抵抗するため Meyer は以下の例を取り上げた (Meyer 2015)。

> …… ある会社のトップは、従業員の何人かが退職金を十分に貯められていないことを懸念していました …… 彼女は、これから 401(k) プラン[*2]の郵送物を送るときに、その従業員の年齢から 5 年以内の同僚のうち、何人が自動積立に登録したかを記載することにしました。彼女は、登録していない従業員の少数派が大多数の反対の行動をとっていることを知ることによって、登録するように影響を受ける可能性があると仮説を立てました。

会社のトップは善意で行い、関連研究ではピア効果[*3]が示されていたにもかかわらず、コントロール実験を行ったところ反対の反応を起こし貯蓄が減少する結果が判明した (Beshears et al. 2011)[*4]。

利益

リスクのもう 1 つの側面は、研究の利益を理解することである。多くのオンラインでのコントロール実験の場合、利益はプロダクトの改善という観点から考慮される。それは直接的には介入群のユーザー、結果から利益を得るすべてのユーザー、あるいは間接的にはユーザーがサービスの恩恵を受け続けることができるように持続可能なビジネスを構築するという観点から考慮される。ユーザーの生産性への改善は、最初の 2 つの枠に入るだろう。広告収入の改善は、間接的な利益の枠に入る。

利益の評価がより困難な状況の 1 つは、最終的にすべてのユーザー体験を向上させることを目標に、故意に参加者に悪い体験を提供する実験を実行している場合であり、多くの場合はトレードオフを定量化することができるものである。例えば、ユーザー体験を遅くする実験を行ったり（第 5 章参照）、長期的な効果を理解するために

[*2] 訳注：米国の確定拠出年金制度。

[*3] 訳注：集団の中で起こる互いに影響しあって切磋琢磨する効果。

[*4] 訳注：このことから、従業員の利益を検証するために信用できる結果を得られる A/B テストは道徳の面から言っても重要である。

広告を多く表示したり（第 23 章を参照）、リコメンデーションなどの機能を無効にしてその価値を評価したりすることがあげられる。これらのケースは、「介入は有益ではないが、ユーザーにとってのリスクは最小限である」という一般的な合意があるという点で、等質性に違反している[*5]。これらの実験を行うことの利点は、より多くの情報に基づいた意思決定に利用できるトレードオフを確立することであり、最終的にはすべての人のユーザー体験の向上に役立つ。重要なことは、これらのケースではユーザーを欺くことがないということである。ほとんどのオンラインでのコントロール実験よりも害の可能性が高いリスクがあるタイプの実験のために医学的なアナロジーを述べる。薬物毒性の研究では、いくつかの時点で、あまりにも多くの投与は有害であることがわかっているが、研究を実行しなければ、私たちはどのくらいの量でどのような影響があるかを知ることができない。

強調すべき点の 1 つは、新機能や新テキスト、新しいアルゴリズムやインフラを試すために実験を実行し、トレードオフを確立することと、行動実験や人と人との関係性に焦点を当てた**欺瞞的な実験**や**暗示実験の力**を実行することとの間の大きな違いである (Benbunan-Fich 2017)。欺瞞的な実験は、より高い倫理的リスクをもたらし、参加者が尊重されているかどうかについての疑問を提起する。

実験参加者の尊重について考えるとき、最初に問うべき質問は、透明性と期待の問題である。ユーザーに何を提供するかの期待は、プロダクトの UI と私たちのコミュニケーションによって設定される。実験はそれらの期待に従うべきである。

透明性を確保する他のいくつかの方法と並んで、インフォームドコンセントは、リスクと利益、プロセス、代替案、どのようなデータが収集され、それがどのように扱われるかについて十分な情報を得た後、参加者が研究に参加することに同意するという重要な倫理的概念である。ここでは、欧州の GDPR（General Data Protection Regulation：一般データ保護規則）(European Commission 2018) の下での同意のような、いかなる法的定義からも特異的なものではなく、一般的な意味での同意を論じていることに注意。ほとんどの医学実験では、各参加者のインフォームドコンセントがあり、そうでないものは、通常、リスクが最小限で、他の条件を満たしているため、共通ルールの下で同意の放棄を受ける資格がある。対照的に、オンラインサービス提供者による実験では、通常、参加者へのリスクははるかに低いレベルであるが、オンラインサービスが物理的な小包の発送やライドシェアリングなど、オフラインでの体験に影響を与え始めると、リスクと結果的な影響が増大する可能性がある。また、実験の規模を考えると、インフォームドコンセントを得ることは法外なコストがかかる上に、ユーザーにとっては迷惑なことでもある。同意をとる方法についての議論よりも先に、同意が必要な実験から、利用者へのリスクや潜在的な害が非常に低く、同意

[*5] 訳注：実験せずに結果の一部を既知だと仮定している。

が不要な実験まで、可能性の範囲をまず考える。そのスペクトルの中間にある 1 つの代替案が**推定的同意**であり、ここでは、より小さいが代表的な人々のグループに、研究（または研究のクラス）への参加についてどのように感じるかを尋ね、同意する場合には、この感情がすべての参加者に一般化すると仮定している (King et al.2017)。

選択肢の提供

もう 1 つの考慮事項は、参加者にどのような**選択肢**があるかである。例えば、検索エンジンの変更をテストしている場合、参加者は常に他の検索エンジンを使用するという選択肢がある。検索エンジン以外のオンラインサービスでは切り替えコストは、時間、お金、情報共有などの点で高くなる可能性がある。これらの要因は、参加者に提供される選択肢を評価するさいに考慮すべきであり、リスクと利益のバランスをとる必要がある。例えば、がんの新薬を試験する医療臨床試験では、ほとんどの参加者が直面する主な選択は死であり、実験のリスクはかなり高くなることまで許容される。

データの収集

A/B テストを実施するための前提条件の 1 つは、実験結果の分析と意思決定のためのデータの計測装置が存在することである。多くの場合、このデータは、ユーザーに高品質のサービスを測定し提供するために収集されなければならない。その結果、オンラインサービスの利用規約にデータ収集の同意が含まれていることが多い。他の文献ではデータ収集についてより詳細に議論されている (Loukides et al. 2018)。どんな実験でも適用されるすべてのプライバシーおよびデータ保護法に準拠していることは大前提の条件であり、実験者やエンジニアはデータ収集に関する下記の重要な質問に答えることができるべきである。

- どのようなデータが収集されているのか、ユーザーはその収集について何を理解しているのか、プライバシーバイデザイン（privacy by design）はこの分野での有用なフレームワークの 1 つである (Wikipedia contributors, Privacy by Design 2019)。
    - ユーザーは自分についてどのようなデータが収集されているかを理解しているか。
    - データはどのくらい繊細なものなのか。金融データや健康データが含まれているか、データが人権を侵害する方法でユーザーを差別するために使用される可能性がないかなど。
    - データを個人に結び付けることができるか、つまり、個人を特定できるか（こ

  の章末尾のサイドバーを参照)。
  - 何の目的でデータを収集し、そのデータを誰がどのように利用するのか。
  - そのデータ収集は目的のために本当に必要不可欠か。個人の利用者を保護するために、どのくらい素早くデータを集計したり削除したりできるのか。
- データ収集によって引き起こされる悪い事態はどういったものか。
  - そのデータやその一部が公開された場合、ユーザーにどのような害があるか。
  - その人の健康、心理的または感情的な状態、社会的地位、または経済的に害を及ぼす可能性を考慮。
- プライバシーと機密性に対するユーザーの期待はどのくらいか、また、それらの期待はどのように保証されているのか。

  例えば、参加者が公共の場（例えば、サッカースタジアム）で観察されている場合、プライバシーへの期待は低い。研究が既存の公開データであれば、それ以上の機密性も期待できない。データが個人を特定できない場合（この章末尾のサイドバーを参照)、プライバシーと機密性は必ずしも懸念されない (NSF 2018)。そうでない場合は下記の観点が重要である。
  - 参加者はどの程度の守秘義務を期待できるのか。
  - そのデータを取り扱うための社内の安全対策はどのようになっているか。会社の誰もがデータにアクセスすることができるか、特に個人を特定できるデータの場合はどうか、また、データへのアクセスは記録され、監査されているか。また、データへのアクセスはログに記録され、監査されているのか。
  - これらの保証が満たされなかった場合、どのような救済措置がとられるのか(参加者に通知されるのか、など)。

文化とプロセス

私たちが扱う問題の多くは、複雑で微妙なニュアンスのものである。すべての判断や原則の設定を専門家に頼りたくなることもあるだろう。しかし、倫理的配慮を確実に満たすためには、貴社の企業文化、リーダーに至るまでのすべての人が、これらの疑問や意味合いを理解し、検討することが重要である。内省こそが肝である。

企業（リーダー）は、このレベルの理解が役員会全体に行き渡るようにプロセスを実施する必要がある。

- 文化的規範と教育プロセスを確立し、従業員が問題に精通していることを維持し、プロダクトのレビューやエンジニアリングのレビューでこれらの質問を確実に行えるようにする。
- 機関審査委員会（Institutional Review Boards：IRB）の目的を満たすプロセス

を作成する。IRBは、人々を対象とした研究の可能性を審査し、リスクと利益を評価し、透明性を確保し、プロセスを提供し、参加者の完全性と尊重を確保する。IRBは、研究を承認したり、代替案を要求したり、研究を拒否したりできる。IRBは、徹底したレビューと適切な内省を確保し、教育目的のためのジャストインタイムのプロセスを確立するために、実験者が考慮すべき質問を提供する。
- ツール、インフラストラクチャ、およびプロセスを構築し、特定されているかどうかにかかわらず、すべてのデータが安全に保存されるようにし、業務を完了するためにデータへのアクセス時間を必要とする人に限定する。どのようなデータ使用が許容され、どのようなデータ使用が許容されないかについて、明確な原則とポリシーがあるべきである。すべてのデータ使用が記録され、違反がないか定期的に監査されるようにしなければならない。
- 最小限以上のリスクやデータの機密性に問題があるケースをどのように処理するかについて、明確なエスカレーションパスを作成する。

実験倫理をめぐるこれらの疑問やプロセスは、チェック項目ではなく、プロダクトの設計やエンドユーザーのための実験を改善するための議論の形をとる。

サイドバー：個人の特定

よくある質問の1つに、特定されたデータ、仮名データ、匿名データの違いは何かといったものがある。正確な定義は文脈や適用される法律に基づいて変化する可能性があり、現在も議論されているが、これらの概念に関連する高レベルの概念の概要は以下のとおりである。

- **特定されたデータ**（Identified data）とは、PII（Personal identifiable information）と呼ばれる個人を特定できる情報で保存・収集されたものである。これは、名前、ID（社会保障番号や運転免許証など）、電話番号などである。共通の基準として、HIPAA (Health and Human Services 2018b, Health and Human Services 2018c) は、個人を特定できるとされる18の識別子 (HIPAA Journal 2018, Health and Human Services 2018a) をあげ、デバイスID（スマートフォンのデバイスIDなど）も多くの場合、個人を特定できるとされている。欧州では、GDPR（General Data Protection Regulation：一般データ保護規則）がさらに高い基準を掲げており、個人と結び付くことができれば、あらゆるデータを個人データとみなすとしている (European Commission 2018)。
- **匿名データ**（Anonymous data）とは、個人を特定できる情報を持たずに保存・収集されたものである。匿名データは、ユーザーが初めてアプリを開いたときや Web サイトを訪問したときなどの何らかのイベントに割り当てられたクッキーのようなランダムに生成された ID のうち、保存されているもののことである。ID が保存されていない場合は、**仮名データ**（pseudonymous）とみなされる。しかし、単にデータが偽名であることや匿名であることを明記しただけでは、再識別が起こらないということにはならない (McCullagh 2006)。匿名データ（anonymous data）と匿名化されたデータ（anonymized data）は区別されなければならない。匿名化されたデータとは、再識別のリスクが低い、あるいは存在しないことが何らかの方法で保証されている。つまり、誰かがこのデータがどの個人を指しているのかを特定することがほとんど不可能なデータのことである。多くの場合、この保証はセーフハーバー法や、k–匿名性 (Samarati and Sweeney 1998) や差分プライバシー (Dwork and Roth 2014) などの方法によって行われる。これらの方法の多くは、匿名化されたデータが再識別リスクを持たないことを保証するのではなく、クエリを制限したり、追加クエリでノイズを追加したりするなど、リスクと制約を定量化しているにすぎないことに注意 (Abadi et al. 2016)。

EU ベースのプライバシーに関する文献では、プライバシーに関して現在世界的に高い水準にある。そこでは匿名データを別のカテゴリーとして論じることはなく、個人データや匿名化されたデータと区別していない。

そのため、実験で集められ、収集され、保存され、使用されているデータについては、以下のような質問に答えられる必要がある。

- このデータはどれほど繊細なものか?
- このデータから個人が特定されるリスクは存在するか?

データの繊細さやリスクが高くなると、データ保護、機密性、アクセスコントロール、セキュリティ、監視、監査などのレベルを上げていかなければならない。

第III部

コントロール実験の補完または代替となる手法

第III部では、オンラインでのコントロール実験を補完する手法を紹介する。これは、データサイエンティストやそのテクニックを使用する可能性のある人たちにとって特に有用であり、またリーダーにとっては、データに基づいた意思決定のために実験の確立方法やそのためのリソース配分方法の理解に役立つ。

まず、**オンラインでのコントロール実験の補完手法**、ユーザーエクスペリエンスの調査研究、サーベイ、フォーカスグループ、および人手での評価手法の紹介をする。これらのテクニックは、オンラインでのコントロール実験に投資する前に、「アイデアファネル」でアイデアを生成して評価する方法の1つ、または、組織あるいはオンラインでのコントロール実験の代替メトリクスの検証方法としての使用を推奨する。

次に、**観察的因果関係研究**に焦点を当てる。オンラインでのコントロール実験は、プロダクトやサービスへの変更の因果関係を調査するための黄金律だが、常に実行可能であるとは限らない。この章では、オンラインでのコントロール実験が不可能ないくつかの一般的なシナリオを議論し、そのような状況のための一般的な方法の概要を簡単に述べる。

第10章
オンラインでのコントロール実験の補完手法

ハンマーを持つ者は、すべてが釘に見える。

— *Abraham Maslow*

注意を払うべき理由：実験を行うさいには、アイデアの生成やメトリクスの開発や検証などのより広い結論を裏付けるための証拠を確立する必要がある。これらのニーズに応えるため、ユーザー体験の調査研究、フォーカスグループ、サーベイ、人手での評価手法、観察研究など、健全な A/B テスト文化を補完し補強するための有用な手法が存在する。

補完手法内での各手法の位置付け

A/B テストを成功させるために、注意や厳格さを必要とするのは分析や実験プラットフォームやそのためのツール作成だけではなく、下記のものも必要である。

- 実験のためのアイデア、つまり**アイデアファネル** (Kohavi et al. 2013)
- 注意を払うべき影響を測定するための有効なメトリクス
- コントロール実験を実行が不可能もしくは現実的に十分な実験ができない場合、仮説を支持・反駁(ばく)するための証拠
- 必須ではないが、メトリクスを補完するコントロール実験から計算されたメトリクス

アイデアファネル段階では、ユーザー体験の調査研究によってユーザーを観察するなどのアイデアを生み出すために使えるあらゆる手法が検討される。簡単に実装できるアイデアについてはコントロール実験を行って直接テストすることを推奨するが、実装にコストがかかるアイデアについては、補完手法のいずれかを使って早期評価とアイデアの刈り込みを行うことで、実装コストを削減することができる。

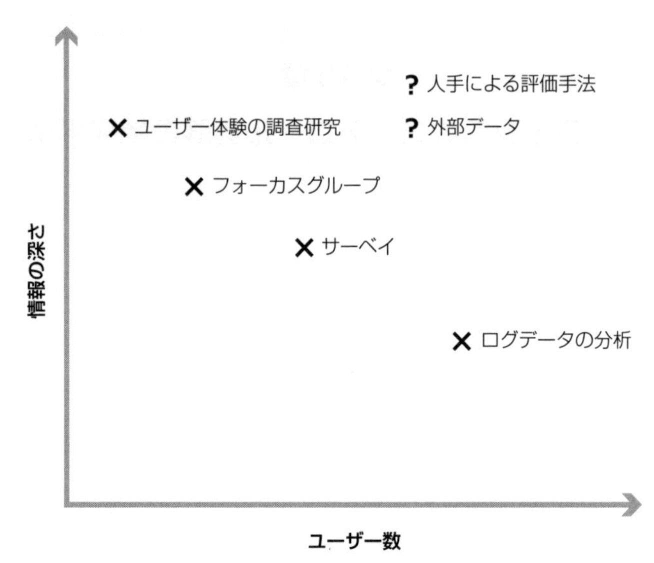

図 10.1 ● ユーザー数を横軸、得られる情報の深さを縦軸とした場合の補完方法の比較図

補完手法を必要とするもう 1 つの例として測定が非常に困難な概念が必要な場合、例えばユーザー満足度についての信頼性の高い代理のメトリクスが求められる場合を考える。1 つにはアンケートを実施し自己報告のユーザー満足度データを収集し、計測されたログデータを分析して、大規模に観測されたメトリクスがアンケート結果とどのような相関があるかを確認する方法がある。これをさらに拡張し、提案されたユーザー満足度の代理のメトリクスを検証するためのコントロール実験も実施できる。

この章で議論する手法は、図 10.1 にまとめられているように、規模（ユーザー数）とユーザー当たりの情報量の 2 軸ある。本章でこれらの手法を順番に議論することで、規模が小さい手法で得られた詳細な情報と、規模が大きい手法から得られた一般化可能性の間でのトレードオフを示す。

ログデータの分析

信用できる A/B テストの前提条件の 1 つは、コントロール実験を評価するためのメトリクスを計算するために、ユーザーのビュー、アクション、インタラクションを適切に計測することである。これは、**レトロスペクティブ**分析とも呼ばれるログベースの分析にも当てはまる。この分析には以下のような効果がある。

- **直感を養う。**下記の質問に答えることで、メトリクスを定義することや直感を養うことができる。
  - ユーザー当たりのセッション数やCTRの分布は?
  - 国やプラットフォームなどの主要セグメントごとの違いは何か?(第3章を参照)
  - これらの分布は時間の経過とともにどのように変化するか?
  - ユーザーは時間の経過とともにどのように成長しているのか?

  このように直観を養うことで、プロダクトやシステムのベースラインや分散がどのくらいなのか、実験とは無関係に自然発生的に何が起こっているのか、どのくらいの変化が実際は重要なのか、などを理解することができる。
- **潜在的なメトリクスを特徴付ける。**直感を養うことによって潜在的なメトリクスを特徴付けることができる。特徴付けられることで、分散や分布、新しいメトリクスが既存のメトリクスとどのように相関するかなどの理解が進む。ログデータの分析では、潜在的なメトリクスが過去の実験でどのように変化したかの理解を深められる。例えば、そのメトリクスは意思決定に役立つかや、既存のメトリクスよりも新しくより良い情報を提供しているか、などである。
- **A/Bテストのためのアイデアをデータの探索から生み出す。**例えば、購入ファネルの各ステップのコンバージョン率を調べて、大きな離脱を特定することができる(McClure 2007)。セッション化されたデータを分析することで、特定のアクションシーケンスが予想以上に時間がかかったことを発見することもできる。この発見は、新機能の導入やUIデザインの変更など、プロダクトをより良いものにするためのアイデアにつながる。
- これらの補完手法を用いて生み出されたアイデアを、大規模に展開すべきか、つまりA/Bテストのための実装・評価に時間をかける価値があるかどうかを探ることができる。例えば、メールの添付ファイルを使いやすくする開発に投資する前に、送信された添付ファイルの数を分析することで、影響の上限を知ることができる。
- **自然実験。**外部要因(例えば、外部の会社がデフォルトを変更するなど)やバグ(例えば、すべてのユーザーをログアウトさせるバグなど)など、意図しない実験がときおり発生する。このような場合には、観察分析(第11章を参照)を実行してその影響を測定する。
- **観察的因果研究**(第11章を参照)。実験が実施不可能な場合はこれらの研究を実施することができる。例えば、準実験計画を使うことができる。さらに実験と組み合わせて準実験計画を使うと、結果をより一般的に適用するための推論を改良することができる。

ログデータの分析は、A/Bテストの補完のための多くを達成可能である。この手法の限界の1つは、これらの分析は過去に起こったことから将来何が起こるかを推測することしかできないということである。例えば、現在の利用率が低いからといって、メール添付機能への投資を止めようと思うかもしれないが、現在の利用率の低さは、使いにくいことが原因かもしれない。この章で後述するように、ログデータの分析とユーザーや市場への調査を組み合わせることで、より包括的なイメージを得ることができる。

人手による評価手法

ここでの人手による評価手法とは、企業が**評価者**とも呼ばれる人間の審査員にお金を払って、あるタスクを完了させることを示す。その結果は、その後の分析に利用される。これは、検索システムやリコメンドシステムでは一般的な評価方法である。「AとBのどちらが好きか?」や「この写真はポルノですか?」といった単純な質問から、「この画像にラベルをふってください」や「この検索クエリと検索結果の関連度はどのくらいですか?」といったように、複雑な質問まである。より複雑なレーティングタスクには、詳細な指示が含まれている場合がある。評価者が意見を異にする可能性があるため、一般的には複数の評価者を同じタスクに割り振り、投票などの相違解決メカニズムを使用して、高品質な集計ラベリングを得ようとする。Mechanical Turk (Mechanical Turk 2019) によると、評価者が金銭によりデータの品質を評価した場合は、その品質はインセンティブおよび支払額に応じて変化し、品質管理および評価者間の不一致問題の解決の重要性を強調する結果を示している (Buhrmester, Kwang and Gosling 2011)。

人手による評価手法の限界の1つに、評価者が一般的なエンドユーザーではないということがあげられる。評価者は自分に割り当てられたタスクを実行するのに対し、実際のプロダクトのユーザーは生活の中で自然にプロダクトを使用している。さらに、評価者は実際のユーザーの局所的な文脈を見逃してしまう可能性がある。例えば、多くの評価者にとって検索クエリ「5/3」は算術クエリであり、1.667という結果を期待するが、ロゴが「5/3」である「Fifth Third Bank」の近くに住んでいるユーザーは銀行情報を探している。これは、パーソナライズされたリコメンデーションアルゴリズムを評価することがいかに難しいかを示す例もある。しかし、この制限は利点にもなり得る。"評価者"は、一般のユーザーが感知できないスパムやその他の有害な体験を検出できるように訓練されている可能性がある。人手による評価手法は、実際のユーザーから収集したデータを補完するために校正されたラベル付きデータを提供していると考えるのがベストである。

A/Bテストを評価するための追加のメトリクスとして、人手による評価手法に基づくメトリクスを使うことができる (Huffman 2008)。ここでも、検索順位の変化を例にする。評価者に、与えられたクエリに対するコントロールと介入のどちらかの結果が良いかを評価してもらい、この評価を集計してどちらの実験パターンが好まれるかを確認することができる。例えば、Bing と Google の大規模で実施可能な人間による評価プログラムは、ある変更をローンチするかどうかを決定するかの情報収集のために、オンラインのコントロール実験の結果と一緒に使用するのに十分な速度である。

人手による評価手法はデバッグにも役立つ。結果を詳細に調べることで、変更がうまくいったところとうまくいかなかったところを理解することができる。検索クエリの例では、クエリとのマッチングが悪いと評価された結果を調べることで、なぜアルゴリズムがそのような結果を返したのかを特定するのに有用である。また、人手による評価手法とログデータの分析を組み合わせて、観察されたユーザーのアクションが例えばクエリと関連性の高い検索結果とどのような相関関係があるかを理解することもできる。

ユーザー体験の調査研究

ユーザー体験の調査研究にはさまざまな方法がある、ここでは一般的に数人のユーザーを対象としたフィールド研究やラボでの研究による補完に焦点を当てる (Alvarez 2017)。この種の調査は、通常は多くても数十人のユーザーを対象とした詳細で集中的なものとなり、直接観察やタイムリーな質問によってアイデアを生み出したり、問題を発見したり、洞察を得たりできる。例えば、あなたの Web サイトで何かを販売しようとしている場合、購入を完了しようとしているユーザーを観察し、彼らがどこで苦労しているかを観察することに基づいてメトリクスのアイデアを開発することができる。例えば、購入に時間がかかっていないか、ユーザーがクーポンコードを探しに不毛な検索をしていないか、などである。

これらのタイプの研究のフィールドやラボには、次のようなものが含まれる。

- 普通の計測装置では収集できないアイトラッキングなどのデータを収集するための特殊な装置。
- 日記研究。ユーザーが自分の行動を長期間に渡って自己記録する日記研究で収集されるデータはオンライン計測のものに似ているが、ユーザーの意図やオフラインでの活動など、オンライン計測では収集できないデータが追加されている。

これらの方法は、「真の」ユーザー意図と計測装置を介して観察したものとの相関関係に基づいてメトリクスのアイデアを生み出すのに有用である。それで生み出されたメトリクスのアイデアの検証には、観察分析やコントロール実験などのより大規模な方法を追加で用いる必要がある。

フォーカスグループ

フォーカスグループとは、募集したユーザーや潜在的なユーザーとのガイド付きグループディスカッションである。ユーザーの態度についてのオープンエンドな質問[*1]から、より具体的な質問、スクリーンショットやリハーサル用のデモを使用してフィードバックを引き出すことまで、あらゆる範囲のトピックで議論を誘導することができる。

フォーカスグループはユーザー体験の調査研究よりも拡張性が高く、プロダクト開発の仮説の指針となる曖昧でオープンエンドな質問をユーザー体験の調査研究と同程度の情報の深さで扱うことができる。しかし、グループの性質と議論の形式を考えると、1 つのユーザー体験の調査研究よりもカバーできる範囲が狭い。また、グループ思考や少ない意見への収束に陥る難点もある。フォーカスグループの設定や調査でのユーザーが言うことが、顧客の本当の好みと一致しない場合もあり得る。この現象のよく知られた例で、Philips Electronics が技術者のラジカセ機能に対する嗜好を把握するためにフォーカスグループを実施したものがある。フォーカスグループの参加者は、フォーカスグループの中で黄色のラジカセを強く好み、黒のラジカセを「保守的」と表現していた。しかし、参加者が部屋を出て、実験参加の報酬としてラジカセを持ち帰る機会が与えられると、ほとんどの参加者が黒のラジカセを選んだ (Cross and Dixit 2005)。

フォーカスグループは、将来の実験となる変更の設計段階の初期で、固まっていない仮説についてのフィードバックを得るため、あるいはブランディングやマーケティングの変更のために、多くの場合は根底にある感情的な反応を理解しようとするために有用である。ここでも目的は、オンラインでは測定できない情報を収集し、まだ完全には固まっていない変更についてフィードバックを得ることで、設計プロセスをさらに進めるのに役立てることである。

サーベイ

サーベイを実施するには、まず一連の質問に答えるための母集団を募集する (Marsden and Wright 2010)。質問の数は、質問の種類と同様に調整可能である。多肢選択式の回答や、自由形式の質問で、ユーザーは自由に回答することができる。これらの質問は、対面、電話、アプリやサイト上で直接オンラインで行うことも可能であり、Google Surveys (Google 2018) などのユーザーにリーチしてターゲットを絞

[*1] 訳注：Yes/No で答えられない。

ることができる他の方法で行うこともできる。また、プロダクト内からアンケートを実施することもでき、潜在的にはオンライン実験と並列利用も可能である。例えば、Windows オペレーティングシステムは、オペレーティングシステムや他の Microsoft の製品について 1 つまたは 2 つの短い質問をユーザーに問うている。Google はユーザーのプロダクト内での体験とユーザーの満足度を結び付けた簡単な質問を行っている (Mueller and Sedley 2014)。

サーベイは一見簡単そうに見えるが、実際にはサーベイの設計と分析は非常に困難である (Marsden and Wright 2010, Groves et al. 2009)。

- 質問は、誤解されたり、意図せずに回答者に特定の回答をさせたり、扱いづらい回答をさせたりする可能性があるため、慎重に表現しなければならない。質問の順番によって、回答者の回答が変わる可能性もある。また、時間をかけてデータを取得したい場合は、途中でのサーベイ方法の変更は時間による比較が無効になる可能性があり、注意が必要である。
- 回答はあくまで自己申告である。匿名調査であっても、ユーザーは完全な回答や真実の回答をすることはない。
- 母集団は偏りやすく、真のユーザー集団を代表するものではない可能性がある。これは「応答バイアス」と呼ばれ、どのユーザーが応答するかが偏っている可能性があるため（例えば、不満を持っている人だけが応答するなど）、サーベイ結果が不当に悪化する可能性がある。このようなバイアスがあるため、調査結果は絶対的なものとして扱うのでなく相対的に扱う（例えば、複数の期間での調査）方が有用であろう。

これらの落とし穴から、アンケートはオンラインの計測装置での結果とほとんど直接比較できないことが示唆されている。アンケートは、ユーザー体験の調査研究やフォーカスグループよりも多くのユーザーにリーチできる。例えばユーザーにオフラインで、何が起こったのかやユーザーの意見や信頼度、満足度などを聞き、オンラインからのデータから観察できない質問への回答を得るのに有用である。その種の質問には、ユーザーが購入の意思決定をするさいに他にどのような情報を使用したか（友人に話すなどのオフラインでの行動を含む）、または購入後 3 ヶ月後のユーザーの満足度を尋ねることなどもあり得る。

また、サーベイは、信頼や評判などの直接的には測定できない問題についての時間の経過によるトレンドを観察するのにも有用である。これらのトレンドは、全体的な利用状況や成長率などの高度に集約されたビジネスメトリクスのトレンドとの相関を測るために使用されることもある。この相関関係は、ユーザーの信頼性を向上させる方法などの幅広い分野への投資を促進させるが、必ずしも特定のアイデアを生み出すわけではない。例えば、アイデアは、これらの結果をふまえ領域を定義しターゲットを絞ったユーザー体験の調査研究を追加利用することで生み出すことができる。

サーベイ参加者の同意の下、調査結果と観察分析を組み合わせて、どのサーベイ回答がユーザーの行動と相関関係があるかを確認することができるが、サーベイ回答者のバイアスが結果の信憑（ぴょう）性と一般化可能性に影響を与えることには注意が必要である。

外部データ

ここでの外部データとは、あなたの会社の外部関係者がデータを収集して分析した、あなたとあなたが見ているものに関連するデータのことを指す。外部データのソースはいくつかある。

- オンラインでのすべての行動を追跡することに同意したユーザーを集め、この大規模なユーザーのパネルを収集したデータに基づいて、サイトごとの詳細なデータ（ある Web サイトのユーザー数やユーザーのオンラインでの習慣に関する詳細な情報など）を提供する企業。このデータへの疑問の 1 つは、これらのユーザーの代表性についてである。彼らは明確な人口統計学的バケットからサンプリングされてはいるが、このレベルでの詳細な追跡に同意したユーザーにはそうでないユーザーと比べて何か違いがある可能性がある。
- ログベースのデータに結合できる可能性のある、ユーザーセグメントなどの、ユーザーごとの粒度の荒いデータを提供している企業。
- サーベイやアンケートを実施している会社には、その会社が公開しているものや、またはカスタムサーベイを依頼することができる。これらの会社はさまざまな方法を使って、ユーザーがどれくらいのデバイスを持っているかやブランドの信頼度についての視点など、興味深い質問に答えられる。
- 出版された学術論文。研究者の研究発表には興味深いものが多々ある。例えば、アイトラッキング（ユーザーが実験室で見たもの）と、検索エンジンでどのようにクリックしたかを比較した論文 (Joachims et al. 2005) などは、クリックデータにどんな情報が含まれているかを示唆している。
- 教訓を公開している企業や Web サイトは、多くの場合、その結果をクラウドソーシングで検証している。これは UI デザインのパターンになり得る (Linowski 2018b)。

自社のサイトや業界が上記のリストに該当する場合は、外部データを利用してビジネスメトリクスの簡単な検証が可能である。例えば、サイトへの総訪問者数を調べたい場合は、内部の観測から計算した数値とcomScoreやHitwise[*2]が提供する数値を比較したり、各「垂直」カテゴリーのショッピングトラフィックの割合をサイト上の数値と比較したりすることができる。しかし、これらの数字が完全に一致することはまれである。検証を行うより良い方法は、内部データと外部データの時系列変化を見て、時系列がトレンドや季節変動の点で一致しているかどうかの確認である。また、ビジネスメトリクスの根拠となる証拠を提供するために、直接測定できないメトリクスの代理となり得る測定しやすいメトリクスについてのアイデアを得ることができる。

ユーザー体験に関する公開されている学術論文では、多くの場合で異なるタイプのメトリクス間の一般的な同等性が確立されている。その一例として、ユーザーが報告した検索タスクの満足度とタスクの持続時間を比較したものがある（Russell and Grimes 2007）。この研究では、大規模に計算できない指標であるユーザー報告からの満足度と大規模に計測できる**持続時間**というメトリクスの相関を示唆しており、持続時間のメトリクスの検証に有用である。

エビデンスの階層に外部データを追加することを考える。例えば、企業はMicrosoftやGoogleなどで発表された研究を利用し、自社でオンラインでのコントロール実験を実行しなくても、レイテンシとパフォーマンスが重要であることを示唆することができる（第5章を参照）。企業は自社プロダクトの具体的なトレードオフを理解するために独自の実験を行う必要があるが、そのようなリソースを持たない小規模な企業の場合、プロダクトのおおまかな方向付けとそこへの投資は外部データに基づくだろう。

外部データは、自社と競合他社との比較についての競合調査にもなり、社内のビジネスメトリクスのベンチマークを提供し、何が達成可能なものかの理解にも有用である。

注意点としては、サンプリングをコントロールしたり、分析に使用した正確な方法を知っているわけではないので外部データの絶対数が必ずしも有用とは限らない。とはいえ、傾向、相関、メトリクスの生成と検証にとっては良いユースケースとなる。

まとめ

ユーザーに関するデータを収集する方法はたくさんあるが、問題は、どの方法を使うかということである。大部分の場合、これはあなたの目的に依存する。特定のユーザー体験を測定する方法を見つけたいか、メトリクスを検証か、などによって変わる。例えば、そもそもどのようなメトリクスを収集すべきか見当がつかない場合に

[*2] 訳注：それぞれインターネット上でのトラフィックについての統計を提供する会社。

は、ユーザー体験の調査研究やフォーカスグループのような、より詳細かつ定性的なブレインストーミング型の方法がよく機能する。サイト上でデータを取得する方法がない場合は、アンケート調査が有効である。メトリクスの妥当性を確認するためには、外部データや観察分析が有効である。

これらの手法にはすべて、異なるトレードオフがある。まず、どのくらいの人数からデータを収集できるかを考慮する必要がある。これは結果の一般化可能性に影響を与える。ユーザー数は、どのような種類の詳細情報が得られるかとのトレードオフになることがよくある。例えば、ログには通常、ユーザーの行動は大まかに記録されているが、ユーザーが特定の行動をした「理由」は得られない。一方、ユーザー体験の調査研究のフィールド研究ではその理由が得られるだろう。今が、プロダクトのサイクルのどこにいるのかということも考慮に入れる必要がある。プロダクトが初期の段階では、テストすべきアイデアが多すぎるため、フォーカスグループやユーザー体験の調査研究などの定性的な方法がより意味を持つかもしれない。そして、定量的なデータが得られるようになってくると、観察研究や実験がより意味を持つようになる。

最後に、複数の方法を使用して、より正確な測定に向けて三角測量を行い、エビデンスの階層を確立することで、よりロバストな結果が得られることを覚えておいてほしい (Grimes, Tang and Russell 2007)。どの方法も他の方法の結果を完全に再現することはできないため、複数の方法を使用した場合の答えの境界を設定すべきである。例えば、ユーザーがパーソナライズされた製品のリコメンデーションで満足しているかどうかの確認には、満足の兆候を定義する必要がある。そのためには、ユーザー体験の調査研究でユーザーを観察し、パーソナライズされたリコメンデーションを利用しているかどうかを確認し、リコメンデーションが有用であると感じたかどうかについての質問をする。そのフィードバックに基づいて、それらのユーザーの観察データを見て、特定のクリック注文の画面を読む時間が長くなったなど、どのような行動シグナルが見られるかの確認ができる。その後、大規模な観察分析を実行して、小規模なユーザー体験の調査研究によって生成されたメトリクスのアイデアを検証し、全体的なビジネスメトリクスとの相互作用を確認し、さらにより多くのユーザーにリーチするために画面上のアンケートを実施して、リコメンデーションを気に入ったかどうかについての簡単な質問ができる。これに加えて、リコメンデーションを変更する学習のための実験を行うことで、ユーザーの幸福度メトリクスが全体的なビジネスメトリクスとどのように関係しているかをよりよく理解し、OEC を改善することができるようになる。

第 11 章
観察的因果関係研究

浅はかな人は運を信じる。強い人は因果応報を信じる。
— *Ralph Waldo Emerson*

注意を払うべき理由：ランダム化コントロール実験は因果関係を確立するための黄金律であるものの、すべての場合で実施できるわけではない。組織が大量のデータを収集している場合、コントロール実験より信用性は低いものの、因果関係を評価するために観察的因果関係研究が使用できる。オンラインでのコントロール実験が不可能な場合には、可能な実験デザインの選択肢とそれらの共通の落とし穴を理解することが有用である。

コントロール実験が実施できない場合

ユーザーがスマホを iPhone から Samsung 製に乗り換えた場合のプロダクトのエンゲージメントに与える影響や、強制的にサインアウトさせた場合にどのくらいのユーザーが戻ってくるかや、ビジネスモデルの一部にクーポンコードを導入すると収益はどうなるのか、などのこれらすべての質問について答えるためには、変化の因果関係を測定する必要があり、それには介入を受けた母集団の結果と介入を受けていない母集団の結果を比較する必要がある。因果推論の基本的な正体は以下の式で表される (Varian 2016)。

$$\begin{aligned}&\text{Outcome for treated} - \text{Outcome for untreated}\\&= [\text{Outcome for treated} - \text{Outcome for treated if not treated}]\\&\quad + [\text{Outcome for teated if not treated} - \text{Outcome for untreated}]\\&= \text{Impact of Treatment on treated} + \text{Selection bias}\end{aligned}$$

この式は、実際の影響（介入を受けた集団に何が起こるか）と反実仮想での影響（介入を受けていなかったらどうなったか）を比較することが、因果関係を確立するための重要な概念であることを示す (Angrist and Pischke 2009, Neyman 1923, Rubin 1974, Varian 2016, Shadish, Cook and Campbell 2001)。

実験単位を実験群にランダムに割り当てると、第 2 項（選択バイアス）の期待値はゼロになるので、第 1 項は介入群とコントロール群の間で観察された差と一致する。そのため、コントロール実験は因果関係を評価するための黄金律とされている。

しかし、以下のような状況ではコントロール実験が実施不可能なことがあり得る。

- テスト対象の因果関係のある行動が組織のコントロール下にない場合。例えば、iPhone から Samsung Galaxy のスマホに変更したときに、ユーザーの行動がどのように変化するかを理解したいとする。たとえ Samsung であっても、一般的には、ユーザーの選択を制御することはできず、実験のために人々に報酬を支払うと結果を偏らせる。
- 実験単位が少なすぎる場合。例えば、M&A（合併・買収）のシナリオでは、事象が起こる（または起こらない）ことはたった 1 回であり、その反実仮想を見積もることは非常に困難である。
- 介入を受けないコントロール群を確立するさいに、あまりにも大きな機会費用が発生する場合 (Varian 2016)。例えば、ランダム化実験は、スーパーボウルの広告 (Stephens-Davidowitz, Varian and Smith 2017) のようなまれにしか起こらないイベントや、現在の車の購入から 5 年後に新しい車を購入するために Web サイトに戻るかを OEC にした場合など、の測定に時間がかかりすぎる場合には実施困難である。
- 変化のコストが実験のリターンと比べて高価な場合。例えば、特定の期間で強制的にすべてのユーザーをサインアウトした場合のユーザー解約率や、Bing や Google などの検索エンジンに広告を表示しない影響を知りたいといった、実験するには想定される悪影響が甚大な場合がある。
- 実験単位を適切にランダム化できない場合。テレビ広告の価値を評価する場合、視聴者によるランダム化は実質的に不可能である。ペアリングのようなテクニックを使用したデザインされたマーケットエリア（Designated Market Areas：DMA）を使用した場合では、はるかに少ない実験単位（例えば、米国では約 210）でしか結果が得られず、それ故に統計的検出力が低くなる (Wikipedia contributers, 多重比較問題 2019)。
- 実験内容が、倫理に反する、あるいは違法なものである場合。例えば、有効と思われる医学治療を保留するなど。

上記のような状況では、多くの場合、エビデンスの階層の低い複数の方法、つまり小規模なユーザー体験の調査研究、サーベイ、観察研究など、複数の方法を用いて質問に答えることで効果を推定することが最善のアプローチとなる。これらのいくつかの手法の紹介については、第10章を参照。

本章では、観察研究から因果関係を推定することに焦点を当て、これを**観察的因果関係研究**（Observational Causal Study）と呼ぶことにする。Shadish et al. (2001) のようないくつかの書籍では、実験単位への操作がない研究を指して**観察的（因果関係）研究**という用語を用いており、実験単位が実験群に割り当てられているが、割り当てがランダムではない研究を**準実験的計画**と呼んでいる。追加情報については、Varian (2016) および Angrist and Pischke (2009, 2014) を参照。観察的因果関係研究を、より一般的な観察的、またはレトロスペクティブなデータ分析と区別していることに注意。どちらも過去のログデータ上で実行されるが、観察的因果関係研究のゴールは、できるだけ因果関係のある結果に近づくことである。一方、第10章で議論されているレトロスペクティブなデータ分析は、分布の要約、特定の行動パターンがどの程度一般的かの確認、可能なメトリクスの分析、対照実験でテストすべき仮説を示唆する興味深いパターンの探索などといった、観察的因果関係研究とは異なるゴールを持っていることに注意。

観察的因果関係研究の実験計画

観察的因果関係研究の実施のためには以下の問いに答える必要がある。

- 比較のためのコントロール群と介入群をどのように作るか。
- それらのコントロール群と介入群への影響をどのようにモデル化するか。

分割時系列分析

分割時系列（Intempted Time Series：ITS）は、介入をランダム化することができないが、介入するかしないかはコントロールできる準実験計画の一種である。ITS は、コントロール群と介入群に同じ母集団を使用し、母集団が時間の経過とともに何を経験するかを変化させる実験計画のことを指す。

具体的には下記の手順をとる。介入前に時系列で観測された複数の測定値を用いて、介入後におけるメトリクスを推定するモデルを構築し、それを反実仮想とする。介入後、複数の測定値が得られ、関心のあるメトリクスの実際の値とモデルによって予測された値との間の差の平均を介入の影響と推定する (Charles and Melvin 2004, 110)。単純な ITS の拡張の1つは、介入の実施と非実施を複数回繰り返すことである。例えば、警察のヘリコプターによる監視が民家への泥棒に与える影響を、数ヶ月間に渡り監視の実施と非実施を何度か繰り返しながら、複数回介入することで推定された。この結果、ヘリコプターによる監視が実施されるたびに窃盗の件数は減少し、監視をやめるたにび窃盗の件数は増加することが示された (Charles and Melvin 2004)。オンラインでの同様の例では、検索関連サイトの訪問にオンライン広告の影響を調べるといったものがある。影響を推論するためには高度なモデリングが必要であることに注意。ITS のオンラインの例としてベイズ構造時系列分析 (Charles and Melvin 2004) がある。

観察的因果関係研究の共通の問題点は、実際には交絡効果[*1]がある場合に、交絡効果を変化に帰結させないようにすることである。ITS で最も一般的な交絡因子は、異なる時点での比較が行われることによる時間ベースの効果である。季節性は明らかな例だが、その他の背後にあるシステムの変化も交絡の原因となり得る。複数回の変更を行ったり来たりすることで、その可能性を減らすことができる。ITS を使用するさいのもう 1 つの懸念事項は、ユーザー体験にある。ユーザーが自分の経験が前後に反転していることに気づいた場合、その一貫性の欠如がユーザーを不快にさせる可能性があり、その影響は変更によるものではなく、むしろ一貫性の欠如によるものの可能性がある。

インターリーブ実験

インターリーブの実験計画は、検索エンジンや Web サイトでの検索などのランキングアルゴリズムの変更を評価するために使用される (Chapelle et al. 2012, Radlinski and Craswell 2013)。インターリーブ実験では、2 つのランキングアルゴリズム、X と Y を用意する。アルゴリズム X は結果 $x_1, x_2, \ldots, x_n$ の順に表示し、アルゴリズム Y は結果 $y_1, y_2, \ldots, y_n$ を表示するとする。インターリーブ実験では、$x_1, y_1, x_2, y_2, \ldots, x_n, y_n$ のように結果を混在させ、重複した結果は削除する。アルゴリズムを評価する 1 つの方法は、2 つのアルゴリズムからの結果の CTR を比較することである。これは強力な実験計画であるが、結果が均質に表示されなければならないため、適用可能性に制限がある。よくあるように、最初の結果がより多くのスペースを占有したり、ページの他の領域に影響を与えたりすると、複雑な問題が生じる。

回帰不連続デザイン

回帰不連続デザイン（Regression Discontinuity Design：RDD）は、介入の母集団を決めるさいに明確なしきい値がある場合に使用できる方法論である。そのしきい値に基づいて、しきい値のすぐ下にある母集団をコントロール群とし、しきい値のすぐ上にある母集団を介入群として比較することで、選択バイアスを低減することがで

[*1] 訳注：統計用語。観測された事象同士では直接因果関係がなく、観測されていない因子が観測された事象の原因である場合の影響のこと。交絡効果がある場合はデータ上では観測された事象同士がさも因果関係があるかのように見えてしまう。

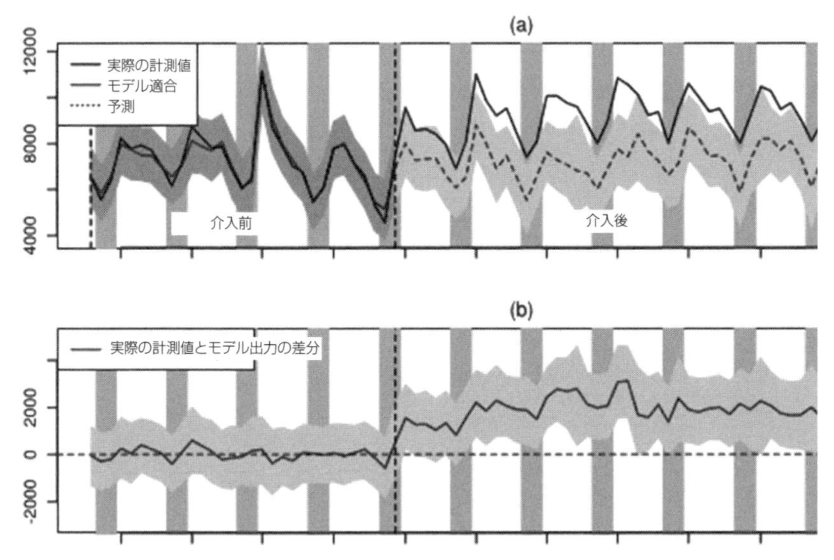

図 11.1 ● ベイズ構造時系列 (Charles and Melvin 2004) を用いた分断時系列（ITS)。(a) は、介入前の期間におけるモデル適合を示し、実線は実際の計測値、破線は予測された反実仮想を示す。x 軸は日で、影付きの縦棒は週末を示す。(b) は、実際と予測の間の差分を示す。良いモデルが作られていたならば、これは介入効果の推定値とみなせる。週末は灰色で網掛けされている

きる。

例えば、奨学金の支給では、惜しくも支給されなかった支給者に近かった人が容易に特定できる (Thistlewaite and Campbell 1960)。参加者が自分が介入されるか否かに影響を与えることができる場合は、仮定違反となる。例えば、奨学金を 8 割以上の成績の人に支給する場合、ギリギリ 8 割に満たなかった人をコントロール群として仮定できる。この仮定は、被験者が自身の介入に影響を与えることができる場合に違反となる。例えば、介入が合格点以上に適用されるにもかかわらず、学生が教師を説得して「慈悲のパス」を受けることができた場合などである (McCrary 2008)。RDD を使用した例として、飲酒が死亡に与える影響を評価した例がある。21 歳以上の米国人は合法的に飲酒ができる。そして誕生日別の死亡者数を確認する。図 11.2 に示すように「死亡リスクは 21 歳の誕生日とその直後に急増し、1 日当たり約 150 人の死亡の基準のレベルからさらに約 100 人死亡者が増加しています。21 歳での急増は、一般的な派手なバースデーパーティ効果ではないように思われます。もしこの急増が誕生日パーティだけを反映しているのであれば、20 歳や 22 歳の誕生日の後にも死亡者数が急増すると予想すべきですが、そうはなっていません」(Angrist and Pischke

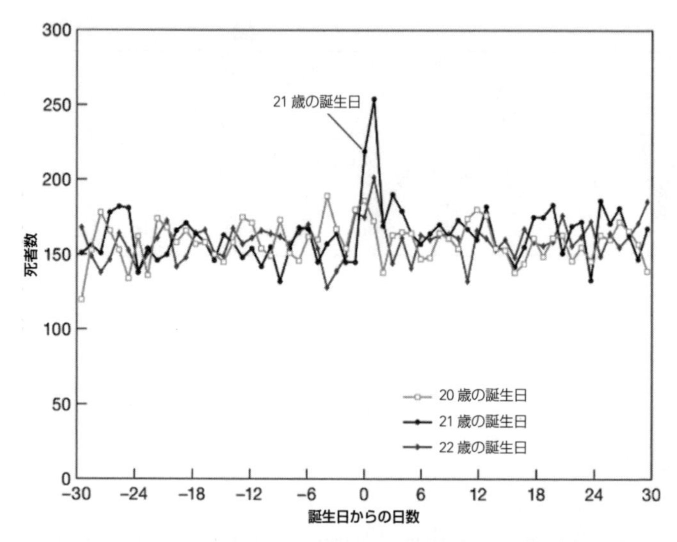

図 11.2 ● 20 歳、21 歳、22 歳の誕生日における死亡数と誕生日からの日数の比較 (Angrist and Pischke 2014)

2014) と結論付けることができる。

上記の例のように、1 つの重要な問題は、再び交絡因子である。RDD では、しきい値の不連続性は、同じしきい値を共有する他の要因によって汚染される可能性がある。例えば、21 歳という法定年齢をしきい値として選択したアルコールの影響の研究は、21 歳という年齢が合法的なギャンブルのしきい値でもあるという事実によって汚染される可能性がある。

最も一般的な RDD は、スコアを生成するアルゴリズムがあり、そのスコアのしきい値に基づいて何かが起こる場合に適用される。ソフトウェアの世界でのこのようなケースでは、RDD を使用するという選択肢もあるが、これはランダム化コントロール実験やそのハイブリッドも容易に適用できるシナリオであることに注意 (Owen and Varian 2018)。

操作変数と自然実験

操作変数（Instrumental Variables：IV）とは、ランダムな割り当てを近似しようとする手法である。これは自然実験の中で有機的に起こる擬似的なランダムな要因を特定することで行われる (Angrist and Pischke 2014, Pearl 2009)。

例えば、退役軍人と非退役軍人の間の収入の差を分析するためには、ベトナム戦争の徴兵への抽選は軍による個人のランダムな割り当てに近似でき、チャータースクールの座席は抽選で割り当てられているので、いくつかの研究では良いIVになり得る。どちらの例においても、抽選は従軍を保証するものではないが、従軍率に大きな影響を与えている。この効果を推定するために、2段階の最小2乗回帰モデルが一般的に使用される。

時には、「ランダムと同じくらい使える」自然実験が起こることもある。医学では、一卵性双生児は、自然実験として双子研究を実行することを可能にしている (Harden et al. 2008, McGue 2014)。オンラインでは、ソーシャルネットワークやピアネットワークを研究する場合、メンバーにコントロール実験を実行すると、メンバー同士でのコミュニケーションが発生するため、実験の効果が介入群の母集団に限定されない可能性がある。しかし、Tutterow and Saint-Jacques (2019) のように、通知キューとメッセージの配信順序は、エンゲージメントに対する通知の影響を理解するために活用できる自然実験の一種である。

傾向スコアマッチング

もう1つの手法は、共通の混合要因によってユーザーをセグメント化することによって、比較可能なコントロール群と介入群の母集団を構築することである（層化サンプリングと呼ばれる）。このアイデアは、コントロール群と介入群の間の比較が、母集団の混合の変化によるものではないことを確実にすることである。例えば、Windows から iOS に変更したユーザーの影響の外因による変化を調査している場合、単なる母集団の人口統計学的差異による影響でないことの保証を行いたい。

この手法は、共変量に基づいて実験単位をそろえるのではなく、傾向スコアという1つの数値を構築し、それに基づいて実験群間の要因をそろえる傾向スコアマッチング（Propensity Score Matching：PSM）に移行することで、さらに発展させることができる (Rosenbaum and Rubin 1983, Imbens and Rubin 2015)。このアプローチは、オンライン広告キャンペーンの影響評価などで使用されてきた (Chan et al. 2010)。PSM に関する重要な懸念事項は、観測された共変量のみが考慮され、考慮されていない要因は隠れたバイアスをもたらす可能性があるということである。Judea Pearl (2009, 352) は次のように書いた。「ローゼンバウムとルービンは……傾向スコアは“強い無知の条件”の下でしか機能しないと、応用者に警告しています。しかし、彼らが気づかなかったのは、それだけでは人々が認識できない危険に対して警告するには十分ではないということです」。King and Nielsen (2018) は、PSM は「しばしば意図した目的とは逆のことを達成してしまい、その結果、不均衡、非効率、モデル依存、バイアスを増大させてしまう」と主張している[*2]。

[*2] 訳注：PSM によって交絡因子の問題は完全に解決できないにもかかわらず、解決されたものとして解釈されてしまう危険性がある。

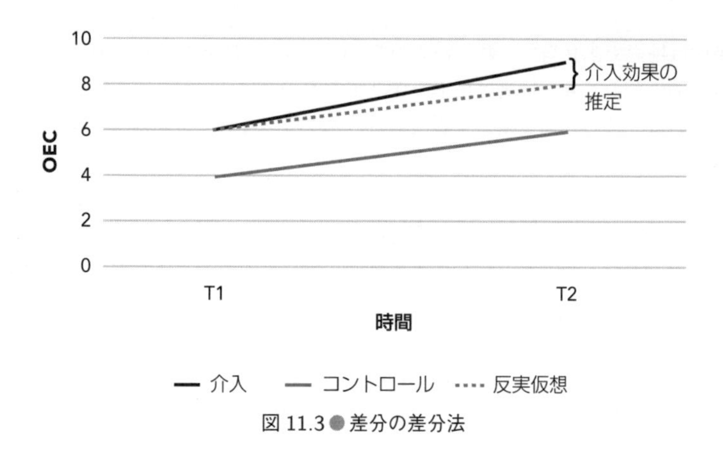

図 11.3 ● 差分の差分法

紹介したこれらの方法のすべてにおいて、交絡因子を考慮しなくてはならない。

差分の差分法

上記の方法の多くは、可能な限り介入群に似ているコントロール群をどのように識別するかに焦点を当てている。一方、差分の差分法（Difference in Difference：DD または DID）は介入の効果を直接測定する方法の 1 つである。これは共通の傾向を仮定して、差の差を介入の影響とみなす手法である。特に「(グループ間で）介入がない場合でも差があるかもしれないが、その差は並行して移動する」(Angrist and Pischke 2014) と仮定できるとき利用可能である。

地理に基づいた実験では、一般的にこの手法が使用される。ユーザーの獲得、エンゲージメント、リテンションを促進するためのテレビ広告の影響を理解したいとする。ある DMA でテレビ広告を実行し、別の DMA と比較する。図 11.3 に示すように、変更は介入群に時間 T1 で行われたとする。介入の直前の T1 と介入後の T2 で測定され、コントロール群の T1 と T2 の間で OEC などの関心のあるメトリクスの差分を確認し、この差分は外部要因（例えば、季節性、経済力、インフレ）を補足したものだと仮定する。この仮定は介入群に介入がなかった場合（反実仮想）の変化とみなす。介入効果は，関心のあるメトリクスの差から、同じ期間におけるそのメトリクスのコントロール群での差を差し引いたものとして推定される。

この方法は、こちらから能動的に変更を行わず、変更が外因によって起こる場合でも適用できる。例えば、ニュージャージー州の最低賃金に変更が加えられたときのファーストフード店の雇用レベルへの影響を研究したい研究者は、多くの特性で一致したペンシルバニア州東部と比較した (Card and Krueger 1994)。

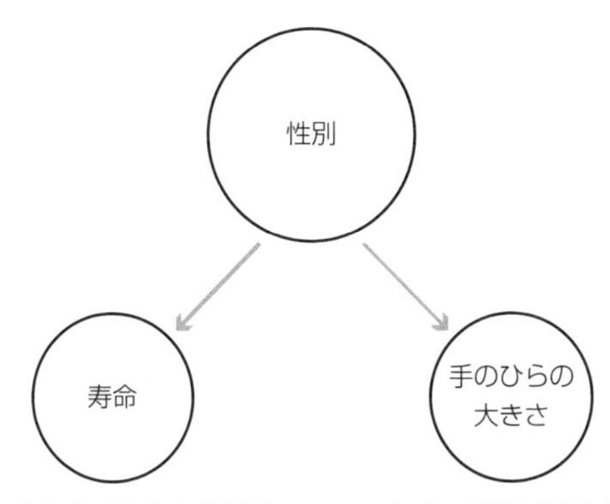

図 11.4● 手のひらの大きさが寿命を予測するのではなく、性別が両方を予測する共通の原因となっている

落とし穴

観察的因果関係研究が最良の選択肢になることもあるが、注意すべき落とし穴も多い（詳細は Newcomer et al. (2015) を参照）。上述したように、どのような手法でも、観察的因果関係研究を実施するさいの主な落とし穴は交絡因子である。交絡因子とは、測定された効果だけでなく、関心のある変化への因果関係の帰属にも影響を及ぼす可能性のある予期せぬ要因の総称である。このような交絡因子のため、観察的因果関係研究では、信用できる結果を得るために多大な注意が必要であり、反証された観察的因果関係研究の例が数多くある（本章の後半の「サイドバー：反論された観察的因果関係研究」と第 17 章を参照）。

交絡因子となるものは、認識されていない**共通の原因**であることが多い。例えば、ヒトの場合、手のひらの大きさは寿命と強い相関関係がある。つまり平均的に手のひらが小さいほど長生きする。しかし、手のひらの小ささと寿命の長さの共通の原因は性別である（図 11.4）。女性は手のひらが小さく、平均して長生きする（米国では約 6 年）[*3]。

別の例として、Microsoft Office 365 を含む多くの製品では、より多くのエラーを表示しているユーザーは、一般的に解約が少ないといったものがある。しかし、より多くのエラーを表示して解約を減らすことは期待できない。極端なヘビーユーザーでは、より多くのエラーが表示され、解約率も低い。関連して、新しい機能を利用して

[*3] 訳注：そのため手のひらの大きさと寿命の間に直接の因果関係はないが、それは性別を計測しない限りわからない。

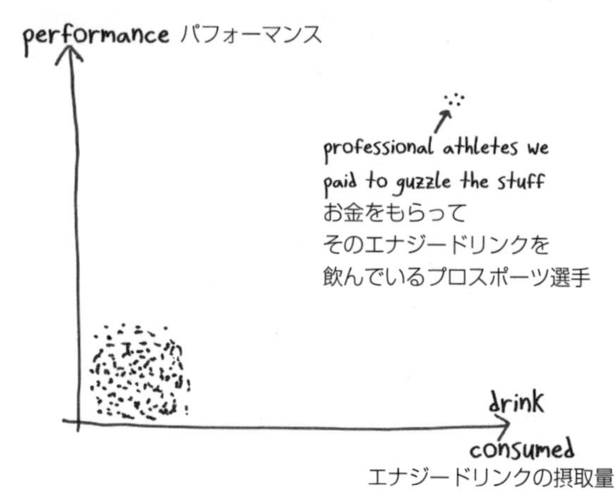

図 11.5●運動能力とエナジードリンクの摂取量の偽りの相関関係。相関は因果関係を暗示するものではない

いるユーザーの解約率が低いこと発見するのは珍しいことではない。これはその機能が解約を減らしていることを示唆しているのか、それとも（もっとありそうな話で）単にヘビーユーザーの解約率が低くより多くの機能を使用する傾向があるということなのか。このような場合、新機能が本当に解約を減らしているかどうかを評価するには、コントロール実験をし、新しいユーザーとヘビーユーザーを別々に分析をすることを推奨する。

もう 1 つの注意すべき落とし穴は、**偽りの相関関係や欺瞞（ぎまん）的な相関関係**である。例えば、図 11.5 のように、マーケティング会社が自社のエナジードリンクは運動パフォーマンスと高い相関があると主張し、因果関係をほのめかす。「当社のエナジー製品を飲めば、運動パフォーマンスは向上します」(Orlin 2016)。

みせかけの相関関係は、ほとんどの場合で発見される (Vigen 2018)。多くの仮説を検証し、上記の例のように因果関係の主張を否定する知見がない場合、私たちはそれを信じてしまう傾向がある。例えば、誰かが「毒グモに殺された人と強い相関関係を持つ因子（$r = 0.86$）を見つけました」と教えてくれたとしたら、その情報を信じて行動したくなるかもしれない。しかし、図 11.6 に示されているように、スペリング・ビー[*4]の全国大会の単語の長さと死亡者数の間の相関のことだと気づくと、毒グモに殺された人を減らすためにスペリング・ビーの全国大会の単語の長さを短くしてほしいという要求を非合理的なものとしてすぐに拒否できる。

[*4] 訳注：英語の綴りを正確につづれるかを競う大会。

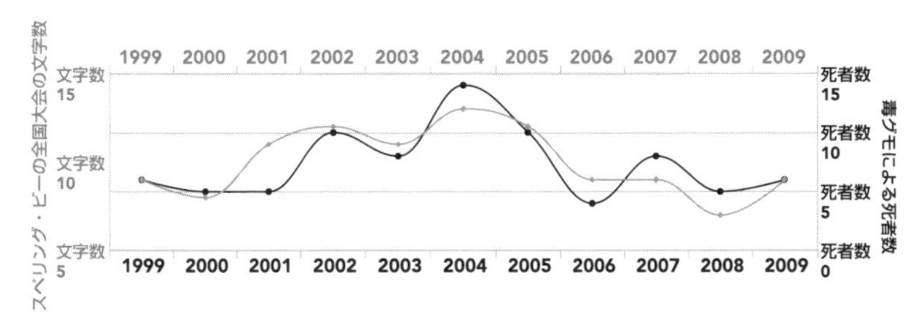

図 11.6● 毒グモによる死者数とスクリップス・ナショナル・スペリング・ビーの全国大会での文字数との間のみせかけの相関関係

どんなに注意を払っても、観察的因果関係研究に含まれていない他の要因が結果に影響を与えることがない、という保証は絶対にできない。因果関係を確立するために比較対象となる反実仮想を導き出そうとする準実験的手法は、多くの単純な仮定を行う（いくつかの仮定は暗黙にされる）必要があり、そのどれかが間違っている可能性がある。誤った仮定は内部妥当性の欠如につながり、仮定とそれがどの程度制限されているかによっては、研究の外部妥当性にも影響を与える。第 1 章で述べたように、直感を養うことは、これらの仮定の質を向上させるのに役立つが、直感は潜在的な問題すべてを緩和するものではない。したがって、因果関係を確立するための科学的な黄金律は、やはりコントロール実験である。

サイドバー：反証された観察的因果関係研究

観察データ（コントロールされていない）から因果関係を主張するには、検証が不可能かつ容易に違反しうる複数の仮定が必要となる。多くの観察的因果関係研究は、後にランダム化コントロール実験によって実証されているが、反論される研究もある (Concato, Shah and Horwitz 2000)。Ioannidis (2005) は、非常に引用された 5 つの研究の主張を再評価した。彼の研究に含まれている 6 つの観察的因果関係の研究のうち、5 つで追試に失敗した。Stanley Young and Alan Kan (2019) は、観察的因果関係研究（すなわち、コントロールされていない）を用いて有意であることが示された医学的仮説からの発表結果を、より信頼性が高いと考えられるランダム化臨床試験と比較した。52 件の論文のうち 12 件では、ランダム化コントロール実験では再現しなかった。さらに、52 例中 5 例では、観察的因果関係研究とは逆の方向に統計的に有意であった。彼らは「観察的研究からくるすべての主張は間違っている可能性が高い」と結論付けた。

オンライン広告の効果を測定を別の例として取り上げる。オンライン広告がブランド活動の増加、あるいはユーザーのエンゲージメントのいずれかにつながったかどうかを知りたいとする。介入（広告）の効果（ユーザーのサインアップやエンゲージメント）は、通常、別のサイトでの活動であるため、多くの場合、観察的因果関係の研究が介入の効果を測定するために必要とされる。Lewis, Rao and Reiley (2011) は、コントロール実験と相対的な観察的因果関係の研究によって推定されるオンライン広告の効果を比較した。その結果、観察的因果関係の研究が大幅に効果を過大評価していることを発見した。彼らは 3 つの実験を実行した。

まず、ユーザーに広告（ディスプレイ広告）を表示させ、「その広告に表示されているブランドに関連するキーワードで検索するユーザーの増加（リフト）はどのくらいかを推定した。コントロール変数を用いた 3 つの回帰分析を含む 5 千万人のユーザーを対象にしたいくつかの観察的因果関係の研究を使用し推定したリフトは 871% から 1198% の範囲であった。この推定上昇率は、コントロール実験により測定された上昇率 5.4% と比べて桁違いに高くなっていた。交絡因子は、そもそも Yahoo! を訪問するユーザーの共通の原因であった。Yahoo! を訪問するユーザーは、同じ日にディスプレイ広告を見て、Yahoo! 検索も行う可能性も高い。そのため広告露出と検索行動との間に非常に高い正の相関があり、ディスプレイ広告は検索の原因とみなせる影響がさほどなかった。

次に、ユーザーに動画を見せて、それがアクティビティの増加につながるかどうかを調査した。ユーザーは Amazon Mechanical Turk を介して募集され、半分のユーザー（介入群）には Yahoo.com のサービスを促進する 10 秒のビデオ広告を表示し、もう半分のユーザー（コントロール群）には政治的なビデオ広告を表示した。この実験の目標は、動画を見せることで Yahoo! での活動が増加したかどうかを測定することだった。2 種類の分析を行った。片方は 20 秒の Yahoo! 広告を表示した前後の介入群に対する観察的因果関係研究の方法論、もう片方は広告を見た後の 2 つの実験群の活動を比較するコントロール実験の方法論を用いた。観察因果関係研究の方法論は 350% も広告の効果を誇張した。ここで、共通の交絡因子は、特定の日に Amazon Mechanical Turk でアクティブであることが、実験に参加する確率と Yahoo! での活動を増加させることだった。

最後に、Yahoo!で、(競合他社の) 広告を見たユーザーがその日に競合他社のWebサイトに登録しやすくなるかを測定することを目的とした広告キャンペーンを実施した。観察的因果関係研究を用いた調査では、広告を見たユーザーを広告を見た日の1週間前と比較した。コントロール実験の手法では広告を表示しなかったYahoo!に来たユーザー (コントロール群) と、同じ日にYahoo!に来て競合他社の広告を見たユーザー (介入群) を比較した。観察的因果関係研究では、広告を表示した日にYahoo!に来たユーザーは、その1週間前に比べて、広告を表示した日に競合他社のサイトに登録する可能性が高くなった。しかし、コントロール実験の方の結果では、コントロール群と介入群の両方でほぼ同じ上昇が観察された。この結果は、以前に説明した解約とエラーについての議論と似ている。よりアクティブなユーザーほど、単に幅広い活動を行う可能性が高いということである。アクティビティを要因として使うことは、一般的に重要である。

これはあくまでも1つの話であり、1つの比較でしかない。より最近の比較研究でも、観察的因果研究はオンラインでのコントロール実験よりも精度が低いことを示している (Gordon et al. 2018)。`https://bit.ly/experimentGuideRefutedObservationalStudies` では、未確認の共通原因、時間に敏感な交絡因子、母集団の違いによる外部妥当性の欠如などの、さらに多くの例やストーリーをオンラインで提供している。観察的因果関係の方法論を採択するさいは、十分に注意が必要である。

第 IV 部

【発展的内容】実験のプラットフォームの開発

第 IV 部は第 4 章から発展させた内容であり、実験プラットフォームの開発についてエンジニアやデータサイエンティストを対象とした 5 つの短い章で構成されている。ここで議論される問題は実験設計や実験解析のためのデータ品質に影響を与える可能性があるため、プロダクトマネージャーも問題の理解はしておく必要がある。

本書では、議論を簡単にするために、主にサーバーサイドでの実験に焦点を当ててきた。しかし、シンクライアントやモバイルアプリやデスクトップアプリなど、実験をクライアントサイドで実行する必要がある場合も多い。第 12 章「**クライアントサイドの実験**」では、**クライアントサイドでの実験**を実行するさいに考慮すべき点を述べる。

次の 2 つの章は、自組織がどの実験成熟度フェーズにあるかによらない基礎となる内容を扱う。

まず、信用できるオンラインでのコントロール実験を実行するためには、高品質の**計測装置**が必須条件である。計測装置がなければ、実験を分析するためのデータやメトリクスを得ることはできないし、システムの基準となる性能を決定することさえできない。第 13 章「**計測装置**」では、計測装置の実験の文脈においての重要な点について説明する。

本書では簡単のために**ユーザー**をランダム化単位としていたが、**セッション**や**ページ**などの他の選択肢もあり得る。**ランダム化単位の選択**は、一般的にシステムに深く組み込まれており、ユーザーエクスペリエンスと分析の妥当性の両方に影響を与える。第 14 章「**ランダム化単位の選択**」では、使用できるさまざまな選択肢を説明し、その中からどのように選択べきかについてのガイドラインを提供する。

実験をスケールするさいは、必要な検討事項が増える。

まず、実験の拡大を原理原則に従ってコントロールすることが非常に重要である。第 15 章「**実験対象の拡大 ～スピードと品質とリスクのトレードオフ～**」でこのことについて議論する。

最後に、拡大可能な自動化されたデータ解析パイプラインもまた、実験のスケールには非常に重要である。第 16 章「**実験の分析のスケール**」では、データの処理、計算、表示など実験のスケールに必要な共通のステップを提供する。

第12章 クライアントサイドの実験

理論上での理論と実践の差よりも、実践上の理論と実践の差の方が大きい。
— *Jan L.A. van de Snepscheut*

注意を払うべき理由：実験は、Web ブラウザのようなシンクライアントでも、ネイティブのモバイルアプリやデスクトップのクライアントアプリのようなシッククライアントでも行うことができる。Web ページの変更は、フロントエンドかバックエンドかにかかわらず、サーバーによって制御される。ここがシッククライアントとは大きく異なる点である。モバイル利用の爆発的な増加に伴い、モバイルアプリ上で実行される実験も増えてきている (Xu and Chen 2016)。リリースプロセスやインフラ、ユーザーの行動などでのシンクライアントとシッククライアントの違いを理解することは、実験の信用性を保証する上で有用である。

本書の大部分では議論をシンプルにするために、シンクライアントを仮定した実験の実行について述べてきた。この章では、シッククライアントでの実験の実行するさいの、シンクライアントでの実験との違いと意味合いについて議論する。

サーバーサイドとクライアントサイドの違い

用語を簡単にするために、シッククライアント内で行われる実験変更を「クライアントサイド実験」と呼ぶ。また、サーバーサイドで行われる実験変更を「サーバーサイド実験」と呼ぶ。

オンライン実験に影響を与えるサーバーサイドとクライアントサイドの違いは、リリースプロセスとデータ通信の 2 つである。

違い1：リリースプロセス

オンラインのWebサイトでは、新機能のリリースが継続的に、時には一日に何度も行われることが一般的である。変更は組織的に管理され、サーバーサイドのコードの更新は継続的なインテグレーションとデプロイメントの一環として比較的簡単に行うことができる。ユーザーがサイトにアクセスすると、サーバーはエンドユーザーの体験を中断することなく、データ（HTMLなど）をブラウザにプッシュする。コントロール実験では、ユーザーに表示される実験群はサーバーによって完全に管理されており、エンドユーザーからのアクションは必要ない。表示するボタンの色は赤か黄か、新しく刷新されたホームページを表示するかどうか、これらの変更はすべて、サーバーサイドでのデプロイ後に瞬時に反映される。

一方、クライアントアプリでは、Facebookアプリに表示されるフィードコンテンツなど、多くの機能がサービス、つまりサーバー側のコードから影響を与えることができる。これらの機能に影響を与える変更は、上記のWebページの場合と同様のリリースプロセスに従う。実際、サービスに頼れば頼るほど、異なるクライアント間での一貫性とアジリティの両方の点で、実験が容易になる。例えば、Bing, Google, LinkedIn, Officeの多くの変更はサーバーサイドで行われ、Webクライアントでもモバイルアプリのような大規模なクライアントでも、すべてのクライアントに影響を与えている。

しかし、クライアント自体にはかなりの量のコードが含まれる。このコードに変更を加えるさいは、さきほどとは別の方法でリリースする必要がある。例えば、モバイルアプリでは、開発者はデプロイとリリースのサイクルを完全にコントロールすることができない。リリースプロセスには、アプリの開発元（例：Facebook）、アプリストア（例：Google PlayやApple App Store）、エンドユーザーの3者が関与している。

コードの準備ができたらレビューを受けるために、アプリの開発元はビルドした成果物をアプリストアに提出する必要がある。ビルドがレビューに合格し（数日かかることもある）、すべての人に公開したとしても、アプリにアクセスしたすべてのユーザーが新しいバージョンを持つことになるわけではない。ユーザーは古いバージョンを使い続けながら、アップグレード（新しいバージョンを取得する）を遅らせるか、あるいは無視するかを選択できる。エンドユーザーの中には、アップデートまでに数週間かかる人もいる。アップデートを望まない一部の企業では、ユーザーのアップデートを許可しない場合すらある。

Exchangeなどのソフトウェアの中には、承認されていないサービスの呼び出しが制限されているソブリンクラウド（sovereign clouds）で動作する場合がある。これらのことから、アプリの開発元は複数のアプリのバージョンをサポートしなければならないことを意味する。同様の課題は、独自のリリースメカニズムを持つネイティブデスクトップクライアント（Office, Adobe Acrobat, iTunes など）にも存在する。

現在、Google Play と Apple App Store の両方が段階的なロールアウトをサポートしていることは注目に値する（Apple, Inc. 2017, Google Console 2019）。どちらも、アプリの開発元が新しいアプリを一部のユーザーのみに利用可能にし、何か問題が発見された場合に一時停止することを可能にしている。段階的なロールアウトは、対象となるユーザーがランダムに選ばれるため、基本的にはランダム化された実験である。残念ながら、アプリの開発元にはどのユーザーが新しいアプリを受け取る資格があるか知らされないため、これらのロールアウトはランダム化実験として分析できない。アプリの開発元は、誰が新しいアプリを利用したかだけを知っている。この問題について、本章の後半で詳しく説明する。

アプリの開発元は、新しいクライアントバージョンを頻繁にプッシュしたくないだろう。新しいバージョンをリリースできる回数に厳密な制限はないにしても、各アップデートはユーザーのネットワーク帯域幅を犠牲にし、潜在的にユーザーに迷惑をかける可能性がある（ユーザー側のアップデートと通知の設定に依存）。Windows や iOS は、いくつかのアップデートでは再起動を必要とするため、それほど頻繁にアップデートできないものの良い例である。

違い 2：データ収集方法

ユーザーの手に渡った新しいアプリはサーバーと通信する必要がある。クライアントはサーバーから必要なデータを取得する必要があり、クライアントで何が起こっているかのデータをサーバーに渡す必要がある。クライアントサイドの全般的な計測装置については第 13 章を参照。技術の飛躍的な向上に伴い、ネットワーク接続やデバイスの能力が向上し、モバイルとデスクトップの間の格差が小さくなってきていることには注意（モバイルを意識するとわかりやすい）。

まず、データ接続について述べる。クライアントとサーバーの間のデータ接続は制限されたり、遅延したりする。

- **インターネット接続。** インターネット接続は、信頼性が低く安定しない場合がある。国によっては、ユーザーが何日もオフラインになることもある。通常はオンラインになっているユーザーでも、飛行機の中ではインターネットにアクセスできず、携帯電話や Wi-Fi ネットワークが利用できない地域に一時的に滞在することもある。その結果、サーバーサイドでのデータ変更が、これらのクライアントにプッシュされない場合があり得る。同様に、クライアントサイドでのデータ収集は、サーバーへの送信が遅れる可能性がある。これらの遅延の程度は国や人口統計学によって異なるため、計測装置や下流の処理ではこれらの要因を考慮する必要がある。

- **携帯電話のデータの帯域幅。**ほとんどのユーザーの携帯電話のデータプランは制限があるため、データをアップロードするタイミングを、ユーザーが Wi-Fi 利用時だけにすべきか、それとも任意のタイミングですべきかという問題がある。ほとんどのアプリは Wi-Fi 利用時のみにテレメトリ[*1]を送信することを選択しているため、それらデータのサーバーサイドでの受信は遅れる。また、国によっては、帯域幅やコストなどの点で他の国よりもモバイルのインフラが弱い国もあるため、国ごとに不均一性がある場合もある。

  データ接続自体が制限される可能性があるだけでなく、接続が良好であっても、ネットワークを使用することでデバイスのパフォーマンス、ひいてはアプリへのユーザーのエンゲージメントに影響を与えることが以下の観点で起こり得る (Dutta and Vandermeer 2018)。
- **バッテリー。**データ通信の増加はバッテリー消費量の増加を意味する。例えば、アプリはより多くのテレメトリを送信するために頻繁にスリープ状態から目覚めるが、それはバッテリー消費に影響を与える。さらに、低バッテリーモードのモバイルデバイスでは、アプリができることに制限がかかる (Apple, Inc. 2018)。
- **CPU、レイテンシなどのシステムパフォーマンス。**現在では多くのモバイルデバイスがミニコンピュータのように振る舞っているにもかかわらず、CPU パワーに制約がある低スペックのモバイルデバイスがまだ存在する。デバイス上で頻繁にデータを集約し、サーバーとの間でデータを行ったり来たりしていると、アプリの応答性が悪くなり、アプリ全体のパフォーマンスが悪化し得る。
- **メモリとストレージ。**キャッシュはデータ通信を減らすための 1 つの方法だが、アプリのサイズに影響を与え、アプリのシステムパフォーマンスへの悪影響やアプリのアンインストールの増加を促すことがある (Reinhardt 2016)。これは、メモリとストレージが少ない低スペックのデバイスを使用するユーザーにとっては、より大きな懸念事項となる。

通信帯域幅とデバイスのパフォーマンスはすべて同じデバイスエコシステムの一部であり、トレードオフの関係にある。例えば、セルラーデータ[*2]を多く使用することで、インターネット接続の安定性が高まる。一方、デバイス上での計算と集計に多くの CPU を使用するとサーバーとの通信を減らせることがある。これらのトレードオフは、クライアントサイドで何が起こっているかの可視性と、ユーザーのエンゲージメントと行動（第 5 章のスピードに関する内容も参照）の両方に影響を与える可能性があり、実験しがいがある領域であると同時に、結果の信用性を高めるために注意が必要な領域でもある。

[*1] 訳注：遠隔地から収集される稼働状況などのデータのことを指す言葉。

[*2] 訳注：3G や 4G といった通信。

実験に関連する事項

関連事項 1：変更箇所を早期に予測し、パラメータ化しておく

クライアントのコードはエンドユーザーに簡単に届けられないため、クライアントサイドの変更に関するコントロール実験は慎重に計画する必要がある。つまり、すべての実験のすべての実験群を、事前にアプリのビルドでコード化し送る必要がある。既存の実験群のバグ修正を含む新しい実験群は、次のリリースまで待たなければならない。例えば、Microsoft Office での典型的な毎月のリリースでは、安全なデプロイを保証するために数百もの機能のロールアウトをコントロールしながらローンチする。これに関連する事項が 3 つある。

1. 特定の機能が完成する前に新しいアプリがリリースされることがある。その場合、それらの機能は機能フラグ（feature flags）と呼ばれる設定パラメータによって制御され、デフォルトで機能はオフになっている。このようにしてオフにされた機能は、ダークフューチャー（dark features）と呼ばれる。サーバーサイドでのサービスの準備ができ機能が完成すると、機能をオンにできる。
2. サーバーサイドから設定できる機能を多数ビルドする。A/B テストによる評価が可能となり、コントロール実験によるパフォーマンスの測定に有用なだけでなく、セーフティネットにもなる。つまり、ある機能がうまく動作しなかった場合、クライアントサイドのゆっくりとしたリリースサイクルを経ることなく、その機能（コントロール実験の実験群）をシャットダウンすることで即座に元の状態に戻せる。これにより、エンドユーザーが次のリリースまでの何週間も不具合のあるアプリを使う羽目にならずに済む。
3. より考慮されたパラメータ化によって、クライアントサイドのリリースなしに新しい実験群を作成可能にする。この方法は柔軟性が高く、広く用いることができる。これはクライアントサイドに新しいコードを簡単にプッシュできなくても、クライアントサイドに新しい設定のパラメータを渡すことができ、かつクライアントがその設定を解析する方法を理解していれば、効果的に新しい実験群を作成できる。例えば、一度にサーバーから取得するフィードアイテムの数を実験してみたいとする。最善の数を推測し計画した数をクライアントのコードにベタ書きして実験することもできるが、その数値をパラメータ化して、リリース後に自由に実験することもできる。Windows 10 では、タスクバーの検索ボックスのテキストをパラメータ化し、ローンチから 1 年以上経ってから実験を行った。その結果、ユーザーのエンゲージメントと Bing の収益が数百万ドル増加する結果が得られた。もう 1 つの一般的な例は、サーバーから機械学習モデルのパラメータを

更新することで、時間の経過とともにモデルを調整可能にすることである。

すべてのユーザーで起動される前にアプリの新機能をテストすることがユーザー体験のためには最善だが、ダークフューチャーにできる機能はアプリストアによって制限が課せられている場合がある。アプリストアのポリシーをよく読み、ダークフューチャーであることを適切に開示することを推奨する。

関連事項 2：ロギングの遅延と実験が有効な期間を予期する

クライアントとサーバーとの間のデータ通信の制限や遅延は、データの計測を遅らせるだけでなく、実験の開始時刻そのものを遅らせることにもなり得る。まず、新しいアプリのバージョンでクライアントサイドの実験の実装を届ける。そうすれば、ごく一部のユーザーを対象に実験を有効化できる。しかし、下記の理由から実験は完全には有効化されない。

- ユーザーデバイスは、デバイスがオフラインであるか、帯域幅が限られているか低い状況にあるために、新しい実験構成を取得できない場合があり、新しい構成をプッシュすると、コストの増加やユーザー体験の低下につながる可能性がある。
- ユーザーがアプリを開いたときにのみ新しい実験設定が取得される場合、現在のセッションを開始した後にユーザー体験を変更したくないため、次のセッションまで新しい実験割り当てが有効にならないことがあり得る。1 日に複数のセッションを行うヘビーユーザーの場合、この遅延はわずかだが、1 週間に 1 回のペースで利用するライトユーザーの場合は実験開始が 1 週間遅れる。
- 特に新しいアプリのリリース直後は、新しい実験コードがない古いバージョンが多数存在し得る。私たちの経験によると、ユーザーの人口やアプリの種類によって大きく異なるが、安定するまでに 1 週間程度かかる。

実験開始時間とサーバーに到着する計測の遅延は、特に分析がリアルタイムに近いなどの時間に敏感な場合に、実験の分析に影響を与える。実験開始直後の結果は弱い（サンプルサイズが小さいため）ように見える。また、頻繁に使用するユーザーや早期に実験開始される Wi-Fi ユーザーに偏った結果が見える。したがって、これらの遅延を考慮して実験期間を延長する必要があり得る。もう 1 つの重要な考慮事項は、コントロール群と介入群では有効な開始時間が異なる可能性についてである。実験プラットフォームによっては、複数の実験でコントロール群を共有することがあるが、その場合のコントロール群は介入群の前から有効化されており、選択バイアスのためにユーザー集団が異なる。さらに、コントロール群がより早く開始されると、キャッシュが効果的に効くようになり、サービスリクエストへの応答が速くなるといった追加のバイアスが発生することがあり得る。これらのことから、コントロール群と介入群を比較する期間は慎重に選択する必要がある。

関連事項3：オフラインまたは実験開始時のフェイルセーフの仕組みを作る

ユーザーがアプリを開いたとき、端末がオフラインの場合がある。実験の一貫性のために、端末が次のアプリを開いたときにオフラインの場合を備え、実験の割り当てをキャッシュしておく必要がある。また、割り当てを決定するための必要な設定でサーバーが応答しない場合は、実験用のデフォルトの実験群を用意しておくべきである。また、アプリの中にはOEM（Original equipment manufacture）契約で配布されているものもある。このような場合、最初に実行する実験はユーザー体験を損なわないためにも適切に設定する必要がある。これには、次の起動にしか影響しない設定の取得や、ユーザーがサインアップやログインの前後でも安定したランダム化IDを設定することなどが含まれる。

関連事項4：実験割り当てをトリガーにした分析のために、どの実験群に割り当てられたかをクライアントサイドでトラッキングする仕組みを作る

クライアントサイドの実験でトリガー分析を有効にするには、さらに注意が必要である。例えば、トリガー情報を取得する1つの方法は、実験が使用されたときに追跡データをサーバーに送信することである。しかし通常は、クライアントからサーバーへの通信を減らすために、実験の割り当て情報は一度に（例えば、アプリの開始時に）取得され、実験がトリガーされているかどうかに関係なく実行される（第20章も参照）。トリガー分析のためにフェッチ時のトラッキングデータに依存すると、過剰なトリガーが発生する。この問題に対処する1つの方法は、機能が実際に使用されたときに実験割り当て情報を送信することである。つまり、クライアントから実験用の計測装置に情報を送信する必要がある。これらのトラッキングイベントの量が多いと、レイテンシやパフォーマンスの問題を引き起こす可能性があることに注意。

関連事項5：デバイスとアプリの健全性を保つために重要なガードレールをトラッキングする

デバイスレベルのパフォーマンスは、アプリのパフォーマンスに影響を与える可能性がある。たとえば、介入により多くのCPUが消費されより多くのバッテリーが消耗され得る。ユーザーのエンゲージメントに直接関連するデータだけをトラッキングすると、バッテリー消耗の問題を発見できないだろう。また、介入によりユーザーに多数のプッシュ通知を送信し、デバイスの設定で通知を無効にされる危険性が高くなることもある。これらは、実験中はエンゲージメントの大幅な低下として観測できな

いかもしれないが、長期的にはかなりの悪影響がある。

また、アプリの全体的な健全性を追跡することも重要である。例えば、アプリのサイズのトラッキングがある。アプリのサイズが大きければ大きいほど、ダウンロードが減り、アンインストールする人が出てくる可能性が高くなる (Tolomei 2017, Google Developers 2019)。同様の行動は、アプリのインターネット帯域幅の消費、バッテリーの使用量、またはクラッシュ率によっても引き起こされる。クラッシュは、正常終了のログを記録することで、次のアプリ起動時にクラッシュに関するテレメトリを送信することができる。

関連事項 6：準実験的手法を用いてアプリ全体でのリリースを監視する

新しいアプリのすべての変更を A/B パラメータの後ろに置くことはできない。新しいアプリ全体でランダム化コントロール実験の正確な実行のために、一部のユーザーには新しいバージョンを、その他のユーザーには古いバージョンを見せるために、同じアプリに両方のバージョンが含める必要がある。これは、アプリのサイズがおよそ 2 倍になるため、ほとんどのアプリでは実用的ではなく理想的でもない。一方で、新しいアプリのバージョンの採用はすべてのユーザーで同時に起こらないため、実際のユーザーにアプリの両方のバージョンを提供している期間がある。この期間で、採用に関するバイアスさえ補正できれば、効果的に A/B の比較が実施できる。Xu and Chen (2016) では、モバイルでの採用に関するバイアスを除去するためのテクニックを共有している。

関連事項 7：複数のデバイスプラットフォームとそれらの間の相互作用に注意する

ユーザーがデスクトップ、モバイルアプリ、モバイル Web など、複数のデバイスやプラットフォームを介して同じサイトにアクセスすることは一般的に行われる。このために下記の 2 つが関連する。

1. 異なる ID は、異なるデバイス上で利用可能であってもよい。その結果、ゲームユーザーは、異なるデバイス上で異なる実験群へランダム化される可能性がある (Dmitriev et al. 2016)。
2. 異なるデバイス間の相互作用が発生する可能性がある。Edge を含む多くのブラウザでは、ユーザーがデスクトップとモバイルを簡単に切り替えられるように、「デスクトップで続行」や「モバイル同期機能で続行」が搭載されている。また、モバイルアプリとモバイル Web の間でトラフィックをシフトさせることも一般的である。例えば、ユーザーが携帯電話で Amazon からのメールを読み、メールのリンクをクリックすると、Amazon アプリ（アプリがインストールされていると仮定して）が起動するか、モバイル Web サイトが開くかのどちらかである。実験の分析のさいには、これらの相互作用の原因なのか結果なのかを知ることが重要である。そのため、アプリのパフォーマンスを単独で評価できず、異なるプラットフォームをまたいだユーザーの行動全体を見る必要がある。もう 1 つ注意すべきことは、あるプラットフォーム（通常はアプリ）でのユーザー体験が、別のプラットフォームよりも優れている可能性についてである。そのため、アプリから Web へのトラフィックを誘導すると総エンゲージメントが低下する傾向があり、これは実験で意図していない交絡効果が原因になっている。

結論

この章では、実験のさいのシンクライアントとシッククライアントの違いに焦点を当てた。いくつかの違いは明らかで、多くの違いは明確ではないものの重要である。実験を適切に設計し、分析するためには、細心の注意を払う必要がある。また、技術の急速な進歩に伴い、これらの違いや関連事項の多くは時間の経過とともに進化していく点にも注意。

第 13 章
計測装置

すべての出来事は正しく起る。もし君が注意深く観察するならばこのことを発見するであろう。

— *Marcus Aurelius*[*1]

注意を払うべき理由：実験を実行する前に、ユーザーとシステム（Web サイト、アプリケーションなど）に何が起こっているかを記録するための計測装置を用意する必要がある。また、すべてのビジネスでは、ユーザーとシステムがどのようにインタラクションし実行されているかのベースラインを理解すべきであり、それにも計測装置を必要とする。実験の実行時には、ユーザーが何を見たかや、ユーザーがどうシステムと関わったか（クリック、ホバー、クリックまでの時間など）や、システムのパフォーマンス（レイテンシなど）に関する豊富なデータを持つことが重要である。

システムをどのように実装するかについての詳細な議論は本書の範囲を超えており、システムアーキテクチャに大きく依存する (Wikipedia contributers, List of .NET libraries and frameworks 2019, Wikipedia contributors, Logging as a Service 2019)。この章では、実験の文脈での計測装置の重要なポイントについて述べる。また、計測装置ではプライバシーも重要な考慮事項であり、これについては第 9 章で議論した。本書では「トラック」と「ログ」という用語は互換的に使用される。

*1 『自省録』，神谷美恵子 訳，岩波書店，2007 年。

クライアントサイドとサーバーサイドでの計測装置の違い

計測装置を実装するさいには、クライアントサイドとサーバーサイドの違いを理解することが重要である (Edmonds et al. 2007, Zhang, Joseph and Rickabaugh 2018)。クライアントサイドの計測装置の焦点は、ユーザーが何を見て何をするかなどの「ユーザーが何を体験するか」にあたっている。

- **ユーザーの行動。** ユーザーは、クリック、ホバー、スクロールなど、どのような活動をしているのか。これらはどのようなタイミングで行われるのか。どのようなアクションが、サーバーの往復なしでクライアント上で行われるのか。例えば、カーソルを移動してヘルプテキストを表示や、入力フォーム画面でのエラー発生などが該当する。スライドショーでは、ユーザーがクリックしてスライドをめくる時間の捕捉が重要である。
- **パフォーマンス。** ページ（Web ページやアプリのページ）が表示されるまで、または操作可能になるまでにかかる時間。第 5 章では、検索クエリのリクエストから完全なページが表示されるまでの時間を測定するさいの複雑さについて説明した。
- **エラーとクラッシュ。** JavaScript のエラーは珍しくなく、ブラウザに依存している可能性がある。

システムサイドの計測装置は、システムが何をするかに焦点を当てている。

- **パフォーマンス。** サーバーがレスポンスを生成するまでにかかる時間や、どのコンポーネントが一番時間がかかり、99 パーセンタイルでのパフォーマンスはどのくらいか、など。
- **システムの応答比率。** サーバーがユーザーからのリクエストを受けた回数や、サーバーが提供したページ数や、リトライがどのようにハンドルされたか、など。
- **システム情報。** システムが投げる例外やエラーの数やキャッシュヒット率など。

クライアントサイドの計測装置は、ユーザーが何を見て何をしたかを見ることができるため有用である。極端な場合、サーバーが送信したものを上書きすることができるクライアントサイドのマルウェアは、クライアントサイドの計測装置でしか発見できない (Kohavi et al. 2014)。しかし、クライアントサイドの計測装置には、データの正確性とユーザーへのコストという点で欠点がある。ここでは、JavaScript ベースのクライアントに関する具体的な懸念事項を紹介する（モバイル関連の懸念事項については、第 12 章を参照)。

1. クライアントサイドの計測は、CPU サイクルやネットワーク帯域幅を大幅に消費し、デバイスのバッテリーを消耗させ、ユーザー体験に影響を与える。巨大な JavaScript のスニペットはロード時間に悪影響を与える。この遅延の増加は、その訪問時のユーザーのインタラクションに影響を与えるだけでなく、そのユーザーが再訪問する可能性にも影響を与える（第 5 章を参照）。

2. JavaScript の計測装置は欠損する (Kobavi, Longbotham and Walker 2010)。Web ビーコンは、ユーザーがリンクをクリックして新しいサイトに移動するときなどのユーザーのインタラクションを追跡するためによく使用される。しかしながら下記の場合ではビーコンがロストする可能性がある。
   a. Web ビーコンが正常に送信される前に新しいサイトがロードされ、ビーコンがキャンセルされて紛失することがある。この競合状態による損失率はブラウザによって異なる。
   b. 同期リダイレクトなど、新しいサイトがロードされる前に Web ビーコンを強制的に送信。ビーコンの損失は減少するが、待ち時間は増加し、結果としてユーザー体験が低下し、ユーザーがクリックを途中で放棄する可能性が高くなる。
   c. アプリケーションに応じて、どちらのシナリオを実装するかを選択することができる。例えば、支払いやコンプライアンス要件に関連しているため、クリック数やクリック数を確実に追跡する必要がある状況下では、レイテンシが追加されるとはいえ b. が好ましいシナリオとなる。
   d. クライアントのクロックは、手動または自動で変更することができる。これは、クライアントからの実際のタイミングがサーバーの時刻と同期していない可能性があることを意味し、下流の処理で考慮しなければならない。例えば、タイムゾーンを調整した後でも、クライアントとサーバーの時間を引き算などで直接比較してはならない。

サーバーサイドの計測では、このような懸念はあまりない。ユーザーが実際に何をしているのかの把握は正確にできないが、システム内部で何がなぜ起こっているのかをより詳細に把握することができる。例えば、ページの HTML を生成する時間をログに記録することができる。ネットワークの影響を受けないため、データのばらつきが少なく、メトリクスがより正確になる。検索エンジンの結果には、特定の検索結果が返された理由とその順位を示す内部スコアがある。これらのスコアを計測することは、検索アルゴリズムのデバッグやチューニングに有用である。データセンターで実際に受けたリクエストの時系列をログに記録することで、不良機器のデバッグやストレス下にあるデータセンターの発見ができる。サーバーを頻繁に同期する必要があることに注意。ビーコンが別のサーバーで記録されている間に、他のサーバーでリクエストが処理され、タイムスタンプの不一致が発生するというシナリオがあり得る。

複数のソースからのログの処理

下記のような異なる計測ストリーム (Google 2019) から複数のログを取得するようになる可能性は高い。

- 複数のクライアント（ブラウザやモバイルなど）からのログ
- 複数のサーバーからのログ
- 同じユーザーが複数の状態を持つ場合（オプトイン、オプトアウトなど）

関連するログを下流の処理で簡単に活用・結合できるようにしておくことが重要である。まず、ログを結合する方法がなければならない。すべてのログに結合キーとして機能する共通の識別子を持たせることが理想的である。

結合キーは、どのイベントが同じユーザーまたはランダム化単位に対応するかを示すものでなければならない (第 14 章 を参照)。また特定のイベントのために結合キーが必要な場合もある。例えば、あるユーザーが特定の画面に行ったことを示すクライアントサイドのイベントと、対応するサーバーサイドのイベントがあり、そのユーザーがその特定の画面とその要素に行った理由を説明したいとする。これらの間の結合キーを使用すると、これらのイベントは、同じユーザーに対する同じイベントを表しているものだということがわかる。

次に、下流の処理を容易にするための共有フォーマットを用意する。この共有フォーマットには、共通フィールド（例えば、タイムスタンプ、国、言語、プラットフォーム）とカスタマイズされたフィールドがある。共通フィールドは、多くの場合、分析やターゲティングに使用されるセグメントの基礎となる。

計測装置のための文化

実際の現場では計測装置は重要なものと扱わなければならない。パネル内の計器が壊れている飛行機を例にする。これは明らかに安全ではないが、チームは計器類が壊れていてもユーザーに影響はないと主張するかもしれない。だが、適切な計測装置がなければ、何も見えない状態で飛んでいることになるので、ユーザーに影響がないとする仮定が正しいかどうかを知るための情報をチームは持っていないことになる。実際、計測関連で最も難しいのは、エンジニアに計測装置を開発してもらうことである。この難しさは、タイムラグ（コードを書いてから結果を調べるまでの時間）と、職能の違い（機能を作成したエンジニアがログを分析してどのように動作するかを確認していないことが多い）の両方に起因している。ここでは、この乖離（かいり）を改善するためのヒントをいくつか紹介する。

- 文化的規範を確立する。計測装置なしでローンチすることをなくす。仕様の一部に計測装置を含める。壊れた計測装置が壊れた機能と同じ優先順位を持つようにする。たとえ飛行機が飛べたとしても、ガスゲージや高度計が壊れていたら、飛行機を飛ばすのはリスクが高すぎる。
- 開発中の計測装置のテストに投資する。機能を作成しているエンジニアが、必要な計測装置を追加することができ、コードを提出する前にテストでその計測装置の結果を確認する。コードレビューでもチェックする。
- 生ログの品質を監視する。これには、キーディメンションによるイベントの数や、真であるべき不変量（タイムスタンプが特定の範囲内にあること）などが含まれる。主要な観測とメトリクスの外れ値を検出するツールがあることを確認する。計測装置から問題が検出された場合、組織全体の開発者はすぐにそれを修正する必要がある。

第 14 章
ランダム化単位の選択

（乱数を生成するために）1 秒間に平均約 10 万パルスのランダムな周波数のパルスを用意し、1 秒間に約 1 回一定の周波数のパルスでゲートしていた。初期の機械で作成された乱数は統計的に有意なバイアスを示したため、満足のいく結果が得られるまでエンジニアは回路のいくつかの修正と改良をしなければならなかった。その後，1947 年 5 月から 6 月にかけて，100 万桁の基本的な表が作成された。この表はかなり徹底的なテストが行われたが、まだ小さいながらも統計的に有意なバイアスが含まれていることが判明した。

— *A Million Random Digits with 100,000 Normal Deviates* (RAND 1955)

注意を払うべき理由：ランダム化単位の選択は、実験の影響を測定するさいにどのようなメトリクスが使用可能かだけでなく、ユーザー体験にも影響を与えるため、実験設計において非常に重要である。実験システムを構築するさいには、どのようなランダム化単位のオプションを利用できるようにしたいかを考えておく必要がある。オプションの選択時に考慮すべきことを理解することで、より良い実験設計と分析が可能になる。

識別子は実験のベースとなるランダム化単位として重要である。その識別子はまたログファイルの下流処理での結合キーとして使うこともできる（第 13 章と第 16 章を参照）。この章ではどの識別子を使用するかを選択する方法に焦点を当てる。一方、割り当ての独立性の確保（ある識別子の実験群への割り当ては別の識別子の実験群への割り当てについて何も教えない）や、識別子が同時に複数の実験に割り当てられる場合の実験間の割り当ての独立性の確保などのランダム化自体の基本的な基準などの話題は第 4 章を参照。

ランダム化単位を選択するさいに考慮すべき 1 つの軸は、粒度である。例えば、Web サイトには以下のような自然な粒度がある。

- **ページレベル。**サイト上で閲覧された新しい Web ページは、それぞれ 1 つの単位とみなされる。
- **セッションレベル。**この単位は、1 回の訪問で閲覧された Web ページのグループである。セッション（訪問）は、通常、30 分以上活動しないと終了すると定義される。
- **ユーザーレベル。**1 つのユーザーからのすべてのイベントを単位とする。ユーザーは通常、Web クッキーやログイン ID を使用した実際のユーザーの近似値でしかないことに注意。クッキーは消去されたり、プライベートなシークレットブラウザセッションを使用されたりと有効にならない場合があり、ユーザー数が過大になることがある。ログイン ID では、アカウントが共有されることでユーザー数が過少になり、1 人が複数のアカウントを保つ場合（例えば、ユーザーが複数の電子メールアカウントを持っている場合）はユーザー数が過多になることがあり得る。

この観点で Web サイトの例を中心に、主な検討事項を説明する。

1 つのクエリに対して複数のページビューが存在し得る検索エンジンでは、クエリはページとセッションの間の粒度のレベルとなり得る。また、ユーザーと日の組み合わせを単位と考えることもでき、異なる日の同じユーザーからのイベントを異なる単位とみなすことがある (Hohnhold, O'Brien and Tang 2015)。

単位の粒度を決めようとするとき、以下の 2 つを考慮する。

1. ユーザー体験の一貫性はどれだけ重要なのか。
2. どのメトリクスが重要なのか。

一貫性の主な問題は、ユーザーがその変化に気づくかどうかである。フォントの色に関する実験を極端な例として考えると、ページレベルのような細かい粒度を使うと、ページごとにフォントの色が変わってしまう。また、新しい機能を導入する実験を例に考えてみると、ランダム化がページレベルやセッションレベルで行われている場合、あるユーザーが見るとその機能が現れたり消えたりすることになる。これらは、一貫性のない悪いユーザー体験であり、主要なメトリクスに悪影響を与える可能性がある。ユーザーが介入に気づきやすいほど、ユーザー体験の一貫性を確保するためにランダム化の粒度を粗くすることが重要になる。

ランダム化単位はメトリクスの選択にも影響する。粒度の細かいランダム化のレベルでは、より多くの実験単位が作成されるためメトリクスの平均の分散が小さくなり、検出力が向上し実験はより小さな変化を検出可能になる。ページビューによるランダム化と分析は、介入効果の分散の過小評価につながるが (Deng, Lu and Litz 2017)、その過小評価は実際には非常に小さく、一般的には無視される。

細かい粒度でのランダム化の選択はメトリクスの分散が低いといった利点があるよ

うに思えるが、いくつかの考慮事項がある。

1. 機能がある粒度のレベルをまたがって動作する場合、その粒度のレベルをランダム化に使用することはできない。たとえば、パーソナライゼーションやその他のページ間に依存関係がある場合、あるページで起こったことが後続のページでユーザーが見るものに影響を与える場合がある。その場合、ページ間が独立していないため、ページビューによるランダム化は有効ではない。より具体的な例をあげる。ある検索ページの実験でページレベルのランダム化を使用したとする。ユーザーの最初のクエリが介入群にあり、その介入が検索結果の悪さにつながっている場合、ユーザーは再検索を再調整された2番目のクエリで行うことが想像でき、その2番目のクエリが介入群である場合もコントロール群である場合も起こり得てしまう[*1]。
2. 同様に、メトリクスがある粒度のレベルをまたがって計算される場合、結果が測定できなくなる。たとえば、ページレベルのランダム化を使用した実験では、介入がユーザーセッションの総数に影響を与えるかどうかの測定は不可能である。
3. 1人のユーザーを複数の実験群に割り当てることはSUTVA（第3章を参照）に違反する可能性がある。ユーザーが異なる実験群の存在に気づいた場合、その知識がユーザーの行動に影響を与え、干渉する可能性がある（第22章を参照）。

Officeのようなエンタープライズ向けのシナリオでは、顧客はエンタープライズ向けの一貫した体験を求めるため、ユーザーごとにランダム化する機能が制限されている。広告主が競い合うオークションがある広告ビジネスでは、広告主ごとまたは同じオークションで競い合うことが多い広告主のクラスタごとにランダム化することがある。ソーシャルネットワークでは、干渉を最小限に抑えるために、友人のクラスタによってランダム化することがある (Xu et al. 2015, Katzir, Liberty and Somekh 2012, Eckles, Karrer and Ugander 2017)。一般的に、これは何をコンポーネントとするかを考慮すればネットワーク一般に利用できる考え方である (Yoon 2018)。

ランダム化単位と分析単位

一般的には、注意が払われるメトリクスの分析単位と同じ（またはそれよりも粗い）ランダム化単位の利用を推奨する。

分析単位がランダム化単位と同じである場合、実用的には単位間の独立性を合理的に仮定できメトリクスの分散を正しく計算することがより容易になる。たとえば、

[*1] 訳注：仮にコントロール群であった場合はそのクエリは前の介入の影響を受けてしまっているため正しい実験にならない。

ページによるランダム化は、各ページビューのクリックが独立していることを意味し、その平均値である CTR（クリック数/ページビュー）の分散の計算は標準的に行われる。同様にランダム化の単位がユーザーで、メトリクス分析の単位も**ユーザー**であれば、ユーザー当たりのセッション数、ユーザー当たりのクリック数、ユーザー当たりのページビュー数などを比較的簡単に分析ができる。

「ユーザー」でランダム化した場合の「ページ」ごとの CTR 分析のように、ランダム化単位が分析単位よりも粗い場合の分析には、ブートストラップ法やデルタ法のようなより工夫を要する手法が必要である (Deng et al. 2017, Deng, Knoblich and Lu 2018, Tang et al. 2010, Deng et al. 2011)。第 18 章と第 19 章でより詳細な議論を行う。このような状況では、例えば単一のユーザー ID を使用するボットが 10,000 ページビューしたなどで、実験結果がゆがむ可能性がある。この種のシナリオが懸念される場合は、1 つのユーザーが大きく貢献しないメトリクスだけ使用するか、ユーザーごとでの平均 CTR などのユーザーベースのメトリクスに切り替えを検討すべきである。

逆に、メトリクスがユーザーレベルで計算され（ユーザー当たりのセッション数やユーザー当たりの収益など）、ランダム化がより細かい粒度（ページレベルなど）で行われている場合、1 つのユーザー体験にはさまざまな実験群が混在している可能性がある。その結果、ユーザーレベルでのメトリクスの計算は無意味となる。つまり、ランダム化がページごとに行われている場合、ユーザーレベルのメトリクスを実験の評価に使用することはできない。これらのメトリクスが OEC の一部である場合、ユーザーレベルよりも粒度の細かいレベルをランダム化に使用することはできない。

ユーザーレベルのランダム化

ユーザーレベルのランダム化は、ユーザーエクスペリエンスの一貫性の欠如を回避でき、ユーザーのリテンションなどの長期的な測定が可能であるため、最も一般的に用いられる (Deng et al. 2017)。ユーザーレベルのランダム化にも、まだ考慮すべきいくつかの選択肢が残されている。

- ユーザーがデバイスやプラットフォームにまたがって使用できるサインイン（ログイン）ユーザー ID。サインイン ID は通常、プラットフォーム間だけでなく、時間的にも安定する。
- クッキーのような仮名のユーザー ID。ほとんどの Web サイトでは、ユーザーが訪問すると、識別子（通常はほとんどがランダム）を含むクッキーが書き込まれる。ネイティブアプリ用のモバイルデバイスでは、OS がクッキーを提供することが多く、Apple の idFA や idFV，Android Advertising ID などがそれに該当する。これらの ID はプラットフォーム間で永続的ではないため、デスクトップブラウザとモバイル Web を介して訪問した同じユーザーの ID は異なる。ユーザーはこれらのクッキーをブラウザレベルまたはデバイス OS レベルで制御できるため、通常のクッキーはサインインユーザー ID よりも縦断的な持続性が低い。

- デバイス ID は、特定のデバイスに紐付けられた不変の ID である。不変であるため、これらの ID は識別可能なものとみなされる。通常のデバイス ID は、サインインの識別子のようなクロスデバイスやクロスプラットフォームでの一貫性はないが、長期間の追跡では安定するといった利点がある。

上記の選択のさいには、機能的なものと倫理的なものの考慮が重要である（第 9 章 を参照）。

機能的な観点から見ると、これらの異なる ID の主な違いはその適用可能範囲にある。サインインユーザー ID は、異なるデバイスやプラットフォームにまたがっている。そのためサインインユーザー ID は、異なるデバイスやプラットフォームの間での一貫性が必要かつ利用可能な場合には最適な選択となる。初めてサインインするユーザーを含む新規ユーザーのオンボーディングプロセスなど、ユーザーのサインインの境界を横断するプロセスをテストしている場合は、クッキーやデバイス ID を使用する方が効果的である。

適用可能範囲に関するもう 1 つの論点は、ID の縦断的な安定性である。いくつかの実験では、長期的な効果があるかどうかを測定することが目標になり得る。例えば、レイテンシやスピードの変化（第 5 章を参照）などとリテンションといった長期のメトリクスへの影響が考えられる実験や、広告に対するユーザーの学習した反応 (Hohnhold et al. 2015) をみる実験などが考えられる。このような場合には、サインインユーザー ID、長寿命のクッキー、またはデバイス ID のような長寿命のランダム化単位を使用する。

最後のオプションとして、それが唯一のオプションでない限り推奨しないのが IP アドレスである。IP ベースの実験群割り当ては、あるホスティングサービス（またはあるホスティングロケーション）と別のホスティングサービスを使用しての遅延を比較するなど、インフラストラクチャの変更を行う場合の唯一の選択肢かもしれない。しかし、一般的には IP アドレスの使用は推奨されない。極端な例をあげると、ユーザーのデバイスの IP アドレスは、ユーザーが移動したときに変更される可能性が高い（例えば、自宅と職場の IP アドレスが異なるなど）。もう一方の極端な例としては、大企業や ISP では、多くのユーザーがファイアウォールを代表する IP アドレスの小さなセットを共有している。多数のユーザーが 1 つの実験単位に集約されることで、分布のゆがみや外れ値の問題も発生しやすくなり、サンプルサイズも小さくなり統計的な検出力が低くなり得る。

ユーザーレベルよりも細かいランダム化は、キャリーオーバーや情報漏れがない場合にのみ有用である（第 22 章を参照）。そのような状況で、検出力の増加のために選択されることが多い。

第 15 章
実験対象の拡大
～ スピードと品質とリスクのトレードオフ ～

成功の本当の尺度は、24 時間の間に実施できる実験の数である。

— *Thomas A. Edison*

注意を払うべき理由：実験によりイノベーションの加速はできるが、どこまでの速度が出せるかはどう実験するかによって制限される。新機能のローンチに関連した未知のリスクをコントロールするため、本章の実験拡大プロセス（段階的に介入のトラフィックを増やす方法）の利用を推奨する。この原則に従わないと、実験過程での非効率とリスクを誘発し、実験の規模が大きくなるにつれてプロダクトの安定性が低下する。実験を効果的に拡大するには、スピード、品質、リスクという 3 つの重要な考慮事項のバランスをとる必要がある。

実験対象の拡大（Ramping）とは

本書の実験は、十分な統計的検出力が得られるトラフィックの割り当てを前提としてきた。しかし実際には、新機能のローンチに関連した未知のリスクをコントロールするため、実験は段階的な**拡大**プロセスを経ることが重要である（介入の制御とも呼ぶ）。例えば、新機能は最初のうちはわずかな介入群に対して公開され、もしメトリクスが納得いく変化をしシステム的にも拡大可能ならば、介入群のトラフィックを実験のために望ましいレベルまで増加（より多くのユーザーを介入群とする）といった方法である。よく知られた悪い例は HealthCare.gov の初期リリースである。このサイトは初日の負荷を処理しきれずダウンしてしまった。もし、地理的な区分や性のイニシャル（A から Z まで）によって段階的に公開していれば、初日のダウンは防げただろう。段階的な拡大のプロセスは新機能のローンチや新サイトのリリースのための重要な教訓である (Levy 2014)。

実験拡大はどのような段階を経て、各段階にどのくらいの期間をかけるべきか、といった問題を考える。あまりにゆっくりとした拡大方法だと貴重な時間とリソースを浪費してしまうし、あまりに性急な拡大だとユーザーを害したり最適でない決定をしてしまうリスクがある。第 4 章で説明したように、完全にセルフサービスされたプラットフォームを使って実験を民主化することができる。そのプラットフォームには、どのように実験を拡大するかについての原則と、理想的にはプロセスを自動化して原則を大規模に実施するためのツールが求められる。

本書のプロセスでは実験の縮小ではなく、実験の拡大に焦点を当てる。実験の縮小は、悪い介入だった場合に行われ、その場合は急速に介入群を 0 にすることが普通である。また、大企業ではクライアント側の更新を自前で管理することが多く、その場合は実験や介入の拡大の対象からは外れることを補足する。

SQR フレームワーク

実験の拡大プロセスでは、実験の反復を高速に実施すること、意思決定の品質の向上、リスクのコントロールが求められる。言い換えれば、**スピード**と**品質**と**リスク**のバランスが必要である。ここで、そもそもなぜオンラインでの実験をコントロールするかについて立ち返る。

- 100% に適用した場合の介入の影響と投資収益率（ROI）の**測定**。
- 実験時（マイナスの影響がある場合など）に、ユーザーやビジネスへの被害やコストを最小限に抑えることによる**リスク軽減**。
- 理想的にはセグメントごとのユーザーの反応を**学習すること**。または、潜在的なバグの特定。または、将来の計画のための情報収集。標準的な実験の実行の一部、あるいは学習のために設計された実験を実行時に得られる（第 5 章 を参照）。

もしコントロールされた実験を実行する唯一の理由が測定ならば、実験の目標を介入を 100% のユーザーに実施することだと仮定し、最高の統計的検出力を提供する実験割り当て（Maximum Power Ramp：MPR）[*1]での実験（介入群へ 50% のトラフィックを割り当てることを意味することが多い）を実行すればよい。これにより、最も速く最も正確な測定が得られる。しかし、何か問題が起こる危険性を考慮して、MPR から始めたくないことがある。そのため、私たちは通常、影響を抑え潜在的なリスクを軽減することを目標に、小さな介入から実験を開始する。

[*1] 実験が 1 つの介入群のみを持ち 100% のトラフィックで実施できる場合、2 標本 t 検定の分散は $1/q(1-q)$ に比例する、ここでの q は介入群のトラフィックの割合である。この場合の MPR は 50%/%50 のトラフィック割り当てになり。1 つの介入群と 1 つのコントロール群の間で実験できるトラフィックが 20% しかない場合、MPR は 10%/%10 の分割になる。4 つの実験群が 100% トラフィックを分割している場合、25%/25%/25%/25% が MPR となる。

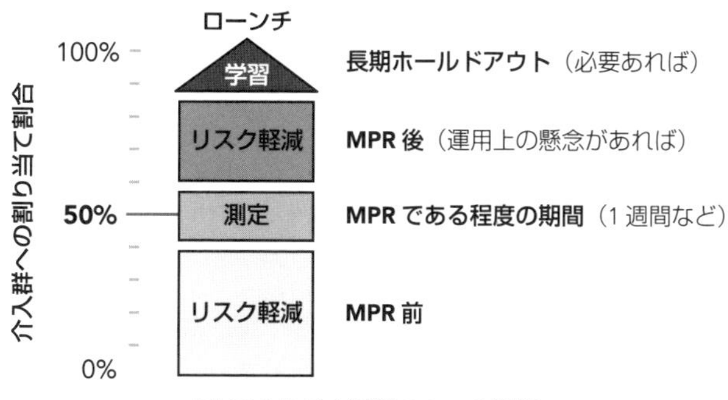

図 15.1 ● 拡大過程の 4 つの段階

また、MPR と 介入群 100% の間に中間状態が必要な場合もあり得る。例えば、運用上の理由から、新しいサービスやエンドポイントが増加するトラフィック負荷に対応できるまで、介入群 75% で待機する必要があるかもしれない。

もう 1 つの一般的な例は、学習についてである。学習はすべての実験過程の一部であるべきだが、追加で少数のユーザー（5〜10% 程度）には新機能を長期間提供しない実験を行うことがある。これの目的は、MPR 中に測定された影響が長期的に持続可能であるかどうかを学ぶことである。詳細は 第 23 章 を参照。

拡大プロセスの 4 つの段階

図 15.1 は、拡大プロセスの 4 つの段階におけるスピード、品質、リスクのバランスをとるための原則とテクニックを示している。議論の詳細については、Xu et al. (2018) を参照。単純化のために、私たちの目標は介入を 100% のユーザーに実施することであり、MPR は 50% の介入群であると仮定する。まとめると、SQR フレームワークは、実験拡大プロセスの全体を 4 つの段階に分け、それぞれに個別の目標がある。

第 1 段階は主にリスク軽減のためにあり、SQR フレームワークではスピードとリスクのトレードオフに焦点を当てている。第 2 段階は精密な測定のためにあり、スピードと品質のトレードオフに焦点を当てている。最後の 2 つの段階はオプションで、追加の運用上の懸念事項（第 3 段階）と長期的な影響（第 4 段階）に対応する。

段階 1：MPR 前

この段階の目標は、リスクが小さいことを安全に判断して MPR に迅速に移行することである。以下の方法が使用される。

1. 仲間内での試験集団を作成し、リスクを軽減するために、徐々に介入をより広い試験集団に適用していく。最初の試験集団では、通常は十分なトラフィックがなくデータによる定量判断が困難なため、定性的なフィードバックを得るために行われる。次の試験集団では、定量的な測定を行うかもしないが、統計的な検出力が低いため、コントロールできない。初期の試験集団では多くのバグの特定が期待できる。初期の試験集団からの測定値は、それらのユーザーが内部関係者であるためバイアスがかかっている可能性があることに注意。一般的に使用されている試験集団は以下である。
   a) 新機能を実装しているチームなど、ホワイトリストに登録された個人。チームメンバーからなら口頭でフィードバックを得ることができる。
   b) 同じ会社の会社員。悪いバグがあった場合、彼らは通常のユーザーより寛容であるため。
   c) 声の大きいロイヤルユーザーであるベータユーザーや**内部関係者**。新機能を早く見たいと思っている人や、フィードバックをしたいと思っている人が多い。
   d) メモリリーク（スローリークによる死）やその他のリソースの不適切な使用（重いディスク I/O など）といった識別が困難な相互作用を分離するためにデータセンターが利用される（第 22 章を参照）。Bing では、一般的な実験段階には単一のデータセンターのわずかなトラフィック（0.5～2% ほど）が用いられる。単一のデータセンターでまともなトラフィックへの拡大をすると、すべてのデータセンターでもトラフィックの拡大が用意できるようになっている。
2. 希望の割り当てに達するまで、トラフィックを自動的に拡大する。希望の割り当ては、特定の試験集団でも、事前に設定したトラフィック割り当て率でもよい。希望の割り当て率がわずかな割合（例えば 5%）であっても、5% に到達するまでに 1 時間余分に時間をかけることで、実験をあまり遅延させずに悪いバグの影響を抑えることができる。
3. 主要なガードレールメトリクスをニアリアルタイムで測定する。実験が危険であるかどうかを早く知ることができれば、次の段階に進むかの決定を早くできる。

段階 2：MPR

MPR は実験の影響を測定するための段階である。信用できる結果を得るための多くの議論はこの段階での話である。私たちは 1 週間は MPR での実験を維持し、ノベルティ効果やプライマシー効果が存在する場合はより長く実験することを推奨する。

この段階では、時間に依存する要因を捕捉するのに十分な期間を実施しなければならない。例えば、1日だけの実験では、ヘビーユーザーに偏った結果になる危険性がある。同様に、平日に訪問するユーザーは、週末に訪問するユーザーとは異なる傾向があり得る。

通常、実験期間が長いほど分散は小さくなるが、実験期間が長くなるほどリターンは減少する。私たちの経験では、追加の1週間で得られる追加の実験精度は、介入にノベルティ効果やプライマシー効果がない場合には小さくなる傾向がある。

段階3：MPR後

実験がMPR段階を過ぎるころには、エンドユーザーへの影響についての懸念はないはずである。理想的には、運用上の懸念も早期の段階で解決されるべきである。ただし、インフラへのトラフィック負荷の増加についてのいくつかのエンジニアリングの懸念があることがある。これらを解消するための実験は、緊密な監視でピーク時のトラフィックをカバーしながら通常は1日以内で済むはずである。

段階4：長期ホールドアウトまたは実験の複製

「**ホールドアウト**」あるいは「**ホールドバック**」とも呼ばれる、特定のユーザーが長期に渡って介入にさらされないようにする実験の人気が高まっている。私たちは、長期ホールドアウトを実験拡大課程のデフォルトにしないように注意したいと考えている。コストの他にも、優れた体験があることを知っていながらそのような体験の提供を意図的に遅らせることは、倫理に反する可能性がある。長期ホールドアウトは、本当に役に立つ場合にのみ行うことを推奨する。ここでは、長期ホールドアウトが有用であると判断した3つのシナリオを紹介する。

1. 長期的な介入効果が短期的な効果と異なる場合（第23章を参照）。これは、次のような理由で起こり得る。
   a. 実験領域は、ノベルティ効果またはプライマシー効果があることが知られている、または
   b. 主要なメトリクスへの短期的な影響が非常に大きいため、影響が持続可能であることを財務予測などのために確認する必要がある、または
   c. 短期的な影響はほとんどないが、チームは（プロダクトの採用や発見可能性などの）計測できていない長期的に影響する遅延効果があると信じている。
2. 早期のメトリクスでは影響を示せたが、真に目指すメトリクスが1ヶ月の再訪率などの長期的なメトリクスである場合。
3. 長く実施した場合の分散の縮小のメリットがある場合（第22章を参照）。

ホールドアウトはトラフィックの大部分（90%や95%）を介入群にして行うべき

だという誤解がある。これは一般的にはうまくいくかもしれないが、ここで議論されている 1c のシナリオでは、短期的な影響がすでに小さすぎて MPR でも検出できないので、可能であれば MPR でホールドアウトを継続すべきである。より長く実行することによって得られる統計的検出力の向上は、通常は MPR から 90% に移行することによる検出力の損失を相殺するのに十分ではない。

実験レベルでのホールドアウトに加えて、実験全体の累積的な影響を測定するために、トラフィックの一部を長期（多くの場合は 3 ヶ月）に渡ってどのような機能のリリースもしない「超ホールドアウト」を実施している企業もある。Bing は、実験プラットフォームのオーバーヘッドを測定するためにグローバルホールドアウトを実施している (Kohavi et al. 2013)。また、逆の方法で実験を行うこともできる。例えばユーザーを介入群 100% 適用の開始から数週間後（または数ヶ月後）にコントロール群に戻すといった方法である（第 21 章 を参照）。

経験則だが、実験結果が意外なものであった場合、その結果の再現は重要である。別のユーザーセットで、または前回のランダム化とは完全に独立な再ランダム化を実施し実験の再実行を推奨する。それで結果が変わらなければ、その結果が信用できるものであるという確信を持つことができる。実験の複製は、表面的なエラーを排除するためのシンプルで効果的な方法である。実験を何度も繰り返した場合、最終的な繰り返しの結果が良い方向に偏ってしまうことがある。実験の複製は、多重テストの懸念を軽減し、偏りのない推定値を提供する。第 17 章 を参照。

実験終了後

介入が 100% に拡大された後に何が起こるかについて述べる。実験の実装の詳細に応じて（第 4 章 を参照）、必要とされる介入 100% 後のクリーンアップは異なる場合がある。実験システムが実験群への割り当てに基づいてコードフォークを作成するアーキテクチャを使用している場合、ローンチ後にデッドコードパスをクリーンアップする必要がある。実験システムがパラメータシステムを使用している場合、クリーンアップは単に新しいパラメータ値をデフォルトとして使用することを意味する。このプロセスは、高速な開発プロセス内では見過ごされがちだが、本番システムを健全に保つためには非常に重要である。例えば、最初のケースでは、しばらくメンテナンスされていないデッドコードパスを誤って実行してしまうと、実験システムが停止したときに悲惨な結果になる可能性がある。

第 16 章
実験の分析のスケール

成功率を上げたいと思うのなら、失敗の確率を倍にせよ。

— *Thomas J. Watson*

注意を払うべき理由：企業が実験の成熟度の後期段階（「ラン」または「フライ」）に移行するために、実験プラットフォームの一部にデータ分析パイプラインを組み込むことを推奨する。これにより方法論が堅実で一貫性があること、科学的に根拠のあるものであること、そして実装が信頼できるものであることの確認ができる。また、時間のかかるアドホック分析を行う必要性からチームを救うこともできる。この方向に進むのであれば、データ処理、計算、可視化のための一般的なインフラストラクチャのステップを理解することが有用である。

データの処理

生の計測データを計算に適した状態にするには、データを「クック（cook）」する必要がある。データのクッキングには通常、以下の手順がある。

1. **データのソートとグループ化。**ユーザーリクエストに関する情報は、クライアントサイドとサーバーサイドの両方のログを含む複数のシステムによって記録される可能性があるので、複数のログをソートして結合することから始める（第 13 章を参照）。これはユーザー ID とタイムスタンプの両方でソートすることが可能である。これにより、イベントを結合してセッションや訪問を作成したり、指定した時間窓ですべての活動をグループ化したりすることが可能になる。処理や計算中のステップでは仮想的な結合で十分なので、この結合をマテリアライズする必要はないだろう。ただ、マテリアライズは、出力が実験分析だけでなく、デバッグや仮説生成など他の用途でも使用される場合には有用である[*1]。

2. **データクレンジング。** データがソートされてグループ化されていると、データクレンジングが容易になる。例えば、ヒューリスティックな方法で、本当のユーザーである可能性が低いセッション（ボットや詐欺など、第 3 章を参照）を削除しやすくなる。このヒューリスティックな方法には、セッション内の活動が多すぎるか少なすぎるかや、イベントとイベントの間の時間が短すぎるかや、ページのクリック数が多すぎるなどの物理法則を無視した方法でサイトにアクセスしているユーザーか、などがある。また、イベントの重複検出やタイムスタンプの不適切な処理などの計測装置の問題も修正可能である。ただ、欠落しているイベントはデータクレンジングでは修正不可能である。例えば、クリックロギングは、本質的に再現度とスピードの間にトレードオフがある (Kohavi, Longbotham and Walker 2010)。フィルタリングの中には、別の実験群よりも多くのイベントをある実験群から意図せずに除去してしまい、潜在的にサンプル比率のミスマッチ（SRM）を引き起こす可能性がある（第 3 章を参照）。
3. **データのリッチ化。** いくつかのデータは解析して、有用なディメンションや有用な測定値を取得できるようにするリッチ化が可能である。例えば、ユーザーエージェントの生の文字列を解析することで、ブラウザの種類やバージョンを追加できる。曜日は日付から抽出することができる。このステップでは、イベントを重複イベントとしてマークしたり、イベントの持続時間を計算したり、セッション中のイベントの総数やセッションの持続時間の合計を追加したりするなど、イベントやセッションやユーザーごとのレベルでリッチ化を行う。実験結果の計算に特定のセッションを含めるかどうかのアノテーション（注釈）を付けたい場合がある。これらのアノテーションはビジネスロジックの一部であり、パフォーマンス上の理由からこのステップで追加されることが多い。その他の実験に特化したアノテーションには、実験結果の計算にこのセッションを含めるかどうかを判断するのに役立つ実験の遷移情報（実験の開始、実験の拡大、バージョン番号の変更など）が含まれる。これらのアノテーションもまたビジネスロジックの一部であり、パフォーマンス上の理由でこのステップで追加されることが多い。

データの計算

データ計算ステップでは、処理されたデータから、セグメントとメトリクスを計算し、結果を集計して、推定された介入効果（平均値やパーセンタイルの差分など）と

[*1] 訳注：同じ結合処理が繰り返し利用されるため。

統計的有意情報（p 値、信頼区間など）の両方を含む、各実験の統計の要約の計算を行う。どのセグメントが興味深いかといった追加情報も、データ計算ステップ内で発生し得る (Fabijan, Dmitriev and McFarland et al. 2018)。

データ計算をどのようにアーキテクトするかについては、多くの選択肢がある。ここでは 2 つの一般的な手法を説明する。一般性を損なわないように、実験単位はユーザーであると仮定する。

1. 最初の手法は、まず最初にユーザーごとの統計（例えば、すべてのユーザーのページビュー、インプレッション、クリック数のカウントなど）をマテリアライズにし、その後ユーザーを実験にマップするテーブルに結合するといったものである。この手法の利点は、ユーザーごとの統計情報を実験だけでなく、全体的なビジネスレポートにも使用できることである。メトリクスやセグメントの計算を柔軟に変更できるので、計算リソースを効果的に利用することもできる。
2. もう 1 つの手法は、ユーザーごとのメトリクスの計算を実験分析と完全に統合した後に実施する手法である。ユーザーごとのメトリクスは、個別にマテリアライズされることなく、必要に応じて途中で計算される。一般的に、この手法では、実験データ計算パイプラインや全体的なビジネスレポート計算パイプラインなど、異なるパイプライン間の一貫性を確保するために、メトリクスとセグメントの定義が共有される。このアーキテクチャでは、実験ごとの柔軟性が高まるが（マシンやストレージのリソースを節約できる可能性もある）、複数のパイプライン間の一貫性を確保するための追加作業が必要となる。

実験が組織全体にスケールするにつれ、スピードと効率性の重要性が増す。Bing, LinkedIn, Google は、いずれも毎日テラバイトの実験データを処理している (Kohavi et al. 2013)。セグメントやメトリクスの数が増えると、かなりの計算リソースが必要になる。さらに、実験がより一般的になり、イノベーションサイクルに不可欠になるにつれ、実験スコアカードの生成が遅れると、意思決定に遅れが生じコストがかさむ可能性がある。実験プラットフォームの初期のころは、Bing, LinkedIn, Google は、実験スコアカードを 24 時間の遅れで毎日生成していた（例えば、月曜日のデータは水曜日の終わりまでに表示される）。今日では Bing, LinkedIn, Google はニアリアルタイム（NRT）パスを持っている。NRT パスとは、よりシンプルなメトリクスと計算（例えば、合計とカウント、スパムフィルタリングなし、最小限の統計テストだけ）を持っており、重大な問題（設定ミスやバグのある実験など）を監視するために使用されている。この NRT パスの多くは上で議論されたデータ処理なしで（一部のリアルタイムスパム処理を除いて）生のログ上で直接動作している。その後、NRT パスからアラートと実験の自動シャットオフが導かれるようになった。バッチ処理パイプラインは、信用できる実験結果がタイムリーに利用できるようにするために、データ処理と計算と更新をその日の間に処理するようになった。

スピードと効率だけでなく、正確性と信用性の保証のために、すべての実験でプラットフォームを使用することを推奨する。

- 共通のメトリクスを定義する方法とその定義を持つ。それがあれば、誰もが標準的な語彙(ごい)を共有し、誰もが同じデータの直感を構築し、同じような議論を繰り返すことなく、違うシステムの似たようなメトリクス間の差分についての議論よりも良いプロダクトについての興味深い議論ができるようになる。
- 共通の実装や同じテストや継続的な比較メカニズムなどで、メトリクスの定義の実装での一貫性を保証する。
- 変更の管理方法を考える。実験成熟度モデル（第 4 章 を参照）で説明したように、メトリクス、OEC、およびセグメントのすべては進化していくため、変更内容を決定しそれを各システムに伝播(ぱ)する処理は繰り返し起こる。既存のメトリクスの定義の変更は、多くの場合でメトリクスの追加や削除よりも困難である。変更を過去にさかのぼって適用するか、する場合はどのくらいの期間までさかのぼるのか、などといった追加の考慮事項が発生するためである。

結果の要約と可視化

最終的な目的は、意思決定者の指針となる主要なメトリクスやセグメントを視覚的に要約して強調することである。要約と可視化では

- SRM などの主要なテストを強調表示して、結果が信用できるかどうかを明確に示する。例えば、Microsoft の実験プラットフォーム（ExP）では、主要なテストで失敗した場合はスコアカードが非表示になる。
- OEC と重要なメトリクスを強調するだけでなく、ガードレール、品質など、他の多くのメトリクスも表示する。
- メトリクスの想定的な変化を提示し、結果が統計的に有意であるかどうかを明確に示す。色分けしフィルターを有効にすることで、重要な変化を顕著にみせる。

興味深いセグメントの自動的な強調を含むセグメントのドリルダウンは、意思決定が正しいことを保証し、挙動が悪いセグメントからプロダクトの改善余地があるかどうかを判断するのに役立つ (Wager and Athey 2018, Fabijan, Dmitriev and McFarland et al., 2018)。実験にトリガー条件がある場合、トリガーされた母集団への影響に加えて、全体的な影響の確認も重要である（詳細は 第 20 章 を参照）。

単なる可視化だけを超えて、実験を真にスケールするためには、スコアカードの可視化は、マーケッターからデータサイエンティスト、エンジニアからプロダクトマ

ネージャーまで、さまざまな技術的背景を持つ人々が「**アクセスできる**」ようにしなければならない。そのためには、実験者だけでなく、経営陣やその他の意思決定者がダッシュボードを見て理解できるようにする必要がある。これはまた、混乱を減らすために、デバッグメトリクスなどのいくつかのメトリクスを技術的な知識の少ない人たちからは隠すことを意味する場合もある。情報にアクセスしやすくすることで、定義のための共通言語を確立し、透明性と好奇心の文化を確立し、従業員が実験を行い、変化がビジネスにどのような影響を与えるか、あるいは財務部門が A/B テストの結果をビジネスの見通しにどのように結び付けるかを学ぶことができるようになる。

可視化ツールは、実験ごとの結果だけでなく、実験をまたいだ**メトリクスごとの結果**にピボットするのにも有用である。通常、イノベーションは中央集権ではなくなり実験によって評価される傾向だが、主要なメトリクスのグローバルな健全性は利害関係者によって綿密に監視されている。利害関係者には、自分たちが関心を持っているメトリクスに影響を与えている上位の実験を見ることができるようにしなければならない。ある実験があなたが関心あるメトリクスに一定以上の悪影響を与えている場合は、その実験のローンチの意思決定に介在したくなるであろう。一元化された実験プラットフォームには、実験とメトリクスの全体像を統一する力がある。健全な意思決定プロセスを育成するために、プラットフォームが追加で提供できる機能は次の 2 つである。

- 個人が気になるメトリクスを購読し、これらのメトリクスに影響を与えるトップの実験をメールなどでダイジェストを受け取れる機能。
- 実験にマイナスの影響がある場合、実験を開始する前に実験の所有者とメトリクスの所有者との会話を強制し、承認プロセスを円滑に開始する機能。これにより実験開始の決定に関する透明性が高まるだけでなく、議論が促進され、社内の実験に関する全体的な知識の向上が期待できる。

可視化ツールは、**インスティチューショナルメモリ**にアクセスするためのゲートウェイにもなり得る（第 8 章を参照）。

最後に、組織が実験の成熟度の「ラン」と「フライ」のフェーズに移行するにつれて、組織が使用するメトリクスの数は、数千にまで成長し続ける。その時点で、下記の機能の使用を推奨する。

- メトリクスを階層別または機能別に**異なるグループ**に分類する機能。例えば、LinkedIn は、メトリクスを (1) 全社的なもの、(2) プロダクト固有のもの、(3) 機能固有のものの 3 つの階層に分類している (Xu et al. 2015)。Microsoft はメトリクスを (1) データ品質、(2) OEC、(3) ガードレール、(4) ローカル機能/診断 (Dmitriev et al. 2017) にグループ化している。Google は LinkedIn と同様のカテゴリーを使用している。可視化ツールは、異なるグループのメトリクスを掘り下げるための機能も提供する。

- **多重検定** (Romano et al. 2016) はメトリクスの数が増えるにつれてより重要になる。実験者が共通に持つ疑問の 1 つは「無関係だと思われるのに、なぜこのメトリクスが有意に動いたのか?」である。多重検定への最もシンプルで効果的なオプションは p 値を 0.05 よりも小さくすることである。これにより実験者が最も有意なメトリクスに素早く気がつきやすくなる。多重検定の懸念に対処するための Benjamini-Hochberg 手順のようなよく研究された手法の詳細については、第 17 章 を参照。
- **興味のあるメトリクス。**実験者が実験結果を眺めるとき、おそらく実験者はレビューするためのメトリクスのセットをすでに念頭に置いているだろう。しかし、他の検討する価値のあるメトリクスにも予期せぬ動きが起こり得る。プラットフォームの機能で、企業にとってのこれらのメトリクスの重要性、統計的有意性、偽陽性の調整など、複数の要因を組み合わせて、これらのメトリクスを自動的に特定するものが考えられる。
- **関連するメトリクス。**メトリクスの変化や変化の欠如は、多くの場合、他の関連するメトリクスによって説明することができる。例えば、クリックスルー率 (CTR) が上昇している場合、それはクリック数が増加しているからなのか、ページビューが減少しているからなのかといったようにである。変化がある理由により、ローンチの意思決定に影響を与える可能性がある。もう 1 つの例は、収益のような高い分散を持つメトリクスについてである。上限値付き収益などの他のより感度の高い低分散バージョンのメトリクス持つことで、より多くの情報に基づいた意思決定が可能になる。

第V部

【発展的内容】実験の分析のより深い理解に向けて

第V部は、実験の分析に関する7つの発展的内容で構成されている。主にデータサイエンティストやコントロール実験の設計と分析の理解をより深めることに興味のある人が対象である。

まず、第17章「**コントロール実験を支える統計学**」では、t 検定、p 値と信頼区間の計算、正規性の仮定、統計的検出力、およびタイプI/IIのエラー（偽陽性、偽陰性）について概説する。この章では多重検定やメタアナリシスのためのフィッシャーの方法も扱う。

第18章「**分散の推定と分析感度の向上 ～その落とし穴と解決方法～**」では、まず標準的な数式から始め、デルタ法を必要とする非常に一般的な落とし穴を示す。その後、実験感度を向上させるための分散を減らす方法について紹介する。

第19章「**A/A テスト**」では、実験システムの信用度を向上させ、ソフトウェアや使用している統計情報の実用的な問題やバグを発見する最善の方法であるA/Aテストについて述べる。本書で議論される多くの落とし穴は、A/Aテストによって発見されたものである。

第20章「**分析感度を向上させるトリガー**」では、組織が理解する必要のある重要な概念である「トリガー」について詳しく説明する。すべての実験がすべてのユーザーに影響を与えるわけではないため、影響を受けたユーザーにのみ焦点を当てることで、影響を受けなかったユーザー起因のノイズを減らすことで分析感度が向上する。組織が成熟するにつれ、トリガーの使用が成長し、問題の分析とデバッグを支援するツールもそれに伴って成長する。

第21章「**サンプル比率のミスマッチと信用性に関連するガードレールメトリクス**」では、章題どおり、サンプル比率のミスマッチ（Sample Ratio Mismatch：SRM）と信用性に関連するガードレールメトリクスについて述べる。SRMの発生は珍しくなく、SRMのせいで結果が極端にポジティブあるいはネガティブに見えることがあり、実験の信用性が著しく損われる。SRM やガードレールメトリクスについての自動テストは実験結果の信用性を高めるために非常に重要である。

第 22 章「**実験群の間での情報のリークと干渉**」では、多面的なマーケットプレイスやソーシャルネットワークのようないくつかの実用的なシナリオで起こり得る情報のリーク（Leakage）を取り扱う。

第 23 章「**介入効果の長期影響の測定**」では、介入効果の長期影響の測定のためのいくつかの実験デザインを提示する。このまだ研究途上である重要な問題で本書を締めくくる。

第17章
コントロール実験を支える統計学

喫煙は、統計学の発展に寄与した因子の1つである。

— *Fletcher Knebel*

注意を払うべき理由：統計学は実験の分析と設計の基礎である。

本書ではいくつかの統計学の概念を紹介してきた。本章では、仮説検定や統計的検出力などの実験に欠かせない統計学 (Lehmann and Romano 2005, Casella and Berger 2001, Kohavi, Longbotham et al. 2009) について深く掘り下げる。

2標本 t 検定

2標本 t 検定は、最も一般的な統計的仮説検定であり、コントロール群と介入群の間に見られる差が本物なのか単なるノイズなのかを決定するものである (Student 1908; Wasserman 2004)。2標本 t 検定では、分散を考慮しながら2つの平均の差の大きさを見る。差の有意性は p 値で表現される。p 値が低いほど、介入群とコントロール群の差を本物とする根拠がより強力になる。

2標本 t 検定を関心のあるメトリクス（例：ユーザー当たりのクエリ数）に適用するために、介入群とコントロール群それぞれのユーザーの観測されたメトリクス（Y^t と Y^c）が独立に生成されたものだと仮定する。帰無仮説は Y^t と Y^c が同じ平均値を持ち、対立仮説はそうでないとしたものである（式17.1参照）。

$$\begin{aligned} H_0 &: mean(Y^t) = mean(Y^c) \\ H_A &: mean(Y^t) \neq mean(Y^c) \end{aligned} \tag{17.1}$$

2 標本 t 検定は、t 統計量 T に基づく。

$$T = \frac{\Delta}{\sqrt{var(\Delta)}} \tag{17.2}$$

ここで、$\Delta = \overline{Y^t} - \overline{Y^c}$ は介入群の平均値とコントロール群の平均値の差とし、平均値のシフトのバイアスがのらない値である。各標本が独立であるため下記の数式が成立する[*1]。

$$var(\Delta) = var\left(\overline{Y^t} - \overline{Y^c}\right) = var\left(\overline{Y^t}\right) + var\left(\overline{Y^c}\right) \tag{17.3}$$

つまり、t 統計量 T は平均値の差 Δ を、各実験群の分散の和で正規化したものである。

直感的には、T が大きくなればなるほど、平均値が同じである可能性が低くなる。つまり帰無仮説を棄却する可能性が高くなる。次節ではこれの定式化を行う。

p 値と信頼区間

t 統計量 T から p 値（もしコントロール群と介入群との間に差がない場合に T 以上の値が得られる確率に対応する）を計算できる[*2]。慣習的には 0.05 より小さい p 値を持つ差は「統計的に有意である」とみなされる。この 0.05 が高すぎるといった議論も存在することに注意 (Benjamin et al. 2017)。一般的に 0.01 より低い p 値は非常に有意であると考えられている。

p 値は、最もよく知られた統計用語の 1 つであるにもかかわらず、しばしば誤解される。よくある誤解の 1 つは、p 値が帰無仮説が成立する真の確率であるといったものである。ほとんどの実験者は、彼らの介入が影響を持っているかどうかの確率を知りたいため、表面上は合理的な解釈に見える。しかし正しい解釈は、ほとんど逆である。p 値は帰無仮説が真である場合の観測された差以上の差が発生する確率である。この誤った解釈と正しい解釈の関連性は、下記のベイズ則からわかる。

$$\begin{aligned} P(H_0\, is\, true \mid \Delta\, observed) &= \frac{P(\Delta\, observed \mid H_0\, is\, true)P(H_0\, is\, true)}{P(\Delta\, observed)} \\ &= \frac{P(H_0\, is\, true)}{\Delta\, observed} * P(\delta\, observed \mid H_0\, is\, true) \\ &= \frac{P(H_0\, is\, true)}{P(\Delta\, observed)} \end{aligned} \tag{17.4}$$

[*1] 訳注：共分散が 0 であるため。

[*2] 訳注：t 統計量 T は t 分布に従う統計量なので、p 値を自分で計算するより t 分布表を参照する方が一般的である。

式で示されているように、収集したデータから帰無仮説が真かどうか（事後確率）を知るためには、p 値だけでなく、Δ が観測される確率と帰無仮説が真かどうかのもっともらしさの確率も必要である。

Δ が統計的に有意かどうかを調べるもう 1 つの方法は、信頼区間がゼロと重なっているかどうかの確認である。信頼区間は、観察された Δ の周りのノイズや不確実性を解釈するために、p 値よりも直感的な方法であると考える人もいる。95% 信頼区間とは、潜在的な試行の 95% の真の差をカバーする範囲であり、0.05 の p 値と同等である（注：95% 信頼区間に 0 が含まれない場合でも、p 値が 0.05 より小さい場合でも、観測された Δ は 0.05 の有意水準で統計的に有意であると主張できる）。Δ の信頼区間は、観測された Δ を中心にし両側に約 2 標準偏差だけ広げた範囲がよく用いられる。これは，パーセントデルタを含む（ほぼ）正規分布に従うすべての統計量に当てはまる[*3]。

正規性の仮定

多くの場合、p 値は t 統計量 T が正規分布（平均 0，分散 1）に従うと仮定して計算される。第 2 章の図 2.3 の塗りつぶされた領域のように、p 値は正規分布の累積確率である。よくある誤解の 1 つに、メトリクス Y の標本分布に正規性が仮定されるといったものである。この誤解から、実際のメトリクス Y は多くの場合で正規分布にほとんど従わないため、悪いと仮定だとみなされがちである[*4]。ほとんどのオンラインでの実験はコントロール群と介入群の両方でのサンプルサイズ[*5]は数千を超えるため、メトリクスの平均値 $\overline{Y}$ は**中心極限定理** (Billingsly 1995) により正規分布に従うとみなせる。図 17.1 はメトリクス Y がベータ分布に従った場合の Y の平均値 $\overline{Y}$ がサンプルサイズが増えるにつれて正規分布に近づいていく様子をシミュレーションした結果である。

あくまで経験則ではあるが、メトリクスの平均値が正規分布に従うために必要なサンプルサイズは、メトリクス Y の歪度（わいど）（skewness）s の 2 乗の 355 倍程度である (Kohavi, Deng and Longbotham, et al. 2014)。歪度とは分布の非対称性を表す値の 1 つで下記の式で定義される。

$$s = \frac{E[Y - E(Y)]^3}{[Var(Y)]^{3/2}} \tag{17.5}$$

---

*3 訳注：標準偏差のおよそ 1.96 倍が 95% 信頼区間の幅になるため。

*4 訳注：正規性が仮定されるのはメトリクスの平均値の差分に対してであり、メトリクス自体が正規分布に従う必然性はない。

*5 訳注：分析単位の数に対応。

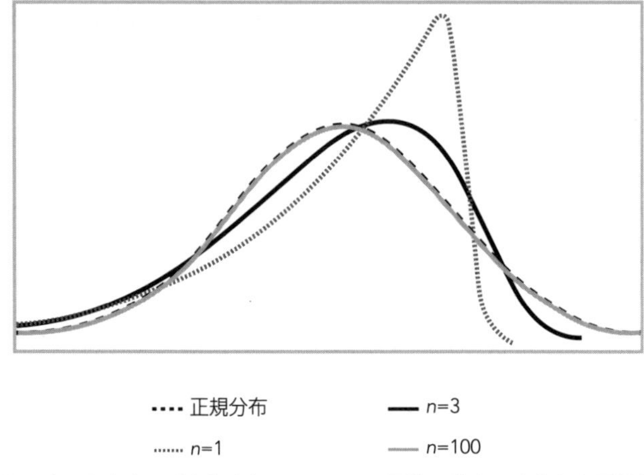

図 17.1● サンプルサイズ n が大きくなるにつれて、平均の分布はますます正規分布に近づく

いくつかのメトリクス、特に収益メトリクスは高い歪度を持つ傾向がある[6]。歪度を減らす効果的な方法は、メトリクスを変換するか、値に上限値を設けることである。例えば、Bing ではユーザー当たりの収益に週 10 ドルの上限値を設定し、歪度がおよそ 18 から 5 に下がり、正規性を仮定するのに必要なサンプルサイズが 114k[7]から 10k[8]になった。この経験則からのルールは、$|s| > 1$ の場合は使えるが、分布が対称に近く歪度が小さい場合にはうまく使えない。ただし歪度が少ないときは、一般的に正規性の仮定に必要なサンプルサイズが少なくて済む (Tyurin 2009)[9]。

2 標本 t 検定では、類似した分布からなる 2 つの変数の差を見ているため、正規性の仮定がもっともらしいものであるために必要なサンプルサイズが少なくなる傾向がある。これは、介入群とコントロール群が等しいトラフィック配分を持つ場合は特に当てはまる (Kohavi, Deng and Longbotham, et al. 2014)。

サンプルサイズが正規性を仮定するのに十分な大きさであるかどうか疑わしい場合は、オフラインでのシミュレーションでの検証を推奨する。コントロール群と介入群からのサンプルをランダムに混ぜ込んで、帰無仮説の分布を生成し、Kolmogorov-Smirnov や Anderson-Darling (Razali and Wah 2011) といった統計的検定を使用してテストができる[10]。仮説検定で興味があるのは偽陽性率 、有意差の基準に用い

[6] 訳注：0 未満の値が取り得ないことと、1 人でかなりの金額を使うロイヤルユーザーがいることがあるから。

[7] 訳注：$355 \times 18 \times 18 = 115020$

[8] 訳注：$355 \times 5 \times 5 = 8875$。ズレは歪度の少数点に起因するものと思われる。

[9] 訳注：歪度が小さい場合は、もともとの分布の形状が正規分布に近いため。

[10] 訳注：正確には、その分布が正規性の仮定を満たしていないかのテストであり、満たしているかはテストではない。

る p 値による境界部分なので、テール部分のみ着目して検定の感度を高めることもできる。

正規性の仮定に失敗した場合、パーミュテーション検定 (Efron and Tibshriani 1994) によりシミュレーションされた帰無分布と比較することで、観測された値が帰無仮説の下でどのくらい起こりやすいかを見ることができる。この検定の計算コストはかなり高いが、この検定が必要とされる場合はサンプルサイズが小さい場合であることが多いので、実用上は問題ないことが多い。

偽陽性、偽陰性と検出力

どんなテストでもエラーは起こる。仮説検定では、偽陽性（第一種の過誤、Type I error とも呼ばれる)、偽陰性（第二種の過誤、Type II error とも呼ばれる）のエラーを考慮する。偽陽性は、実際の違いがないときに有意差があると結論付けるエラー、偽陰性は実際の違いがあるときに有意差がないと結論付けるエラーのことである。p 値が 0.05 未満の場合にのみ有意差とみなす場合は、偽陽性率は 0.05 という値で制御されることになる。明らかにこの 2 つのエラーの間にはトレードオフがある。p 値のしきい値により高い値を用いれば偽陽性率は上がるが、実際の差を見逃す可能性は低くなるので偽陰性率は下がる。

偽陰性の概念は**検出力**としてよく知られる。検出力とは実験群の間の違いを検出できる確率、つまり本当に違いがある場合に帰無仮説を棄却する確率のことである（式 17.6 を参照)。

$$\text{Power} = 1 - \text{Type II error} \tag{17.6}$$

検出力は、実用的に関心のある最小の差分 δ によって記述される。数学的には所望の信頼度が 95% であると仮定した場合に、式 17.7 のように記述できる。

$$\text{Power}_\delta = P(|\, T \geq 1.96 \mid \text{true diff is}\, \delta) \tag{17.7}$$

業界標準では、最低限 80% の検出力が求められる。そのため、実験を開始する前に、十分な検出力を達成するために必要なサンプルサイズを決定するための検出力分析を行うことが一般的である。コントロール群と介入群が同じ大きさだと仮定すると、80% の検出力を達成するために必要な両実験ごとのサンプルサイズは、おおよそ式 17.8 で求められる (van Belle 2008)。

$$n = \frac{16\sigma^2}{\delta^2} \tag{17.8}$$

ここで、σ^2 は標本分散で、δ はコントロール群と介入群の差である。よくある疑問

図 17.2 ● 間違い探しと統計的検出力の類推。検出したい差が大きいと検出力が高くなる

は、実験を実行する前にどうやって δ を知るのかということである。確かに、真の δ を知らないのは事実であり、そもそも δ を知ることが実験を行う理由である。

しかし、実際に問題になるであろう δ の大きさ、言い換えれば**実用的**な意味合いの大きさは決められる。例えば、0.1% の収入の差を見逃しても問題ないが、1% の収入の落ち込みは見逃せないといったように。この場合、0.1% の差は実質的に有意とはみなせない。必要なサンプルサイズの最小値を推定するには、実質的に有意である最小の差分を使用する（**最小検出可能効果**とも呼ばれる）。

オンラインでの実験の場合、サンプルサイズの推定はより複雑で、ユーザーが時間をかけて訪問するために実験の期間が実験の実際のサンプルサイズに大きな影響がある。ランダム化単位によっては、標本分散 σ^2 も時間とともに変化する。もう 1 つの課題は、トリガー分析（第 20 章を参照）では、トリガー条件が実験全体で変化すると、δ と σ^2 の値が変化することである。これらの理由から、たいていのオンライン実験のトラフィック割り当てと期間を決定のさいには、第 15 章で紹介した方法の方が用いられる。

ここで、統計的検出力の概念のよくある誤解を強調しておく。多くの人は、検出力を検定の絶対的な特性と考えており、検出したい効果の大きさに対する相対的なものであることを忘れている。10% の差を検出するのに十分な検出力を持つ実験が、1% の差を検出するのに十分な検出力を持つとは限らない。これを間違い探しでの類推で説明すると、図 17.2 でのカエルの模様の差（実線の丸）に対して、葉っぱの差（破線の丸）の方が大きな差であるため、検出しやすい。

検出力分析は偽陽性と偽陰性と深く結び付いている。Gelman and Carlin (2014) は、サンプルサイズを小さく設定すると a) 結果を逆に結論付けてしまう確率（Type S [sign(符号)]）のエラー、および b) 効果の大きさが過大評価される確率（Type M [magnitude(マグニチュード)])のエラーも起こりやすくなるため、それぞれの程度も計算することが重要であると主張している。

バイアス

実験結果で得られた推定値と真の値の間の差が体系的に引き起こされたものをバイアスと呼ぶ。これは、プラットフォームのバグ、実験デザインの欠陥、または会社の従業員やテストアカウントのような代表的でないサンプルによって引き起こされることがある。第3章で、いくつかの例と、予防と検出のための推奨事項について議論した。

多重検定

実験ごとに何百ものメトリクスが計算されていると、実験者は「なぜこの関連しないメトリクスで有意差があるのか」と疑問に思うことが多い。実験のために100のメトリクスを計算していた場合、有意水準を5%とすると、何もしていない場合でも統計的に有意であると思われるメトリクスは5つ程度あっても不思議はない(メトリクスが独立していると仮定して)。この問題により、何百もの実験や、実験ごとに複数回の反復実験を行う場合により悪影響を及ぼす。つまり複数のものを並行してテストすると偽陽性が増える。これは「多重検定」問題と呼ばれる。

ここでは、多重に実験を行った場合でも、偽陽性と偽陰性が合理的にコントロールされていることを保証する方法について考える。数多くの研究があるがほとんどの場合で、単純だが厳しすぎるか、複雑で使いにくいかのどちらかである。例えば、ボンフェローニ補正は、一般的に利用され一貫性はあるが非常に小さいp値のしきい値(0.05をテスト実施数で割った値)を使用するもので、前者のカテゴリーに該当する。Benjamini Hochberg法 (Hochberg and Benjamini 1995) は、異なる検定に対して異なるp値のしきい値を使用する方法で、後者のカテゴリーに該当する。

実際にメトリクスが予想外に有意な場合の対処方法を考える。ここでは、シンプルな2つのステップからなる経験則を紹介する。

1. まず、すべてのメトリクスを3つのグループに分ける。
   - グループ1:実験の影響を受けると予想されるもの
   - グループ2:影響を受ける可能性のあるもの(例、効果の共食いが発生)
   - グループ3:影響を受けそうにないもの
2. 各グループに段階的な有意水準を適用する(例えば、グループ1から順番に0.05, 0.01, 0.001)。

この経験則は、興味深いベイズ的解釈に基づいている。実験を実行する前に、帰無仮説が真であるとどれだけ信じられるかに依存している。より強く信じているほど、有意水準の数値を高く設定できる。

フィッシャーのメタアナリシス

ここでは、第 8 章の過去の実験のメタアナリシスをもとに、パターンの特定、インスティチューショナルメモリの作成と活用の方法について議論する。特に本節では、同じ仮説を検証する複数の実験の結果を組み合わせることに注目する。例えば、意外な結果が得られた実験を再度行うことは珍しくない。再実験は、再度ランダム化するか、元の実験で割り当てられなかったユーザーを使用するかして行われる。元の実験と再実験から互いに独立した p 値が得られる。直感的には、1 つの p 値だけが 0.05 よりも小さい場合よりも両方の p 値が 0.05 よりも小さい場合は、介入に影響があることの証拠が強くなったように思われる。この直感を、Fisher はメタアナリシス法 (Fisher 1925) で定式化を行い、複数の独立した統計検定からの p 値を 1 つの検定統計量に結合できると主張した（式 17.9）。

$$x_{2k}^{2} = -2\sum_{i=1}^{k} ln(p_i) \tag{17.9}$$

ここでの p_i は、i 番目の仮説検定から得られた p 値である。もしすべての帰無仮説（k 個）が真ならば、この右辺の値は自由度 $2k$[*11]のカイ 2 乗（χ^2）分布に従う。Brown (1975) は p 値が独立していない場合の拡張を行った。Edgington (1972) や Mudholkar and George (1979) といった、p 値を組み合わせる他の方法もある。より詳しい議論は Hedges and Olkin (2014) を参照。

一般的に、フィッシャーの方法（または他のメタアナリシスの手法）は、検出力を高め偽陽性を減らす[*12]優れた方法である。最大検出力のトラフィック配分（第 15 章参照）や分散の抑制（第 22 章参照）などの検出力を増加する技術をすべて適用した後でも、検出力が不足する実験があった場合、同じ実験を 2 つ以上の独立な再実験を次々に実施し、フィッシャーの方法を用いてそれらの結果を組み合わせることで、より高い検出力を得ることができる。

[*11] 訳注：k の 2 倍。2,000 ではない。

[*12] 訳注：多重検定のわなを回避できるため。

第18章
分散の推定と分析感度の向上
～ その落とし穴と解決方法 ～

検出力が高ければ、効果の大きさも小さくて済む。

— *Unknown*

注意を払うべき理由：分析方法に信用ができなければ、実験を行う意味がない。実験分析の中でも分散はその中核をなすものである。これまで紹介してきたほとんどの統計的概念（統計的有意性、p 値、検出力、信頼区間など）は分散に関連している。分散を正しく理解するだけではなく、分散を軽減する方法を理解することで統計的仮説検定による実験感度を高めることができる。

本章では、p 値と信頼区間を計算するための最も重要な要素である分散について説明する。本章は (1) 分散推定における一般的な落とし穴（とその解決策）と、(2) 分析感度を向上させるための分散軽減手法の 2 つで構成される。

まず、$i = 1, \ldots, n$ 個の独立同分布（i.i.d.）サンプルを用いて、メトリクスの平均値の分散を計算する標準的な手順を追う。ほとんどの場合、i はユーザーだが、セッション、ページ、日などであってもここでの議論では問題ない。

- メトリクスの平均値の計算式：$\overline{Y} = \frac{1}{n}\sum_{i=1}^{n} Y_i$
- 標本分散の計算式：$var(Y) = \hat{\sigma}^2 = \frac{1}{n-1}\sum_{i=1}^{n}(Y_i - \overline{Y})^2$
- メトリクスの平均値の分散の計算式。これは標本分散を n で割ったものと等しい：$var(\overline{Y}) = var(\frac{1}{n}\sum_{i=1}^{n} Y_i) = \frac{1}{n^2} * n * var(Y) = \frac{\hat{\sigma}^2}{n}$

よくある落とし穴

分散を誤って推定すると、p 値と信頼区間が正しくなくなり、仮説検定からの結論が間違ったものになる。分散を過大に見積もると偽陰性が引き起こされ、分散を過小に見積もると偽陽性が発生する。ここでは、分散の推定に関連するいくつかの一般的な落とし穴を紹介する。

差分 vs. % の差分

実験の結果を報告するさいに、絶対的な差ではなく相対的な差を使用することは非常に一般的に行われる。絶対的な差を用いた場合、平均的なユーザーからのセッション数が 0.01 だけ増加したことが大きな変化であるか否かや、他のメトリクスへの影響と比較してどうなのかを知ることは困難である。意思決定者は通常、1% のセッション増加の大きさを理解している。**% の差分**と呼ばれる相対的な差は、次のように定義される。

$$\Delta\% = \frac{\Delta}{\overline{Y^c}} \tag{18.1}$$

$\Delta\%$ の信頼区間を適切に推定するには、その分散を推定する必要がある。差分の分散は、各実験群の分散の合計である。

$$var(\Delta) = var\left(\overline{Y^t} - \overline{Y^c}\right) = var\left(\overline{Y^t}\right) + var\left(\overline{Y^c}\right) \tag{18.2}$$

$\Delta\%$ の差分の分散を計算するとき、犯しやすい誤りは、$var(\Delta)$ を $\overline{Y^c}^2$ で割ったもの、つまり $\frac{var(\Delta)}{\overline{Y^c}^2}$ とするものである。これは正しくなく、なぜなら $\overline{Y^c}$ 自体も観測値から計算された値であり母集団の真のパラメータではないからである。正しい分散の計算式は式 18.3 である。

$$var(\Delta\%) = var\left(\frac{\overline{Y^t} - \overline{Y^c}}{\overline{Y^c}}\right) = var\left(\frac{\overline{Y^t}}{\overline{Y^c}}\right) \tag{18.3}$$

本節の後半でこの比率の分散をどのように計算するかについて議論する。

比率の指標。分析単位が実験単位と異なる場合

多くの重要なメトリクスは、2 つのメトリクスの比率によって計算される。例えば、クリックスルー率（click-through rate：CTR）は総ページビューに対する総クリック数の比率として定義され、クリック当たりの収益は総クリック数に対する総収益の比率として定義される。ユーザー当たりのクリック数やユーザー当たりの収益な

どのメトリクスとは異なり、2 つのメトリクスの比率を使用すると、分析単位はもはやユーザーではなく、ページビューやクリックになる。実験がユーザー単位でランダム化されている場合、分散を推定する上で課題となることがある[*1]。

この分散の式 $var(Y) = \hat{\sigma}^2 = \frac{1}{n-1}\sum^n i = 1(Y_i - \overline{Y})^2$ は非常にシンプルでエレガントだが、その背後にある重要な仮定が忘れられがちである。その仮定は、標本 $(Y_1, \ldots, Y_n)$ は，i.i.d.（独立同分布）であるか，少なくとも無相関である必要があるといったものである。この仮定は，分析単位が実験単位（つまりランダム化単位）と同じであれば満たされている。それ以外の場合は、通常は仮定を違反している。つまり、ユーザーレベルのメトリクスでは、各 Y_i はユーザーごとの測定値である。言い換えれば、分析単位と実験単位が一致しており独立同分布の仮定は妥当である。一方、ページレベルのメトリクスについては、実験がユーザーによってランダム化されている場合、各 Y_i はページの測定を表しており、Y_1, Y_2, および Y_3 がすべて同じユーザーによるものであり得るため、「相関している」可能性が高い。このような「ユーザー内での相関」のため、単純な式で計算された分散にはバイアスがのっている。

分散を正しく推定するには、実験群間の比率メトリクスを「ユーザーレベルメトリクスの平均」の比率として定式化することである（式 18.4 を参照）[*2]。

$$M = \frac{\overline{X}}{\overline{Y}} \tag{18.4}$$

$\overline{X}$ と $\overline{Y}$ は極限では多変量正規分布であるため、2 つの平均の比である M も正規分布である。したがって、デルタ法により、分散を式 18.5 のように推定することができる (Deng et al. 2017)。

$$var(M) = \frac{1}{\overline{Y}^2}var(\overline{X}) + \frac{X^2}{\overline{Y}^4}var(\overline{Y}) - 2\frac{\overline{X}}{\overline{Y}^3}conv(\overline{X}, \overline{Y}) \tag{18.5}$$

ここで X をコントロール群、Y を介入群の計測値とすると、X と Y は独立になるので共分散の項が 0 となるため式 18.6 のように書ける。

$$var(\Delta\%) = \frac{1}{\overline{Y^c}^2}var\left(\overline{Y^t}\right) + \frac{\overline{Y^t}^2}{\overline{Y^c}^4}var(\overline{Y^c}) \tag{18.6}$$

コントロール群と介入群の平均が有意に異なる場合、この値は $\frac{var(\Delta)}{\overline{Y^c}^2}$ の不正確な推定値とは大きく異なることに注意。

また、ページロード時間の 90 パーセンタイルのように、2 つのユーザーレベルのメトリクスの比率の形で表現できないメトリクスがあることにも注意。これらのメト

[*1] 訳注：第 14 章も参照。

[*2] 訳注：ユーザーごとに比率のメトリクスを計算し、その値を実験群内で平均をとる。

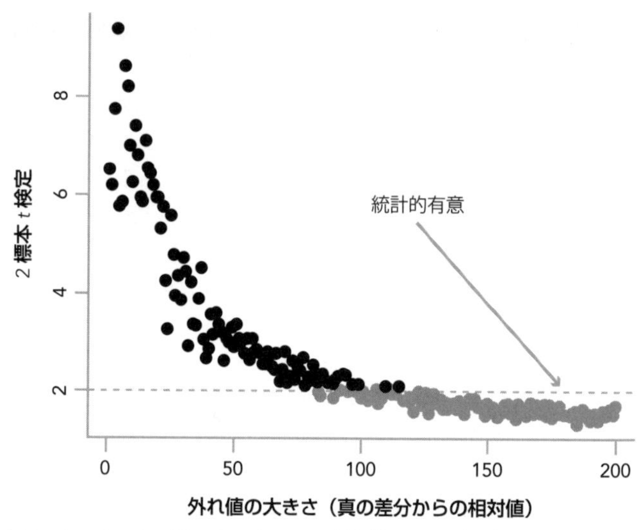

図 18.1 ● シミュレーションでは、たった 1 つの外れ値のサイズを大きくすると、2 標本検定は非常に有意なものからまったく有意ではないものへと変化する

リクスについては、ブートストラップ法 (Efron and Tibshirani 1994) で計算できる場合がある。ブートストラップ法では、無作為復元抽出を何度も繰り返し、分散を推定する。ブートストラップ法は計算量が多いという欠点があるが、広く適用可能な強力な手法であり、デルタ法を補完するのに適している。

外れ値

外れ値にはさまざまな形がある。最も一般的なものは、ボットやスパムがクリックしたり多くのページビューを実行したりすることで発生するものである。外れ値は、平均値と分散の両方に大きな影響を与える。統計的検定では、分散への影響が平均への影響を上回る傾向がある。

介入群は、コントロールに対して正の差分が本当に存在する状況下でのシミュレーション結果をもとに解説する。介入群に正の外れ値を 1 つ追加する。外れ値のサイズは、実際の差分のサイズの倍数とした。この倍数（相対的なサイズ）を変化させると、外れ値が介入群の平均を増加させる一方で、分散（または標準偏差）をさらに増加させることがわかる。結果として、図 18.1 では、外れ値の相対サイズが増加するにつれて t 統計量が減少し、最終的には検定がもはや統計的に有意でなくなることを示している。

つまり、分散を推定するとき、外れ値を除去することが重要である。実用的で効果的な方法は、合理的なしきい値で観測値を制限するシンプルな手法である。たとえば、人間のユーザーが500回以上検索を行ったり、1日に1,000回以上のページビューを行うことはまずあり得ない。他にも多くの外れ値除去のためのテクニックがある (Hodge and Austin 2004)。

実験感度の向上

私たちがコントロール実験を実行するとき、介入効果が存在すればそれを検出したいと考えている。この検出能力は、一般に統計的検出力または実験感度と呼ばれている。実験感度を改善する1つの方法は、分散を軽減することである。ここでは、分散を小さくするための多くの方法のうち、いくつかを紹介する。

- 似たような情報を取り込みつつ、より分散の小さい評価用のメトリクスを作成する。例えば、検索数は検索者数よりも分散が高く、購入額（実数値）は購入したかどうか（ブール値）よりも分散が高い。Kohavi et al. (2009) では、購入額の代わりにコンバージョン率を使用することで、必要なサンプルサイズを1/3.3に削減した具体的な例が示されている。
- キャッピング（値の範囲の制限）、2値化、または対数変換によってメトリクスを変換する。例えば、Netflixでは、平均ストリーミング時間を使用する代わりに、ユーザーが指定された期間に x 時間以上ストリーミングしたかどうかの2値化メトリクスを使用している (Xie and Aurisset 2016)。はげしいロングテールのメトリクスについては、特に解釈可能性が懸念されない場合は、対数変換の検討を推奨する。しかし、メトリクスの中には収益などの、対数化されたメトリクスがビジネスにとって正しい目標にならない場合がある。
- トリガー分析を使用する（第20章を参照）。これは、介入の影響を受けていないユーザーのノイズ除去に最適な方法である。
- 層別化、コントロール変数またはCUPEDを使用する (Deng et al. 2013)。層別化とは、サンプリング領域を層に分割し、各層内で個別にサンプリングし、個々の層からの結果を組み合わせて全体の推定値とする手法で、通常は層化なしで推定するよりも分散が小さくなる。一般的な層別には、プラットフォーム（デスクトップとモバイル）、ブラウザの種類（Chrome, Firefox, Edge）、曜日などがある。一般的[*3]には層別化はサンプリング段階（つまり実験時）に実施されるが、大規模に実装するにはかなりのコストがかかる。そのため、ほとんどのアプリケーションでは、分析フェーズの間にさかのぼって層別化を適用するポスト層別化が

[*3] 訳注：因果推論研究の話。

使用される。この手法はサンプルサイズが大きい場合は層別化と同じ効果が期待できるが、サンプルサイズが小さくサンプル間のばらつきが大きい場合は、分散をあまり減らせない可能性が高い。コントロール変数は、同様のアイデアに基づいている。こちらは層を構成するために共変量を使用する代わりに、共変量を回帰変数として使用する*4。CUPED はこれらの手法をオンライン実験に応用したもので、実験前のデータの活用を重視している (Soriano 2017, Xie and Aurisset 2016, Jackson 2018, Deb et al. 2018)。Xie and Aurisset (2016) は Netflix 実験での層別化、ポスト層別化、CUPED の性能を比較した。

- 実験単位をより細かい単位にする。例えば、ページのロード時間に着目した場合は、ページごとにランダム化することで大幅にサンプルサイズを大きくすることができる。また、検索クエリごとのメトリクスに着目した場合は、検索クエリごとにランダム化して分散を減らすこともできる。ただし、ユーザーよりも小さい実験単位ではデメリットがあることに注意*5。
  - UI に目立った変更を加えるという実験であれば、同じユーザーに一貫性のない UI を提供するとユーザー体験が悪くなってしまう。
  - 長期間のユーザーレベルの影響の測定が不可能になる（例、ユーザーの再訪率)。
- 対 (paired) の実験を設計する。同じユーザーにコントロールと介入の両方を見せることができれば、ユーザー間のばらつきが取り除かれ、全体の分散が軽減される。並び順を評価するために人気がある方法の 1 つであるインターリーブ設計は、同じユーザーに 2 つの並び順を結合したリストを提示する (Chapelle et al. 2012, Radlinski and Craswell 2013)。
- コントロール群をプールする。トラフィックを分割するいくつかの実験があり、それぞれに独自のコントロール群がある場合は、より大きな共有コントロール群を形成するために別々のコントロール群をプールすることを検討する。この共有コントロール群を各介入と比較することで、関係するすべての実験の検出力が増加する。コントロール群と比較しているすべての介入群のサイズがわかれば、共有コントロールの最適なサイズを数学的に導き出すことができる。ただし、これを実際に実施するためにはいくつかの考慮事項がある。
  - それぞれの実験が独自のトリガー条件を持っている場合、すべての実験を同じコントロール群で計測することは困難である。
  - 介入群同士で直接比較した場合は、コントロール群と比較した結果の重要度が下がる。

---

*4 訳注：共変量を説明変数、メトリクスを目的変数とし、重回帰分析を行い、共変量によるメトリクスへの影響（バイアス）を推定し、それを除外する方法。

*5 訳注：より詳細な議論は 第 14 章 を参照。

- プールされたコントロール群が介入群よりも大きい場合でも、同じサイズのコントロール群と介入群での比較には利点がある。バランスのとれた実験群は、正規分布への収束がより速くなり（第17章参照）とキャッシュサイズに関する潜在的な懸念が少なくなる（キャッシュをどのように実装するかに依存）傾向がある。

分散にまつわるその他の統計学

この本のほとんどの議論では、関心のある統計量は平均値であると仮定している。ここでは他の統計量、例えば定量値に興味がある場合を考える。ページロード時間（page-load-time：PLT）のような時間ベースのメトリクスに関しては、サイトスピードのパフォーマンスを測定するため平均値ではなく定量値を使用するのが一般的である。例えば、90パーセンタイルや95パーセンタイルは通常、ユーザーエンゲージメントに関連したロードタイムの測定に用いられ、99パーセンタイルはサーバーサイドのレイテンシの測定値で用いられることが多い。

ブートストラップ法を用いてテール部分の確率を求めて統計的検定を行う場合、データサイズが大きくなるにつれて計算量が高くなる。一方で、統計量が漸近的に正規分布に従う場合は、分散を簡単に推定できる。例えば、4分位点のメトリクスの分散は密度の関数で漸近できる (Lehmann and Romano 2005)。つまり密度を推定することで、分散を推定することができる。

もう1つ複雑なメトリクスの種類がある。ほとんどの時間ベースのメトリクスはイベントページレベルであり、ほとんどの実験はユーザーレベルでランダム化される。この場合は、密度推定とデルタ法の組み合わせが適用される (Liu et al. 2018)。

第19章 A/Aテスト

すべてがコントロール下にあるように見えるのなら、それは単に十分な速度がでていないだけである。

— *Mario Andretti*

もしすべてがコントロール下にあるなら、あなたは A/A テストを実施しているはずだ。

— *Ronny Kohavi*[*1]

注意を払うべき理由：A/A テストの実行は、実験プラットフォームの信用を確立する上で重要な過程である。実際に A/A テストは何度も失敗するもので、そこから前提条件の再評価やバグの特定につながることが多い。

A/A テストのアイデアは簡単である。通常の A/B テストのようにユーザーを 2 つの実験群に分ける、B を A と同じものにする（それゆえ、A/A テストと呼ばれる）。システムが正しく動作している場合、A/A テストを繰り返した場合、メトリクスの p 値が 0.05 未満で統計的に有意になる確率は約 5% でなければならない。p 値の計算に t 検定を行った場合、A/A テストの繰り返しから得られた p 値の分布は一様分布に近づくはずである。

なぜ A/A テストを実施するか

コントロール実験の理論をよく理解したとしても、実際の実装では複数の落とし穴がある。テスト (Kobavi, Longbotham et al. 2009) は、ヌルテスト（Null test）

[*1] https://twitter.com/ronnyk/status/794357535302029312

(Peterson 2004) と呼ばれることもあり、実験プラットフォームの信頼性を確立するために非常に有用である。

A/A テストは A/B テストとよく似ているが、コントロール群と介入群のユーザーの体験が同じである点に差異がある。A/A テストは以下のような複数の目的で使用される。

- 偽陽性は意図どおり（例えば 5%）にコントロールされているかの確認。例えば、本章後半の例 1 のように標準分散の計算がいくつかのメトリクスで不正確、あるいは正規性の仮定が違反しているかもしれない。A/A テストが予想外の割合で不合格になると、対処しなければならない問題が見えてくる。
- メトリクスのばらつきの評価。より多くのユーザーが実験に参加するようになると、A/A テストのデータからメトリクスのばらつきが時間の経過とともにどのように変化するかを確立できる。その結果、期待したほどは平均の分散が削減できていないことがわかるかもしれない (Kohavi et al. 2012)。
- コントロール群と介入群のユーザーの間にバイアスが存在しないことの保証。特に以前の実験から母集団を再利用する場合は注意が必要である。A/A テストはバイアス、特にプラットフォームレベルで導入されたバイアスを特定するのに非常に効果的である。例えば、Bing では、キャリーオーバー効果（または残留効果）を特定するために連続的な A/A テストを使用している (Kohavi et al. 2012)。
- データとシステムの記録の比較。A/A テストは組織内でのコントロール実験の開始前の最初のステップでよく用いられる。データが別々のロギングのシステムを使用して収集されている場合、キーとなるメトリクス（例えばユーザー数や収益や CTR）がシステムの記録と一致するかの確認は良い検証のステップとなる。
- サンプル比率の確認。システムの記録から実験中に X 人のユーザーが Web サイトを訪問したことがわかり、20% の割合でコントロール群と介入群にそれぞれ割り当てられた場合に、X の 20% 前後のユーザー数が各実験群にいるかを確認する。
- 統計的検出力の計算のための分散の推定。A/A テストによって、検出可能な最小効果を得るために A/B テストをどのくらいの期間実行するかを決定するための、メトリクスの分散が推定できる。

分布のミスマッチやプラットフォームの異常などの問題を発見するために、他の実験と並行して連続的な A/A テストを実行することを強く推奨する。

以下の例では、A/A テストの方法と、それを実行する理由を強く示した。

例 1：分析単位がランダム化単位と違った場合の誤り

第 14 章で議論したように、ユーザーごとにランダム化しページごとに分析することが必要な実験があり得る。例えば、アラートシステムは、一般的に、ほぼリアルタイムですべてのページを集約することで、ページロード時間（PLT）と CTR を見る。そのため、ページごとの介入効果の推定が必要になることが多い。

ここでは CTR に着目し、異なる分析単位で計算する 2 つの一般的な方法について説明する。1 つ目はクリック数をカウントしてページビュー数で割る方法で、2 つ目は各ユーザーの平均 CTR を計算した後にすべての CTR で平均化する方法である。ユーザーでのランダム化が行われる場合、最初の定義式ではランダム化単位とは異なる分析単位を使用しているため、独立性の仮定に違反し、分散の計算がより複雑になる。

ここでは両方の分析の比較をする。

ここで n はユーザー数で、K_i はユーザー i のページビュー数である。N は総ページビューは $N = \sum_{i=1}^{n} K_i$ である。$X_{i,j}$ はページ j をユーザー i がクリックした数である。

ここで、2 通りの合理的な CTR の定義を見てみる。

1. 定義 1。すべてのページとユーザーのクリックを足し合わせ、それを総ページビューで割ったもの（式 19.1）。

$$CTR_1 = \sum_{i=1}^{n}\sum_{j=1}^{K_i} X_{i,j} \Big/ N \tag{19.1}$$

もしユーザーが 2 人だけで 1 人はクリックなしでページビュー 1 回で、もう 1 人がクリック 2 回でページビュー 2 回ならば式 19.1 の定義だと CTR は 2/3 となる（式 19.2）。

$$CTR_1 = \frac{0+2}{1+2} = \frac{2}{3} \tag{19.2}$$

2. 定義 2。各ユーザーごとに CTR を計算し、その後にすべての CTR の平均をとったもの。平均の処理が 2 回行われている（式 19.3）。

$$CTR_2 = \sum_{i=1}^{n} \frac{\sum_{j=1}^{K_i} X_{i,j}}{K_i} \Big/ n \tag{19.3}$$

定義 1 と同じ例で計算するとこちらの CTR では 1/2 になる（式 19.4）。

$$CTR_2 = \frac{0}{1} + \frac{2}{2} \Big/ {}_2 = \frac{1}{2} \tag{19.4}$$

これらの定義に正解も間違いもなく、どちらも CTR として有用な定義である。しかし、異なる計算であるため、異なる結果が得られる。実際には、スコアカードで両方のメトリクスを公開するのが一般的だが、多くのページビューや頻繁なクリックをするボットなどの外れ値に対しては、定義 2 を推奨する。

分散を計算するときに間違いを犯すことは簡単である。A/B テストがユーザーによってランダム化されている場合、最初の定義の分散を計算するときにこのような結果が得られる（式 19.5 を参照）。

$$VAR(CTR_1) = \sum_{i=1}^{n} \sum_{j=1}^{K_i} (X_{ij} - CTR_1)^2 \Big/ {}_{N^2} \tag{19.5}$$

これは、X_{ij} が独立していると仮定しているため、正しくない（第 14 章と第 18 章を参照）。偏りのない分散の推定値を計算するには、デルタ法またはブートストラップ法が必要である (Tang et al. 2010, Deng et al. 2011, Deng. Lu and Litz 2017)。

私たちが最初にこの問題に気がついたのは、独立性の仮定違反を理論的に発見したのではなく、A/A テストによって CTR_1 が予想された 5% よりもはるかに多い頻度で統計的に有意になったためである。

例 2：統計的に有意な結果が得られたら、楽観的に実験を停止させる誤り

書籍 *A/B Testing: The Most Powerful Way to Thun Clicks into Customers* (Siroker and Koomen 2013) は、実験を終了させるための誤った手順を提案している。「テストが統計的に有意な結論に達したら、あなたの答えが出ます」「テストが統計的に有意な結論に達したら……」(Kohavi 2014) と書かれている。一般的に使われている統計学では、実験の最後に 1 回の検定が行われることを前提としており、「結果ののぞき見（peeking）」はその前提に違反しており、予想以上の多くの偽陽性が発生することになる。

Optimizely の初期のバージョンでは、結果ののぞき見を奨励していたため、早期に実験を停止してしまい、多くの誤った成功につながった。何人かの実験者が A/A テストを実行し始めたとき、彼らはこれに気づき、「How Optimizely (Almost) Got Me Fired」(Borden 2014) のような記事につながった。Optimizely は、Ramesh Johari, Leo Pekelis, David Walsh といったこの分野の専門家と協力し改良を行い

「Optimizely New Stats Engine」(Pekelis 2015, Pekelis, Walsh, Johari 2015) と命名されたものの開発に至った。彼らは用語集 (Optimizely 2018a) で A/A テストを扱うようになった。

例3：ブラウザのリダイレクトからなる問題

Web サイトの新バージョンを構築しており、旧バージョンと新バージョンの A/B テストを実行したいとする。実験群 B のユーザーは新しい Web サイトにリダイレクトされるとする（ネタバレ注意：B の方が高い確率で負ける）。これは多くのアイデアのように、シンプルでエレガントだが、欠陥がある。

このアプローチには3つの問題点がある (Kohavi and Longbotham 2010, section 2)。

1. パフォーマンスの違い。リダイレクトされたユーザーは、余分なリダイレクトを受けることになる。これは自分の環境では速く見えるかもしれないが、他の地域のユーザーは1から2秒の待ち時間が発生するかもしれない。
2. ボット。ロボットはリダイレクトを異なる方法で処理する。いくつかはリダイレクトしないかもしれないが、いくつかはこれを新しい未見の領域として扱い深くクロールする。通常は、すべての実験群にボットは一様に分布しているので、活動が小さいボットをすべて削除することは重要ではないが、新しいサイトや更新されたサイトでは、異なる動作を引き起こす可能性がある。
3. ブックマークや共有リンクが汚染の原因となる。ブックマークや共有リンクを使用して Web サイトの奥深く（例えば、製品の詳細ページなど）に入ったユーザーがリダイレクトされる。リダイレクトは実験群間で対称的でなければならないので、コントロール群のユーザーならばサイト A にリダイレクトしなければならない。

私たちの経験では、リダイレクトは通常 A/A テストに失敗する。実験を正しく実施するためには、リダイレクトがないように構築するか（例えば、サーバーサイドで2つのホームページのうちの1つを返す)、コントロール群と介入群の両方にリダイレクトを実行するか（コントロール群を劣化させる）のどちらかが必要である。

例4：偏ったパーセンテージからなる問題

不均等な分割（例えば、10%/90%）では、割り当てが多い実験群の方が実験結果が良くなることがある (Kobavi and Longbotham 2010, section 4)。コントロール群と介入群の間で共有される Least Recently Used（LRU）方式のキャッシュは、より大きい実験群にはより多くのキャッシュエントリーを持つことになる（実験では同じハッシュキーに対して異なる値をキャッシュする可能性があるため、実験 ID は常に実験によって影響を受ける可能性のあるキャッシュシステムの一部でなければならない点に注意)*2。第 18 章も参照。

場合によっては、LRU のキャッシング問題を避けるために、10%/10% の実験を実行する方が簡単なこともある（理論的には有用なデータの 80% を利用しない）。これは実行時に行わなければならない点に注意。50%/50% の A/A テストはパスしたとしても、90%/10% で実験を実行する場合は、実際にこれらの割合での A/A テストの実行を推奨する。

偏ったパーセンテージからくるもう 1 つの問題は、正規分布への収束率が異なることである。あるメトリクスの分布が非常にゆがんでいる場合でも中心極限定理では平均が正規分布に収束すると述べているが、パーセンテージが不等である場合、収束率が変わる。A/B テストでは、重要なのはコントロール群と介入群のメトリクスの差分であり、2 つの実験群のメトリクスの分布が同じ場合（正規分布でなくても）、差分はより正規分布に近いかもしれない。詳細は第 17 章を参照。

例 5：ハードウェアの違いからなる問題

Facebook は、複数のマシンでサービスを実行していた。彼らはサービスの新しい V2 を構築し、それを A/B テストしたいと考えていた。彼らは新しいマシンと古いマシンの間で A/A テストを行ったが、ハードウェアが同じだと思っていたにもかかわらず、A/A テストに失敗してしまった。小さなハードウェアの違いが、予想外の違いにつながることもある (Bakshy and Frachtenberg 2015)。

A/A テストの実行方法

A/B テストのシステムを利用する前に、常に一連の A/A テストを実行しておくこと。理想的には、1,000 回の A/A テストをシミュレーションして、p 値の分布をプロットする。この分布が一様でない場合は、問題がある。この問題を解決しない状態では、A/B テストのシステムを信用してはならない。

関心のあるメトリクスが連続的で、私たちの A/A テストの例でよく用いた平均が等しいのような単純な帰無仮説の場合、帰無仮説の下での p 値の分布は一様であるべきである (Dickhaus 2014, Blocker et al. 2006)。

図 19.1 は分析単位がランダム化単位と等しくないため、分散が正しく計算されないメトリクスの A/A テストからの非一様 p 値分布の例である。

*2 訳注：より大きい実験群はキャッシュヒット率が上がるため、応答速度などが良くなることで、結果も良くなる可能性が高くなる。

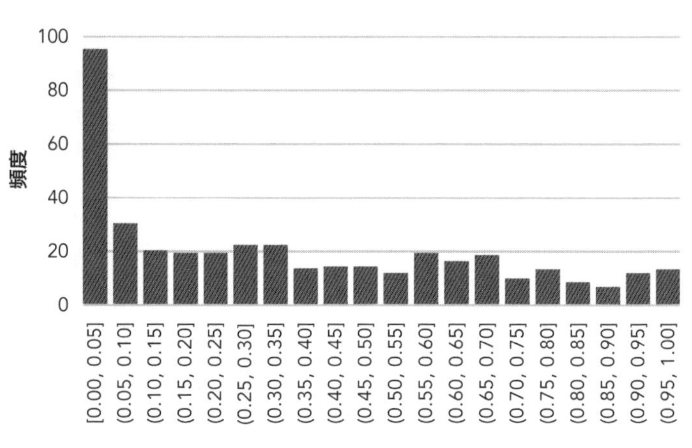

図 19.1 ● 分析単位がランダム化単位と等しくなく分散が正しく計算されないメトリクスの A/A テストからの p 値の非一様分布

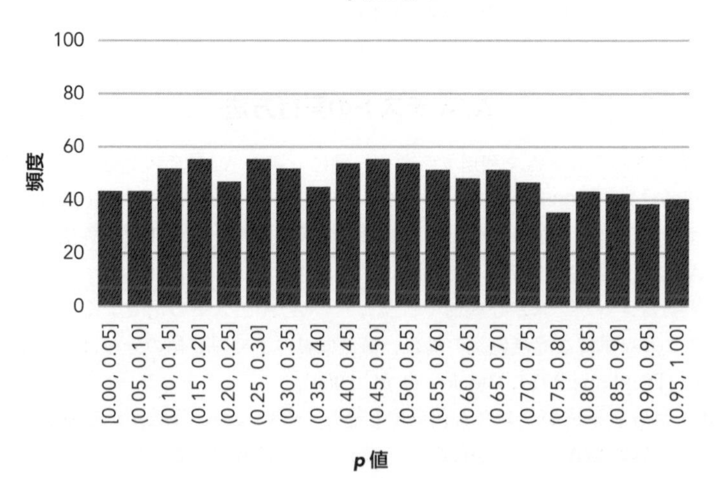

図 19.2 ● デルタ法を適用して分散を計算した場合。分布は一様に近い

デルタ法を適用した後は、分布がより均一になっていることを示している（図19.2）。

1,000 回の A/A テストの実行にはコストがかかるが、「先週を繰り返す」といったちょっとしたトリックがある。これはもちろん、関連する生データが保存されていることを前提としている。これは、将来のテストを実行したり、新しく開発されたメトリクスを適用したりするためにデータを保存するメリットの一例でもある。このアプローチではパフォーマンスの問題や上記の LRU キャッシュなどの共有リソースの問題をキャッチすることができないなどの限界があるが、その他の多くの問題を特定することにつながる非常に貴重な演習である。

A/A テストされる 2 つの実験群は同じものなので、プロダクトに変更を加えることなく、A/A テストをシミュレーションすることが可能である。ユーザー割り当てのためのランダム化のハッシュシードを新しく選択し、それでユーザーを 2 つの群に分割した状態で直近 1 週間のデータを比較することを何度も繰り返す。次に関心のあるメトリクス（通常は数十から数百ある）での p 値を計算し、メトリクスごとにその p 値のヒストグラムを生成する。

次に、分布が一様に近いかどうかを評価するために、Anderson-Darling や Kolmogorov-Smirnoff などの**適合度**検定 (Wikipedia contributors, Perverse Incentive 2019, Goodness of fit) を実施する。

A/A テストが失敗したとき

p 値の一様分布に対する適合度検定に失敗した場合の一般的シナリオを述べる (Mitchell et al. 2018)。

1. 分布がゆがんでおり、明らかに一様ではない場合。メトリクスの分散推定の問題である場合が多い（第 18 章を参照）。以下を確認する。
   a. ランダム化単位が分析単位と異なるため、CTR の例のように独立性の仮定に違反していないかを確認。その場合は，デルタ法を用いたブートストラップ法（第 15 章を参照）を用いる。
   b. メトリクスの分布が大きくゆがんでいないか確認。ユーザー数が少ない場合に、正規性の近似がうまくいっていない場合がある。最小のサンプルサイズを 100,000 ユーザー以上にする必要がある場合がある (Kohavi et al. 2014)。キャップ付きメトリクスや最小サンプルサイズの設定が必要な場合がある（第 17 章を参照）。
2. p 値の 0.32 周辺に山ができており、外れ値の存在を示す場合。例えば、データの中に非常に大きな外れ値 o が 1 つあると仮定する。t 統計量を計算するとき（式

19.6 を参照）

$$T = \frac{\Delta}{\sqrt{var(\Delta)}} \tag{19.6}$$

外れ値は 2 つの実験群のどちらかの 1 つに含まれ、他のすべての数値がこの外れ値に押しつぶされるため実験群間の平均の差分は o/n（またはその負数）に近いものになる[*3]。この実験群間の平均差分の分散も ${}^{o^2}/{}_{n^2}$ に近くなり、T 値は 1 に近いか -1 に近いものとなる。これは約 0.32 の p 値に対応する。

　これが見られる場合、外れ値の理由を調査するか、データに上限を設ける必要がある。そのような大きな外れ値がある状況では、t 検定が統計的に有意な結果をもたらすことはほとんどない（第 18 章を参照）。

3. 分布に複数の飛び飛びの山がある場合。これは、例えばデータが基本的にはゼロで、ごくまれにゼロ以外の値をとる場合に起こり得る。このような状況では、平均値の差分は少数の離散的な値しかとれず、p 値もまた少数の値しかとれない。この場合も t 検定は正確ではないが、以前の状況よりかはマシである。なぜなら新しい介入方法がまれな事象を頻繁に発生するようになるのなら、介入の効果は大きく出て、統計的に有意な結果を導出できるからである。

A/A テストに一度パスした後でも、A/A テストを A/B テストと並行して定期的に実行し、システム内のリグレッションや、分布が変化したため、あるいは外れ値が現れ始めたために A/A テストが失敗するようになったメトリクスの特定を推奨する。

[*3] 訳注：ここで n は実験対象の実験単位の数。

第20章
分析感度を向上させるトリガー

引き金（trigger）を引く前に標的を確認しろ。
— *Tom Flynn*

注意を払うべき理由：トリガーを用いることで、実験の影響を受けなかったユーザーからのノイズがフィルタリングされ排除されることによって、実験感度（統計的検出力）を向上させることができる。組織の実験成熟度が上がるにつれて、より多くのトリガーを用いた実験が実行されるようになる。

実験を分析するさいに、そのユーザーの実験群とそうでない実験群（反実仮想）との間にシステムやユーザー行動に（潜在的に）違いがある場合、ユーザーにトリガーをすることができる[*1]。トリガーは有用なツールだが、不正確な結果につながるいくつかの落とし穴がある。少なくともすべてのトリガーされたユーザーに対して分析することが重要である。実験時にトリガーのイベントがログに記録されていれば、トリガーされたユーザーの母集団の特定が容易になる。

トリガーの例

一部のユーザーにのみ影響を与える変更を行った場合、影響を受けていないユーザーの介入効果はゼロである。変更の影響を受けた可能性のあるユーザーだけを分析するという単純な観点は、実験の分析にとって深い意味を持ち、実験感度（統計的検出力）を大幅に向上させることができる。ここで、段階的に複雑さを増していくトリガーの例を述べる。

[*1] 訳注：具体的には次の節「トリガーの例」を参考。

例 1：意図的な部分的介入（事前に定義された一部ユーザーにのみ介入する場合）

米国のユーザーだけを変更を加える対象にした実験を考える。この場合では、米国のユーザーだけを対象に分析すべきである。なぜなら、米国以外の国のユーザーは変更対象でないので、彼らに対する介入効果はゼロであり、彼らを分析に加えることはノイズを追加して統計的検出力を低下させることになる。この分析で介入効果が確かめられた後は「米国以外のユーザーも含めた」分析を実施することを推奨する。なぜなら米国以外でも何らかの影響がある可能性があるからである。

上記の例は、Edge ブラウザを利用しているユーザー、配送先住所が特定の郵便番号にあるユーザー、先月に少なくとも 3 回訪問したヘビーユーザーなどの、特定の条件を満たすユーザーにのみ介入する場合も同様のことがいえる。ここでは介入対象の定義が実験開始前に十分に明確になっていることが重要であり、介入によって定義自身が影響を受けないように注意。

例 2：条件付きの介入（特定のユーザー行動によって介入が発動する場合）

特定の Web ページ（例：購入確認ページ）や、特定の機能を使用した（例：Excel のグラフをプロット）ユーザーのみに介入し、そのユーザーだけを分析する場合を考える。この例では、ユーザーが特定の条件を満たした場合に即座に介入されたとする。このような条件付き介入は一般的に行われる。

1. 購入確認ページへの変更：購入を開始したユーザーのみトリガー
2. Microsoft Word や Google Docs などのドキュメント共同編集などの共有機能への変更：共有した/されたユーザーのみトリガー
3. 退会画面への変更：この変更が表示されたユーザーのみトリガー
4. 検索結果一覧ページに天気の回答を表示させる変更：天気の回答が表示されるクエリを送信したユーザーのみトリガー

例 3：カバー率アップ（影響範囲を広げる介入をした場合）

ショッピングカートに 35 ドル以上入っているユーザーに送料無料のオファーを出していたとして、その基準を 25 ドル以上にまで引き下げる検証をしたとする。ここで重要なのは、「ある時点でショッピングカートに 25 ドルから 35 ドルあり、そこから購入を開始した」ユーザーのみが変更によって影響を受けたという点である。35 ドル以上また 25 ドル未満のショッピングカートではコントロール群と介入群との間に違いはない。つまり、ショッピングカートに 25 ドルから 35 ドルあり、送料無料のオファーを受けたユーザーのみをトリガーにする。この例ではサイト上にこの送料無

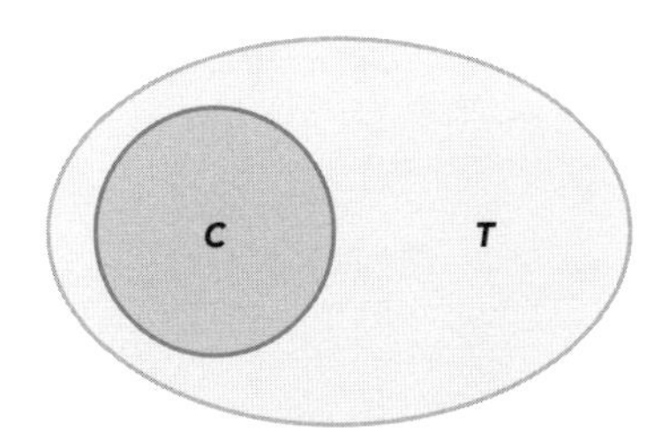

図 20.1 ● 介入は特定の機能のカバー範囲を拡大する場合。T かつ not C ユーザーのみトリガーされる。C（T の一部でもある）は、実験群間で同じオファーを見ているため介入効果はゼロである

料実験の「広告」がないものと仮定している。もし、ある時点で送料無料の広告が表示され、それがコントロール群と介入群との間で違いがある場合は、その広告表示時点がトリガーになる。

図 20.1 では、この例をベン図で示した。コントロール群は一部のユーザー（35 ドル以上）に送料無料のオファーを出し、介入群ではよりユーザー層に送料無料のカバー範囲を拡大（25 ドル以上）したことを表している。T の外側（25 ドル未満）のユーザーをトリガーする必要はなく（例 2 のように）、また C の条件（T の一部でもある）ではコントロール群と介入群のオファーは同じもの（35 ドル以上）なので、こちらのユーザーもトリガーする必要はない。

例 4：カバー範囲の変更（影響範囲を変更する介入をした場合）

図 20.2 のベン図に示されているように、カバー範囲が単なる拡大ではなく変更される場合は、少し複雑になる。例えば、コントロール群ではカートに 35 ドル以上のユーザーに送料無料のオファーを出しているが、介入群ではカートに 25 ドル以上かつ実験開始前の 60 日以内に商品を返品したことないユーザーに送料無料のオファーを出すとする。

コントロール群と介入群の両方で、「他の条件」（反実仮想と呼ぶ）を評価し、ユーザーをトリガーするには 2 つの実験群の間に違いがある場合のみを対象にしなければならない[*2]。

[*2] 訳注：この場合はコントロール群に「実験開始前の 60 日以内に商品を返品したことない」条件を追加し、「25 ドル以上 35 ドル未満かつ実験開始前の 60 日以内に商品を返品したことない」がトリガーになるだけでなく、介入群では「35 ドル以上かつ実験開始前の 60 日以内に商品を返品したことある」ユーザーに送料無料のオファーが表示されないためここでもコントロール群との違いが発生しトリガーとなる。前者は図 20.2 での not C かつ T に対応し、後者は C かつ not T に対応する。

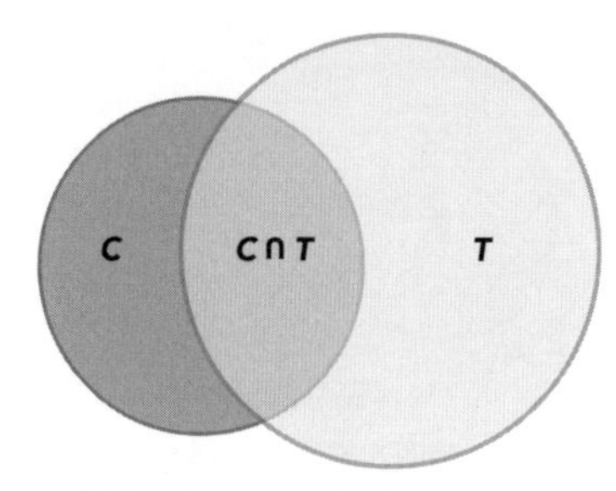

図 20.2 ● 介入によってカバー範囲が変更される場合。C かつ T のユーザーがまったく同じものを見ているなら残りのユーザーだけをトリガーにする

例 5：機械学習モデルのための反実仮想からのトリガー

ユーザーを 3 つのプロモーションのうちの 1 つに分類する機械学習の分類モデルや、ページに表示されているものに関連する商品を推奨するリコメンドモデルがあるとする。新しい分類モデルまたはリコメンドモデルをトレーニングし、オフラインテストで V2 がうまくいったとする。次に、それが OEC を改善するかどうかを確認するために実際のユーザーに向けて公開するとする（第 7 章を参照)。

新しいモデルがほとんどのユーザーにとって古いモデルと同じ出力値である場合、モデルからの出力が変わらないユーザーにとって介入効果はゼロである。出力値が変わらないユーザーを特定するために、反実仮想の生成を行う。つまり、コントロール群では、コントロール群と介入群の両方のモデルを実行し、コントロール群の古いモデルの出力値と介入群の新しいモデルの出力値（反実仮想）をログに記録するとする。そして、実際と反実仮想の出力値が異なるユーザーのみトリガーされる。

この状況では、新旧両方の機械学習モデルを実行するため、計算コストが増加する点に注意（例えば介入が 1 種類だけなら計算コストは倍になる)。2 つのモデルが平行に実行されていない場合はレイテンシにも影響がある可能性があり、このコントロール実験ではモデル実行の違い（例：片方のモデルの方が高速あるいはメモリ使用量が少ない、など）を明らかにすることができない。

数値を使った例 (Kohavi, Longbotham et al. 2009)

OEC の標準偏差 σ と所望の感度レベル Δ（つまり最小検出可能効果）が与えられると、信頼度 95% と検出力 80% の最小サンプルサイズ (van Belle 2008, 31) は、式

20.1 で近似される[*3]。

$$n = \frac{16\sigma^2}{\Delta^2} \tag{20.1}$$

実験期間中に訪問したユーザーの 5% が購入に至る EC サイトを例にする。コンバージョン（購入）の発生は $p = 0.05$ のベルヌーイ試行とみなす。ベルヌーイ分布の標準偏差 σ は $\sqrt{p(1-p)}$ であり、分散 $\sigma^2 = 0.05(1 - 0.05) = 0.0475$ である。（ここで最小検出可能効果を 5%。つまり既存の購入率の 5% 増加なので、購入確率が $0.05 * (1 + 0.05) = 0.0525$、変化量は $0.05 * 0.05 = 0.0025$ とすると）上記の式に代入して、$16 * 0.0475/(0.05 * 0.05)^2 = 121{,}600$ となるため、実験には最低でも 121,600 のユーザー数が必要である。

例 2 のように購入を開始したユーザーのみをトリガーできるとして、ユーザーの 10% が購入を開始した場合にトリガーされたユーザーのみ分析することを考える。この場合、全体の購入率が 5% で購入開始率が 10% であるため、購入開始したユーザーのみの購入率は 5%/10% = 0.5 と半数のユーザーが購入を完了する、つまり $p = 0.5$ である。ここでの分散の値は $0.5 * (1 - 0.5) = 0.25$ である。（最小検出効果はトリガーされたユーザーで 5% の増加量だとして、トリガーされたユーザーの購入確率が $0.5 * (1 + 0.05) = 0.525$、変化量は $0.5 * 0.05 = 0.025$ となり）必要なユーザー数は $16 * 0.25/(0.5 * 0.05)^2 = 6{,}400$ となる。実際に必要なユーザー数は購入開始したユーザーの割合が 10% であるため、$6{,}400 * 100\%/10\% = 64{,}000$ となり、トリガー分析しない場合のほぼ半分で済むことがわかる。したがって実験は半分の時間で同じ検出力を持つことがわかる（実際には再訪するユーザーがいるので半分のユーザーに到達する時間は半分以下になる（第 2 章 を参照））。

最適かつ保守的なトリガー

2 つの実験群を比較する場合、最適なトリガー条件は、2 つの実験群の間で何らかの違い（例、ユーザーがいた実験群と反実仮想との間など）があったユーザーのみを対象とすることである。

複数の介入群がある場合、実際のログ以外にもすべての実験群を反映した反実仮想が記録されることが理想的ではある。これにより影響を受けたユーザーのみを最適にトリガーできる。しかし、複数の介入の反実仮想のログを生成するために、複数のモデルを実行しなければならないなどの大量の計算コストがかかる可能性がある。

実際には保守的なトリガー、最適な場合よりも多くのユーザーを含むトリガーで妥協することがある。これによって分析が無効にはならないが、統計的検出力は劣化す

[*3] 訳注：第 17 章 の式 17.8 を参照。

る。この単純さと検出力のトレードオフの考慮には価値がある。以下にいくつかの例を示す。

1. 複数の介入。実験群間でのユーザーのトリガーの違いを分析に含める。各実験群の出力をログに記録する代わりに、出力が異なったことだけを示すブール値をログに記録する。一部のユーザーでコントロール群と介入群 1 との間に違いはなかったが、介入群 2 では違いがあったとする。この場合、単にコントロール群と介入群 1 を比較する場合でも、介入効果がゼロ[*4]ユーザーも含めて分析を行う。
2. 事後分析。実験が実行されたが何らかの問題で反実仮想のログが使えなかったとする。その際に、「購入開始ユーザー」のようなシンプルなトリガー条件を使うこともできる。このトリガーでは購入完了時のリコメンデーションモデルの出力値が新旧で異なったユーザーよりも多くのユーザーを含むが、それでも購入開始しなかった多くのユーザー（例えば、90%）を取り除くことができる。

全体的な介入効果

トリガーの元になった母集団に対する介入効果を計算するさいには、ユーザー全体に対して効果を希釈する必要があり、これは希釈された影響やサイドワイドインパクト（side-wide impact）と呼ばれることもある (Xu et al. 2015)。10% のユーザーに対して 3% の収益を改善した場合、全体の収益が $10\% * 3\% = 0.3\%$ 改善されたと考えるのは早計である。実際のところ全体的な改善幅がどのくらいか（0〜3% の間のどこか）はこの情報だけでは判断できない。

例 1

購入開始をトリガー[*5]にし、購入完了までの過程に変更を加えた[*6]場合、収益を生み出す唯一の方法がこの購入開始を経由するのならば、トリガーされたユーザーも全体の収益も 3% 改善したことになり、効果を希釈する必要はない。

例 2

購入金額が平均的なユーザーの 10% でしかない低消費ユーザー（全ユーザーの 10% いたとする）を対象にした場合、購入金額が 10% でしかない 10% のユーザーに 3% の収益改善した場合は、全体への介入効果は希釈されて、$10\%*10\%*3\% = 0.03\%$

[*4] 訳注：介入 1 とは違いがなかった。
[*5] 訳注：これが 10% のユーザーに対応。
[*6] 訳注：これで 3% の収益を改善したに対応。

と非常にわずかなものとなる。

- ここで ω をユーザー全体を表し、θ をトリガーの母集団を表すとする。
- $\boldsymbol{C}$ と $\boldsymbol{T}$ はそれぞれコントロール群と介入群を表すとする。

ここでメトリクス M を下記のように表すとする。

- $M_{\omega C}$ はトリガーされていないコントロール群のメトリクスの値
- $M_{\omega T}$ はトリガーされていない介入群のメトリクスの値
- $M_{\theta C}$ はトリガーされたコントロール群のメトリクスの値
- $M_{\theta T}$ はトリガーされた介入群のメトリクスの値

N をユーザー数とし、トリガーされた母集団に対する絶対的な効果を $\Delta_\theta = M_{\theta T} - M_{\theta C}$ と定義する。

トリガー元の母集団に対しての相対的な効果を $\delta_\theta = \Delta_\theta / M_{\theta C}$ と定義する。トリガー率 τ は、トリガーされたユーザーの割合であり、$N_{\theta C}/N_{\omega C}$ である。介入群のトリガー率は、コントロール群の値を使用してもよいし、式 20.2 に示すような式で求めてもよい[*7]。

$$(N_{\theta C} + N_{\theta T})/(N_{\omega C} + N_{\omega T}) \tag{20.2}$$

ここでは、改善の影響の希釈の仕方を考えるための 2 つの方法を紹介する。

1. 介入効果の絶対値を合計で割ったもの（式 20.3 参照）。

$$\frac{\Delta_\theta * N_{\theta C}}{M_{\omega C} * N_{\omega C}} \tag{20.3}$$

2. 「トリガーされていないメトリクスに対する介入効果の相対的な比率」をトリガー率で掛けたもの（式 20.4 参照）。

$$\frac{\Delta_\theta}{M_{\omega C}} * \tau \tag{20.4}$$

τ は $N_{\theta C} - N_{\omega C}$ なので、式 20.4 は式 20.3 と等価である。トリガー率で直接希釈する場合によくある失敗は下記の式 20.5 のように計算することである[*8]。

$$\frac{\Delta_\theta}{M_{\theta C}} * \tau \tag{20.5}$$

[*7] 訳注：コントロール群と介入群はランダムサンプリングで作られるので理論的にはトリガー率に違いはない。有意な違いがあった場合は SRM を疑う。

[*8] 訳注：10% のユーザーに対して 3% の収益を改善した場合、全体の収益が $10\% * 3\% = 0.3\%$ 改善された、に対応。

この計算式はトリガーされたユーザーが母集団からランダムサンプリングされた場合には正しいが、そうでない場合（ほとんどの場合）は $M_{\omega C}/M_{\theta C}$ の分だけ不正確である[*9]。

割合のメトリクスの希釈にはより洗練された式を使用する必要がある (Deng and Hu 2015)。割合のメトリクスはシンプソンのパラドックス（第 3 章を参照）を引き起こす可能性があることに注意。

信用できるトリガー

トリガーの使用が信用できることを保証するためにやるべき検証が 2 つある。この検証は非常に価値があり、問題点が定期的に明らかになる。

1. サンプル比率のミスマッチ（Sample Ratio Mismatch：SRM, 第 3 章を参照）
   実験全体では SRM がないのに、トリガーの分析では SRM がある場合、何らかのバイアスが導入されていることになる。しばしば、反実仮想のトリガーは適切に実行されない。
2. 補完となる分析
   「一度もトリガーされなかった」ユーザーのスコアカードを作成すると、A/A テストのスコアカードが得られるはずである（第 19 章を参照）。メトリクスが予想されるよりも統計的に有意な場合はトリガー条件に誤りがあり、トリガー条件に含まれていないユーザーに何らかの影響を与えてしまっていた可能性が高い。

よくある落とし穴

トリガーは強力なコンセプトだが、他にも注意すべき複数の落とし穴がある。

落とし穴 1：一般化しにくい実験と小さなセグメント

母集団全体のメトリクスを改善しようとしている場合、実験の希釈された効果値が重要である。あなたがメトリクスを 5% の大幅な改善をしたとしても、トリガーとなる母集団が全体のユーザーの 0.1% であれば、$\tau = 0.001$ で式 20.6 を計算して希釈された効果値を求めることになる[*10]。

$$\frac{\Delta_\theta}{M_{\omega C}} * \tau \tag{20.6}$$

[*9] 訳注：式 20.5 を式 20.4 で割って導出。
[*10] 訳注：左辺は 5% ではない。式 20.4 と式 20.5 の議論を参考。

コンピュータアーキテクチャの世界では システム全体の実行時間のごく一部である部分の高速化に注力しない理由として、アムダールの法則が有名である。

この規則には 1 つの重要な例外があり、それは小さなアイデアの一般化である。例えば、2008 年 8 月に MSN UK は、Hotmail へのリンクが新しいタブ（古いブラウザの場合は新しいウィンドウ）で開かれるという実験を行い、ホームページ上のクリック数/ユーザー数で測定される MSN ユーザーのエンゲージメントが、Hotmail のリンクをクリックしたトリガーされたユーザーに対して 8.9% 増加した (Gupta et al. 2019)。これは大規模な改善ではあったが、比較的小さなセグメントであった[*11]。しかし、その後数年に渡ってこのアイデアを一般化するための一連の実験が行われ、当時は非常に物議を醸し出した。2011 年までに、MSN US は 1,200 万人以上のユーザーを対象とした非常に大規模な実験を行った。これはユーザーのエンゲージメントを高めるという点で、MSN がこれまでに実装した機能の中でも最も優れたものの 1 つであった (Kohavi et al. 2014, Kohavi and Thomke 2017)。

落とし穴 2：実験期間に対しての不適切なトリガー分析

ユーザーが一度トリガーされると、今後の分析にはそのユーザーを含めなければならない。介入は将来の行動に対して何らかの影響を与えることが考えられる。日やセッションごとにトリガーの判定を行った場合、過去にトリガーされた影響を見落とすことがある。例えば、介入がユーザーの再訪を大幅に減少させるひどい体験だった場合、日やセッションごとに分析していると介入の悪影響を過小評価することになってしまう。もし、ユーザー当たりの訪問数が有意に変化していないのならば、統計的検出力を得るためにトリガーされた訪問だけを見ることが可能である。

落とし穴 3：反実仮想のログのパフォーマンス影響

反実仮想を記録するために、コントロール群と介入群の両方でお互いのコード（例えば機械学習モデル）を実行した場合を考える。一方の実験群のモデルがもう片方のモデルよりも著しくレイテンシを悪化させる場合、この影響はコントロール実験では見えない。この問題には下記の 2 つの工夫が有用である。

1. この問題を意識していること。各モデル実行のタイミングをログに記録し、直接比較できるようにする。
2. A/A′/B 実験を実行する。ここで、A はオリジナルのシステム（コントロール）で、A′ は、反実仮想のログを取得しているオリジナルのシステムで、B は反実仮想のログを取得している新しい処理である。A と A′ が有意に異なる場合、反実仮

[*11] 訳注：MSN UK だけでの実験だったため。

想のログが影響を与えていることの警告になる。

反実仮想のログ取得は、コントロール群を共有することを非常に困難にする（第 12 章と第 18 章を参照。これらの共有コントロール群は特にコード変更なしに実行される）。場合によっては、他の方法でトリガー条件を再定義もできるが、これは最適ではないトリガー条件や誤った条件になる可能性がある[*12]。

オープンクエスチョン

明確な答えがいまだにない課題を紹介する。賛否両論あり「答え」がない場合でも課題を知っておくことは大切である。

クエスチョン 1：トリガーの単位

ユーザーがトリガーされると、トリガー対象になった時刻以降の行動だけを考慮するとする。なぜならば、明らかにトリガー対象になる前には介入の影響を受けないからである。しかし、その結果トリガーされたセッションは部分的なものとなりメトリクスは異常なものになった（例えば、購入開始前のクリック数がゼロになった）。この場合はユーザー行動のログを、セッション全体で取るのが良かったのか、丸一日分で取るのが良かったのか、実験開示からのすべての期間で取るのが良かったのだろうか。

計算的には、実験開始時からのすべてのデータでログを取り、任意の時点でトリガーされたユーザーを対象に分析することは可能だが、これは統計的検出力の小さな損失を引き起こす。

クエスチョン 2：時間をかけてメトリクスをプロットする

メトリクスの累積の時系列プロットは、しばしば偽の傾向を示す (Kohavi et al. 2012, Chen, Liu and Xu 2019)。メトリクスの時系列プロットは、その日に訪問したユーザーからの値から日ごとに計算する方が望ましい。ユーザーのトリガーにも同じ問題が発生する。例えば、初日は 100% のユーザーがトリガーされたが、2 日目に

[*12] 原著者による補足説明：いくつかのプラットフォーム（マイクロソフトの ExP もその 1 つ）では、実験者が実験後に式や条件を設定することで、トリガーとなる条件を定義することができます。例えば、ユーザーがクーポンコードを入力する「クーポンコード」をクリックしたときに表示されるポップアップを実験で変更したとします。理想的には、「クーポンコード」をクリックしたことをトリガー条件にしたいところです。しかし、「購入処理を開始したすべてのユーザー」というトリガー条件で分析すると、ユーザーのスーパーセットをトリガーにしていることになりますが、これは有効です。これは、（この章で前述したように）多くのユーザーを含むので最適ではありませんが、分析の観点からは正しいです。

は新たにトリガーされたユーザーはごく一部だった。これは初日にトリガーされてしまったユーザーは2日目にはトリガーされなかったためである。その結果、介入効果が時間とともに減少していく偽の傾向が現れてしまった。時系列プロットにするには、おそらくは日ごとにその日に訪問したユーザーがその日にトリガーされるかの判定を行った場合の結果をプロットした方が望ましいだろう。しかし、この方法では全体的な介入効果はすべての日を含めて考えなければならないので、単日と全体（または複数日）で数値が一致しなくなるといった重要な問題がある。

第21章
サンプル比率のミスマッチと信用性に関連するガードレールメトリクス

「故障の可能性があるものと、ぜったいに故障しないものとの大きな違いは、ぜったいに故障しないものが故障したときは、そばに近づくことも修理することもたいてい不可能だということです」

— *Douglas Adams*[*1]

注意を払うべき理由：ガードレールメトリクスは、実験の前提条件に違反していないことを実験者が確認するために設計される重要なメトリクスである。ガードレールメトリクスには、組織に関連したものと信用性に関連したものの2種類ある。第7章では、ビジネスを守るために使用される組織的なガードレールについて説明した。一方、本章では信用性に関連するガードレールであるサンプル比率のミスマッチ（Sample Rate Mismatch：SRM）について詳しく説明する。SRMのガードレールは、実験結果の内部妥当性と信用性を確保するための手段であり、すべての実験で含まれるべきである。その他のいくつかの信用性に関連したガードレールメトリクスも本章で扱う。

Douglas Adamsの引用で示したように、多くの人は実験が設計どおりに実行されると仮定している。その仮定が正しくない場合、そしてそれが人々の予想以上に頻繁に発生した場合、分析は通常大きく偏り、いくつかの結論は無効になる。複数の企業がSRMが起こったことを報告しており、SRMの検証のガードレールとしての価値を強調している (Kohavi and Longbotham 2017, Zhao et al. 2016, Chen, Liu and Xu 2019, Fabijan et al. 2019)。

*1 『ほとんど無害』，安原和見 訳，河出書房新社，2006年。

サンプル比率のミスマッチ（SRM）

SRM のメトリクスは、2 つの実験群（通常はコントロール群と介入群）間のユーザーの比率（または他の単位、第 14 章を参照）を調べる。2 つの実験群に特定の比率（例えば 1 : 1）でユーザーを割り当てるような実験デザインでは、実際の割り当て比率は実験デザインの割り当て比率とほぼ一致していなければならない。介入によって影響を受ける可能性のあるメトリクスとは異なり、ユーザーをどの実験群に割り当てるかの決定は介入とは独立していなければならないので、実験群間のユーザーの比率は実験デザインと一致していなければならない。たとえば、偏りのないコインを 10 回ひっくり返して、4 つの表と 6 つの裏（表の比率が裏に対して 0.67）は驚くことではない。しかし、大数の法則から、サンプルサイズが大きくなればなるほど、高い確率で比率は 1 に近づくはずである。

サンプル比率のメトリクスの p 値が低い場合、すなわち実験デザインの比率を帰無仮説とおいた場合に、実際に得られた比率（とより極端な比率）がその帰無仮説の元で得られる確率が十分低いときは SRM が発生しており、他のすべてのメトリクスの値は妥当ではない。p 値の計算には、標準的な t 検定またはカイ 2 乗（χ^2）検定が使用される。これらの検定の Excel スプレッドシートの例は、`http://bit.ly/srmCheck` で入手できる。

シナリオ 1

この実験では、コントロール群と介入群にそれぞれ 50% のユーザーが割り当てられているとする。それぞれにほぼ同じ数のユーザーがいると想定されるが、実際の結果は次のようになった。

- コントロール群のユーザー数：821,588
- 介入群のユーザー数：815,482

実際の実験群間の比率は 0.993 であるのに対し、実験デザインが要求する比率は 1.0 である。上記の 0.993 のサンプル比率での p 値は 1.8E–6 であり、コントロール群と介入群のユーザー数が等しくなる実験デザインが正しく実装できているとすると、この比率またはそれ以上の極端な比率が得られる確率は、1 SE–6，つまり 50 万分の 1 以下である。

非常に可能性の低い事象を観察したといえる。したがって、実験の実装にバグがある可能性が高く、他のメトリクスを信用してはならない。

	Treatment	Control	Delta	Delta %	P-Value	P-Move	Treatment	Control	Delta	Delta %	P-Value	P-Move
Metadata												
ScorecardId	96699772						96762547					
Sample Ratio [by user]	0.9938 = 959,716 (T) / 965,679 (C)					P=2e-5	0.9993 = 924,240 (T) / 924,842 (C)					P=0.6580
Sample Ratio [by page]	0.9914 = 6,906,537 (T) / 6,966,740 (C)					-	0.9955 = 6,652,169 (T) / 6,682,151 (C)					-
Trigger Rate [by user]						-	0.9604 = 1,849,082 (T+C) / 1,925,395 (T+C)					-
Trigger Rate [by page]						-	0.9612 = 13,334,320 (T+C) / 13,873,277 (T+C)					-
Main Metrics												
Success Metrics												
Sessions/UU				+0.54%	0.0094	12.8%				+0.19%	0.3754	0.2%
				+0.20%	7e-11	>99.9%				+0.04%	0.1671	10.1%
				+0.49%	2e-10	>99.9%				+0.13%	0.0727	24.6%
				-0.46%	4e-5	99.5%				-0.12%	0.2877	7.4%
				+0.24%	0.0001	99.0%				+0.01%	0.8275	0.7%

図 21.1 ● Bing のスコアカード。左の列はメタデータ、つまりメトリクス名を示している。中央の列は、実験全体の各メトリクスの統計量を示している。右側の列は、母集団のセグメント[*2]の各メトリクスの統計量を示している

シナリオ 2

このシナリオでは、コントロール群と介入群にそれぞれ 50% のユーザーが割り当てられ、実際の比率は 0.994 となった。p 値を計算すると 2E–5 となり、これもまた非常に可能性が低い事象であることがわかった。これは小さなパーセンテージだが、メトリクスはどのくらいずれているのか、本当に結果を捨てなければならないのかを実際の例で確認する。

図 21.1 は Bing の実際のスコアカードである。

中央の列は、介入群、コントロール群、差分、差分（%）、p 値、および P–Move（この例では重要ではないベイズ確率）を示している。介入とコントロールの値は、機密データの開示を避けるために隠されているが、この例では重要ではない。Sessions（セッション）/ UU（UU = Unique User）から始まり、5 つの成功を示すメトリクスすべてが改善されたこと、そして p 値が小さい（すべてで 0.05 以下）から極端に小さい（下の 4 つのメトリクスでは 0.0001 以下）ことがわかる。

右の欄は 96% 強のユーザーで、SRM の原因となった古いバージョンの Chrome ブラウザを使用しているユーザーを除外した数字である。介入時の変更によりボットが正しく分類されないことが SRM の原因となっていた。このセグメントがなければ、残りの 96% のユーザーでは適切にバランスがとれており、5 つの成功メトリクスで統計的に有意な動きは見られなかった。

SRM の原因

SRM が不正確な結果を引き起こす例は数多くあり、これまでにも報告されている (Zhao et al. 2016, Chen et al. 2019, Fabijan et al. 2019)。Microsoft では実験の

[*2] 訳注：SRM の原因を影響を受けたユーザーを取り除いた集団。

約6%がSRMを示していた。

ここではSRMの原因をいくつか紹介する。

- ユーザーのランダム化のバグ。コントロール群と介入群に割り当てられる割合に基づくユーザーのベルヌーイランダム化は単純だが、実際は、第15章で議論した実験割合の拡大手順（例えば、実験を1%で開始し、50%まで拡大する）、除外（実験Xに参加しているユーザーは実験Yに参加してはいけない）、過去のデータから共変量のバランスを取ろうとする試み（第19章のハッシュシードを参照）などがあるため、より複雑である。

  ある実際の例を見てみる。Microsoft内のMicrosoft Officeの組織に100%介入し、その後に外部ユーザーに対して10%/10%の均等な割合で介入する実験が開始された。介入群に追加されたOfficeユーザーの比較的小さな集団*3がヘビーユーザーであったため、人為的に結果が良いものに見えてしまった。この内部のMicrosoftユーザーを実験から削除した後は、SRMが起こっていないことが示され、それは結果の信用性のための有用なガードレールになったが、強い介入効果は消えてしまった。
- 上記シナリオ2で述べたボットのフィルタリングのようなデータパイプラインでの問題。
- 残留効果。実験をバグ修正後に再開することがある。実験がユーザーの目に見える形で行われていた場合、ユーザーの再割り当てを避けたいため、再割り当てをせずにバグ修正を導入した後の時点のデータから分析対象に含めたとする。バグがユーザーが継続利用を放棄するほど深刻なものであった場合、SRMが発生してしまう (Kohavi et al.2012)。
- 誤ったトリガー条件。トリガー条件には、影響を受ける「可能性のある」ユーザーが含まれている必要がある。これの一般的な例にリダイレクトがある。WebサイトAは、テスト中のWebサイトA′（検証したい新しいWebサイト）にユーザーの何パーセントかをリダイレクトするとする。リダイレクトは多少のユーザーの損失を発生させるので、WebサイトA′に到達したユーザーだけを「介入」にいると仮定した場合、通常はSRMが発生する。第20章を参照。
- 実験によって影響を受けた属性に基づいて設定されたトリガー。例えば、ユーザープロファイルのデータベースに保存されている**休眠**属性に基づいて、休眠ユーザーに対するキャンペーンを実施したとする。介入が一部の休眠ユーザーをよりアクティブにするのに十分な効果がある場合、実験の終了時の休眠属性に基づいてユーザーを識別すると、SRMが発生する。分析は、実験開始前（または各ユーザーが

*3 訳注：Microsoft内の組織。

実験群に割り当てられる前）に**休眠**属性の状態を用いたトリガーをすべきである。機械学習アルゴリズムに基づくトリガー条件は、実験の実行中にモデルが更新時に介入効果の影響を受ける可能性があるため、特に疑わしい。

SRM のデバッグ

上述のように、サンプル比率でのガードレールメトリクスの p 値が低い場合は、実験デザインが適切に実装されているという仮説を棄却し、システムのどこかにバグがあると仮定する。何が間違っていたのかをデバッグするため以外には、他のメトリクスを使ってはならない。SRM のデバッグは困難であり、原因の候補を提案するなどの SRM のデバッグを支援するための内部ツールが構築されることもある。

ここでは、著者らが便利だと感じた調査方法の共通の方向性を紹介する。

- ランダム化やトリガーのポイントの上流（過去）に違いがないかを検証する。例えば、購入機能を変更したためにユーザーの分析を購入確認時点から開始している場合、そのポイントの上流で実験群間に違いがないことを確認する。購入確認時点で「50% オフ」 vs.「1 つの値段で 2 つ買える」の実験を評価している場合、ホームページ上でこれらのオプションのどれにも言及することはできない。もし言及するなら、ホームページ上の言及時点からユーザーの分析を開始する必要がある。

  Bing 画像（Image）チームは、Bing Image を使って検索しているユーザーを対象に実験を行っている。この実験では、画像検索結果をインラインで提供*4することで、通常の Bing Web 検索結果に影響を与えることがあり、SRM の原因になり得ることがわかった。
- 実験群の割り当てが正しいことを検証する。つまり、データパイプラインの先頭でユーザーが適切にランダム化されているかを検証する。ほとんどの実験群割り当てシステムは、ユーザー ID のハッシュ化に基づく単純なランダム化スキームから始まるが、時間の経過とともに割り当ては複雑になり、同時実験や実験に加えないグループといった追加機能をサポートするようになる (Kohavi et al. 2013)。

  例えば、フォントの色を黒から紺色に変更する実験と、フォントが黒に設定されているユーザのみを対象とした背景色を変更する実験が同時に開始したとする。コードの実行方法によっては 2 つ目の実験は 1 つ目の実験からユーザーを「盗む」ことになる*5。もちろん、これは SRM の原因となる。
- データ処理パイプラインの段階を追って、SRM の原因となるものがあるかどうか

*4 訳注：通常の検索結果一覧の一部に表示。

*5 訳注：実験 2 も現在のフォントの色の影響を受けるから。

を確認する。例えば、SRM の非常に一般的な原因はボットフィルタリングである。ボットはノイズを増加させ、分析の感度を低下させるため、ヒューリスティックな方法でボットを排除することは一般的に行われる。Bing では、米国のトラフィックの 50% 以上がボットとしてフィルタリングされており、中国とロシアのトラフィックの 90% はボットによって生成されている。極端な例では、MSN では、ある介入が非常に優れていたため利用率が大幅に向上し、その結果最も効果があったユーザーがヒューリスティックなしきい値を通過して、ボットに分類されてしまっていた。最も効果があったユーザーが除外されているため、実験結果では介入群が著しく悪化しているように見えていた (Kohavi 2016)。

- 実験開始直後を除き、両方の実験群が同時に開始されていない可能性があるかに注意する。システムによってはコントロール群が複数の実験にまたがって共有されている場合があり、後から介入を開始すると、分析期間を介入が開始された後からにしても、複数の問題が発生する可能性がある。例えば、キャッシュにのるまでに時間がかかったり、アプリのプッシュに時間がかかったり、電話がオフラインであったために遅延の原因となったり、である。
- セグメントごとにサンプル比率を確認する。
  - 日ごとに確認して、ある日に異常な出来事がなかったかに注意を払う。例えば、ある日に誰かが介入群の割合を急上昇させたりや、別の実験が開始されトラフィックを「盗まれる」ことがあったりなどがあり得る。
  - 上記のシナリオ 2 のように、特定のブラウザの挙動に異常がないかに注意を払う。
  - 新規ユーザーと再訪ユーザーの比率が実験群間で違いないかに注意を払う。
- 他の実験を確認する。他の実験とコントロール群と介入群の割合が似ているはずである[*6]。

いくつかのケースでは、SRM が理解されていれば、分析段階で原因（例えば、ボット）を修正することが可能である。しかし、ボット以外のトラフィックの除去（例えばそのブラウザのバグによるブラウザの除去）は、いくつかのセグメントが適切に介入されていないことを意味しており、実験を再実行した方が望ましい。

その他の信用性に関連するガードレールメトリクス

SRM 以外にも、何かが間違っていることを示すメトリクスがある (Dmitriev et al. 2017)。以下の例に示すように、深い調査によって関連したソフトウェアのバグが判明することがある。

[*6] 訳注：実験デザインでの割り当て比率が一緒ならば。

- テレメトリの忠実度。クリックトラッキングは、一般的にロス率が高いことで知られている Web ビーコンを使用して行われる (Kohavi, Messner et al. 2010)。介入が損失率に影響を与える場合、結果は実際のユーザー体験よりも良く見えたり悪く見えたりし得る。Web サイトへの内部リファラーを介して、またはデュアルロギング（高い忠実度を必要とする広告クリックで使用されるときがある）を使用した損失を評価するためのメトリクスがあると、忠実度の問題を明らかできる可能性がある。
- キャッシュヒット率。第 3 章で述べたように、共有リソースは SUTVA に違反する可能性がある (Kohavi and Longbotham 2010)。キャッシュヒット率のような共有リソースのメトリクスから、実験の信用性に影響を与える予期せぬ要因を特定できることがある。
- クッキー書き込み率。実験群が永続的な（非セッションの）クッキーに書き込む割合のことを指す。Cookie clobbering (Dmitriev et al. 2016) と呼ばれる現象から、ブラウザのバグによって他のメトリクスに深刻なゆがみを引き起こす可能性がある。Bing でのある実験では、どこにも使われていないクッキーに書き込み、検索レスポンスページごとにそこから乱数を取得した。その結果、ユーザー当たりのセッション、ユーザー当たりのクエリ、ユーザー当たりの収益など、すべての主要なメトリクスにおいて大規模な劣化が見られた[*7]。
- クイッククエリ（同じユーザーから検索エンジンに 1 秒以内に到着する 2 つ以上の検索クエリのこと）。Google と Bing の両方がこの現象を観測しているが、今日までその原因を説明することができずにいる。著者らが知っていることは、いくつかの介入方法がクイッククエリの割合を増減させ、それらの結果は信用できないと判断されるということである。

[*7] 訳注：クッキーの読み書き以外に違いがない実験で劣化が見られたため、クッキーの読み書き自体が悪影響を与えていることがわかった。

第22章
実験群の間での情報のリークと干渉

あなたの理論の美しさやあなた自身の賢さは関係ない。実験結果と合わなければ、それは誤りである。

— *Richard Feynman*

注意を払うべき理由：ほとんどの実験の分析では、実験中の各実験単位の行動は、他の実験単位に対する実験群の割り当てによって影響を受けないと仮定している。これは、ほとんどの実用的なアプリケーションではもっともらしい仮定である。しかし、この仮定が成立しない場合も多い。

本書のほとんどの議論では、コントロール実験を分析するための標準的なフレームワークであるルービン因果モデル (Imbens and Rubin 2015) を前提としている。本章では、これらの仮定と、仮定が失敗するシナリオ、そしてそれに対処するためのアプローチについて議論する。

ルービンの因果モデルで行われた主要な仮定は、式22.1に示すように、各実験単位の行動が他の実験単位に対する実権群割り当てによって影響を受けないことである。これはStable Unit Treatment Value Assumption（SUTVA）と呼ばれ、式22.1で表される (Rubin 1990, Cox 1958, Imbens and Rubin 2015)。

$$Y_i(z) = Y_i(z_i) \tag{22.1}$$

ここで、ベクトル z はすべての実験単位（n 個）への実験群割り当てである[*1]。

これは、ほとんどの実用的なアプリケーションではもっともらしい仮定である。例えば第2章で説明した例では、新しい購入確認のフローを好むユーザーは購入する

[*1] 訳注：Y_i は実験単位 i の結果変数で、この数式は Y_i の値が i への実験群割り当てだけが与えられたときと i 以外の実験群割り当ても与えられたときとで違いがないことを示している。

可能性が高く、その行動は同じ EC サイトを使用している他のユーザーとは独立している。しかし、SUTVA の仮定が守られない場合（この章の後の例を参照）、分析の結果が誤った結論になる可能性がある。ここでは、「**干渉**」を SUTVA の違反として定義している。これは、「**情報のリーク**」や「**波及効果**」と呼ばれることもある。

干渉は、「**直接的な接続**」と「**間接的な接続**」という 2 種類の方法で発生する。例えば、2 つの実験単位がソーシャルネットワーク上の友人であったり、同じ物理的な空間を同時に訪れたりした場合、直接的な接続となり得る。間接的な接続は、特定の潜在変数や共有リソースのために存在する接続であり、例えば、コントロール群と介入群で同じ広告キャンペーン予算を共有している実験単位がそれに該当する。これら 2 つのカテゴリーは、どちらの場合もコントロール群と介入群が接続され、相互作用を可能にする媒体があるという点で似ている。媒体には、ソーシャルネットワーク上でマテリアライズされた友情の接続や、介入とコントロールの両方のユーザーからのクリック課金で共有している広告予算などが該当する。干渉が顕在化するメカニズムによって最良の解決策が異なる場合があるため、干渉のメカニズムの理解は重要である。

問題をより具体的にするために、ここではより詳細な例を議論する。

例

直接的な接続

2 つの実験単位は、ソーシャルネットワーク上の友人であったり、同じ時間に同じ物理的空間を訪れたりした場合、直接的な接続が存在し得る。直接的に接続されている 2 つの実験単位が、別々にコントロール群と介入群に割り当てられることがあり、そこから実験群間の干渉が引き起こされる。

Facebook や **LinkedIn** などのソーシャルネットワークでは、ユーザーの行動は、そのソーシャルな隣人の行動に影響を受けている可能性が高い (Eckles, Kamer and Ugander 2017, Gui et al. 2015)。ユーザーは、新しいソーシャルエンゲージメント機能を、より多くの隣人が利用しているほど価値があると感じ、その結果、自分自身も利用する可能性が高くなる。例えば、ユーザーの視点から見た場合は、

- Facebook でビデオチャットを友達が使っていたら、私も使う可能性が高くなる。
- LinkedIn でメッセージが友達から来たら、私もメッセージを送る可能性が高くなる。
- LinkedIn に私のネットワークの中の友人が投稿すれば、私も投稿する可能性が高くなる。

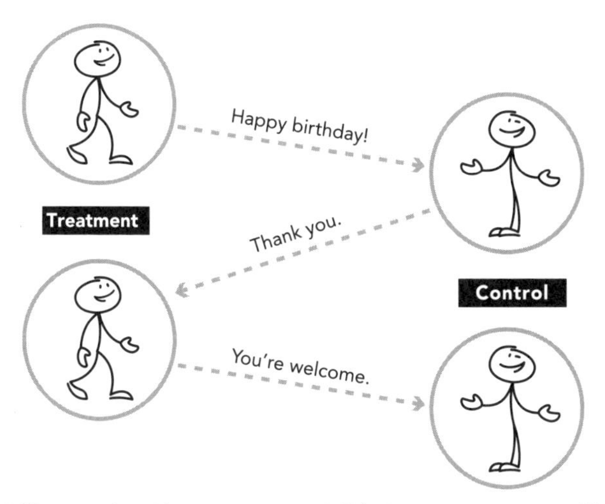

図 22.1●介入群のユーザーが多くのメッセージを送信すると、コントロール群のユーザーもまた、それらのメッセージに返信するように、より多くのメッセージを送信するようになる

A/B テストでの介入がユーザーに大きな影響を与えた場合、その隣人がコントロール群か介入群かに関係なく、その影響が彼らのソーシャルサークルに波及する可能性がある。例えば、LinkedIn の「もしかして知り合い？」アルゴリズムによる介入がうまくいくと、ユーザーにより多くのつながり申請を送ることを促す。しかし、これらの申請を受け取ったユーザーは、コントロール群にいる可能性があり、申請を受け入れるために LinkedIn を訪問したとき、つながることができる人を発見し、より多くの人とつながる可能性がある。関心のある主要なメトリクスが送信された申請の総数である場合、介入群とコントロール群の両方で申請数が増加する可能性が高いため、差分が過小評価され、新しいアルゴリズムの利点を完全には捉えない可能性がある。同様に、介入がユーザーにより多くのメッセージを送信することを奨励する場合、コントロール群でもユーザーが返信するさいに送信されるメッセージが増加することになる。図 22.1 も参照。

Skype 通話。コミュニケーションツールとして、Skype のすべての通話には、少なくとも 2 つの当事者が関与する。ユーザーが Skype で友人に通話することを決めた場合、明らかにその友人は、少なくともこの通話に応答するため、Skype をより多く使用することになる。つまり、その友人もまた Skype を使って友人と通話する可能性が高くなる。A/B テストにより、介入群で Skype の通話品質を向上させ、介入群からの通話が増えたと仮定する。このような通話は、介入群またはコントロール群にいるユーザーに送信される。その結果、コントロール群のユーザーも Skype を使って通話をするようになるため、コントロール群と介入群の間の差分が過小評価されることになる。

間接的な接続

特定の潜在変数または共有リソースのために、2 つの実験単位の間で間接的な接続が発生し得る。直接的な接続と同様に、これらの間接的な接続もまた、干渉や介入効果の推定値を偏らせる可能性がある 。

- **Airbnb。** 賃貸住宅のマーケットプレイスサイトである Airbnb が、介入群のユーザーのコンバージョンフローを改善し、結果的に予約数が増えたとしたら、当然、コントロール群のユーザーにとっての賃貸物件の在庫数は減ることになる。これは、コントロール群から得られる収益が、介入がない場合と比べて減少することを意味している。コントロール群と介入群を比較することは、介入効果の過大評価につながる (Holtz 2018)。
- **Uber/Lyft。** 運転手が乗車に承諾する可能性を高めるための「サージ価格（特需型値上げ)」の新しいアルゴリズムをテストしたいとする。介入群の運転手にはこの新しいアルゴリズムが適用される。道路上で利用できる運転手が少なくなると、コントロール群でも価格が上昇してしまう[*2]。その結果、コントロール群と介入群の差分は過大評価されてしまう (Chamandy 2016)。
- **eBay。** 買い手のための介入が、リベートやプロモーションのように、入札額を上げることを助けていると仮定する。コントロール群と介入群のユーザーは同じアイテムを競っているので、介入群からの高い入札価格はコントロール群のユーザーがオークションに勝つ可能性を低くする。関心のあるメトリクスがトランザクションの総数である場合、コントロール群と介入群の間の差分は過大評価される (Blake and Coey 2014. Kohavi, Longbotham et al. 2009)。
- **広告キャンペーン。** 同じ広告だがユーザーには異なるランキングを表示する実験を考える。介入が広告のクリック数を増やしている場合、キャンペーンの予算をより早く使い切ることになる。与えられたキャンペーンの予算は介入群とコントロール群の間で共有されていると、コントロール群はより小さな予算で終わってしまう。その結果、介入群とコントロール群の間の差分は過大評価される。また、予算の制約があるため、広告収入に影響を与える実験は、月末（または四半期）よりも月初（または四半期）に異なる結果をもたらす傾向がある (Blake and Cody 2014, Kohavi. Longbotham et al. 2009)。

---

*2 訳注：A/B テストは運転手単位で行われ、注文者単位で行われないため、コントロール群は値上げの悪影響は受けるが新アルゴリズムの良い影響は受けない。

- **関連性モデルのトレーニング。** 関連性モデルは通常、何が関連性があり、何がそうでないかを学習するために、ユーザーエンゲージメントのデータに大きく依存している。概念を説明するために、単純なクリックベースの関連性モデルをランキングに使用する検索エンジンを想定する。この場合、"靴" を検索しているときに、より多くのユーザーが target.com をクリックすると、検索エンジンは学習して、キーワード "靴" に対して target.com を上位にランク付けすることになる。この学習プロセスは**モデルトレーニング**であり、継続的に新しいデータが入ってくるたびに行われる。ユーザーが何をクリックするかをより良く予測できる関連性モデルによって介入する場合を考える。すべてのユーザーから収集したデータを使用して、コントロールと介入の両方のモデルを訓練する場合、実験期間が長ければ長いほど、「介入群からの良いクリックはコントロール群に利益をもたらす」ということになる。
- **CPU。** ユーザーがショッピングカートに商品を追加したり、検索結果をクリックしたりするなど、Web サイト上でアクションを行うと、通常は Web サイトのサーバーへのリクエストが発生する。単純にいえば、リクエストはサーバーのマシンによって処理され、情報がユーザーに返される。A/B テストの設定によっては、介入群とコントロール群の両方からのリクエストは、通常は同じマシンによって処理される。予期しなかった介入のバグがマシンの CPU とメモリを利用してしまい、その結果、コントロール群と介入群の両方からのリクエストの処理に時間がかかった例を著者らは経験した。介入とコントロールの比較を行う場合、待ち時間に対するこの負の介入効果は過小評価されてしまう。
- **サブユーザーの実験単位。** 第 14 章で述べたように、**ユーザー**がより一般的な実験単位であるにもかかわらず、ページビューやセッションのように、異なる単位でランダムに実験を行う場合がある。介入による学習効果が強い場合、ページビューのようにユーザーよりも小さい実験単位では単位間で同じユーザー内での情報のリークが発生する可能性がある。この場合、「同じユーザー」は潜在的な接続となる。例えば、レイテンシを劇的に改善する介入があり、ページビューでランダム化していると仮定すると、同じユーザーがコントロール群と介入群の両方でそれぞれのページビューを経験することになる。ページロード時間が速い方が通常、より多くのクリックと収益につながる（第 5 章を参照）。しかし、ユーザーの体験が混在しているため、速いページでの行動が、遅いページの行動に影響される（その逆もあり得る）。介入効果は過小評価されてしまう。

いつくかの実用的なソリューション

これらの例での干渉は、異なる理由によって引き起こされるが、いずれも偏った結果につながる可能性がある。例えば、広告キャンペーンでは、実験中は収益に正の影響が見られるかもしれないが、介入がすべてのユーザーに公開されると、予算の制約のために影響は中立になるかもしれない。実験を実行するときには、すべての実験単位が介入群である世界線とすべての実験単位がコントロール群である世界線の2つのパラレルワールドでの差分を比較したくなる。介入群とコントロール群の間の情報のリークにより評価にバイアスがかかってしまう。ここではそのバイアスの防止や修正について述べる。

コントロール実験での干渉に対処するための実用的なアプローチには、いくつかのカテゴリーがある。これらの方法のいくつかを中心にした良い議論は Gupta et al. (2019) も参考になる。

経験則：行動のエコノミクス的価値

すべてのユーザーアクションが介入からコントロールに干渉するわけではない。潜在的に干渉する可能性のあるアクションを特定し、これらのアクションが実験で重大な影響を受けている場合のみに干渉の懸念がある。これは通常、一次アクションだけでなく、アクションに対する潜在的な反応も意味する。例えば、ソーシャルネットワーク上での実験のために、次のようなメトリクスを考える。

- 送信されたメッセージの総数と、返信されたメッセージの総数
- 作成された投稿の総数と、受け取った「いいね!」/コメントの総数
- 「いいね!」とコメントの総数と、それを受け取った投稿者の総数

これらのメトリクスから下流への影響を示すことができる。反応を測定することで、一次アクションによるエコシステムへの潜在的な影響の深さと広さを推定することができる (Barrilleaux and Wang 2018)。一次アクションにプラスの影響があり下流のメトリクスに影響がない実験は、測定可能な波及効果があるとは考えられない。

下流への影響を示すメトリクスを特定したら、各アクションがエコシステム全体の価値やエンゲージメントにどのように変換されるのか、一般的な指針を確立することができる。例えば、ユーザーAからのメッセージは、Aとその隣人の両方からの訪問セッションにどのくらい影響を与えるか、といったようにである。このような経験則を確立するための1つの方法は、下流への影響があることが示されている過去の実験を使用して、これらの影響を操作変数法を使用してアクション X/Y/Z の下流への

影響に外挿していくことである (Tutterow and Saint-Jacques 2019)。

この経験則は、エコシステムの価値を確立するための一度のベルヌーイランダム化実験[*3]で済むので、比較的簡単に実施できる。この方法は、下流のメトリクスに対する有意な影響を測定するためにベルヌーイランダム化に依存しているため、他の方法よりも分析感度が高い。しかし、この方法には限界がある。本質的には、この経験則はあくまでも近似値であり、すべてのシナリオに対応できるわけではない。例えば、ある介入法に起因する追加のメッセージは、平均よりもエコシステムへの影響が大きいかもしれない。

分離

干渉は、コントロール群と介入群を接続する媒体を介して起こる。この媒体を特定し、各実験群を分離することで、潜在的な干渉を取り除くことができる。直感的な方法では、分析中にエコシステムへの影響を推定できるように、ベルヌーイランダム化実験のデザインを使用する。分離を作るためには、他の実験計画を考慮して、コントロール群と介入群の実験単位が十分に分割できていることを確認する必要がある。ここではいくつかの実用的な方法を述べる。

- **共有リソースの分割。** 共有リソースが干渉の原因となっている場合、コントロールと介入の間で分割するのが第一の選択である。例えば、実験群の割り当てに応じて広告予算を分割し、トラフィックの 20% を割り当てられた実験群でのみ 20% の予算を消費させることができるようにするなど。同様に、関連性アルゴリズムのトレーニングケースでは、実験群に応じて収集したトレーニングデータを分割することが考えられる。

  この方法を適用するさいに注意すべき点が 2 つある。

  1. 干渉するリソースを実験群のトラフィック割り当てに応じた分割の正確性。これは予算データやトレーニングデータでは簡単に実現できるが、多くの場合不可能である。例えば、共有リソースがマシンの場合、個々のマシン間には不均一性があり、単に介入とコントロールのトラフィックを異なるマシンに分けるだけでは、補正するのが難しい他の交絡因子が大量に発生する。
  2. トラフィックの割り当て（リソースの分割サイズ）がバイアスを導入していないことの保証。トレーニングデータに対して、モデルのパフォーマンスは、より多くのトレーニングデータを取得するほど向上する。もし、介入のモデルが 5% のデータしか学習できず、コントロールのモデルが 95% のデータで学習できる場合、コントロールのモデルに対してバイアスが発生する。これ

[*3] 訳注：実験対象の段階的拡大や複雑なトリガー条件を使わない単純なランダム化のことを指す。

が、トラフィックの割り当てに 50%/50% 分割を推奨する理由の 1 つである。

- **地理ベースのランダム化。** 2 つの実験単位が地理的に近い場合に干渉が起こる多くの例がある。例えば、同じ観光客のために競合する 2 つのホテルや、同じ運転手のために競合する 2 つのタクシーなどがある。異なった地域からの実験単位（ホテル、タクシー、運転手など）が互いに分離されていると仮定することは合理的である。これにより、地域レベルでランダム化して、介入とコントロールの間の干渉を分離することができる (Vaver and Koehler 2011, 2012)。注意、地理レベルでランダム化すると、利用可能な地域の数によってサンプルサイズが制限される。これは、分散が大きくなり、A/B テストの検出力の低下を意味する。分散の削減とより良い検出力の達成に関する議論については、第 18 章を参照。
- **時間ベースのランダム化。** 時間を使って分割を作ることができる。任意の時間 t で、コインを反転させて、すべてのユーザーに介入とコントロールの両方を提供することができる (Bojinov and Shephard 2017, Hohnhold, O'Brien and Tang 2015)。もちろん、これが機能するためには、時間の経過とともに同一ユーザーによって引き起こされる干渉を気にしないといった仮定が必要である（上述のサブユーザー実験単位の議論を参照）。時間の実験単位は、実用的には、サンプルポイントの数に応じて、短く（秒）または長く（週）することができる。例えば、日を単位とした場合、1 週間で 7 つのサンプルポイントしか収集できず、これではおそらく十分な速さで実験ができない。注意すべきことの 1 つは、曜日や時間帯の効果のように、通常は強い時間的変動が存在することである。これは通常、この情報を対応のある t 検定または共変量調整で利用することで、分散を減らすのに役立つ。詳細は第 18 章を参照。分割時系列（interrupted time series：ITS）と呼ばれる同様の手法は、第 11 章でも議論されている。
- **ネットワーククラスタのランダム化。** 地理ベースのランダム化と同様に、ソーシャルネットワーク上では、「干渉する可能性に基づいて互いに近接したノードのクラスタ」を構築する。各クラスタを「巨大な」実験単位とし、それらを独立して介入群またはコントロール群にランダム化する (Gui et al. 2015, Backstrom and Kleinberg 2011, Cox 1958, Katzir, Liberty and Somekh 2012)。

  このアプローチには 2 つの限界がある。

  1. 実際には完全な分離が得られることはまれである。ほとんどのソーシャルネットワークでは、接続グラフは通常、完全に孤立したクラスタに切り出すには密度が高すぎる。例えば、LinkedIn 全体のグラフから 10,000 個もの分離されたバランスのとれたクラスタを作成しようとしたところ、クラスタ間の接続の 80% 以上も残ってしまった (Saint-Jacques et al. 2018)。
  2. 他の巨大な実験単位でのランダム化アプローチと同様に、有効なサンプルサイズ（クラスタの数）が小さくなるため、クラスタの構築が分散バイアス間のトレードオフにつながる。クラスタの数が多いほど分散は小さくなるが、分離の精度が悪くなりがバイアスが大きくなる。

- **ネットワークのエゴ中心ランダム化。** ネットワーククラスタのランダム化アプローチでは、クラスタ間のエッジカットを最小化することでクラスタを構築し、各クラスタには特定の構造を採用しない。実験の割り当て時には、クラスタ内のすべてのノードも同じように扱われる。一方、エゴ中心ランダム化もソーシャルネットワーク上の同様の干渉問題に対処するが、制限が少ない。「エゴ」(焦点となる個人)とその「オルター」(すぐにつながっている個人)で構成されるクラスタを作成することで、より良い分離とより小さな分散を実現する。これにより、エゴとオルターの実験群割り当てを別々に決めることができる。例えば、すべてのオルターとエゴの半分に介入し、介入群のエゴをコントロール群のエゴと比較することで、一次の影響と下流の影響を測定することができる。このことについての良い議論は、Saint-Jacques et al. (2018b) を参照。

適用可能な場合ならば、分離方法を組み合わせて、より大きなサンプルサイズを得るようにする。例えば、ネットワーククラスタのランダム化を適用している間、サンプリング次元に時間 t を採用してサンプルサイズを拡大することができる。つまり、干渉の大部分が短い時間スパンであり、介入効果自体が横断的なものである場合、各クラスタの実験群割り当てを決定するために、毎日コイントスするといったようにである。干渉が起こる可能性のある場所を予測することで、より良い分離を作成できることもある。例えば、ユーザーがソーシャルネットワーク内のすべての隣人にメッセージを送ることはない。接続ネットワーク自体は通常、孤立したクラスタを作成するには密度が高すぎるので、サブグラフをメッセージが交換される可能性の高さから特定することで、より良いクラスタを作成することができる。

エッジレベルの分析

いくつかの情報のリークは、2つのユーザー間の明確に定義されたインタラクションの中で起こる。これらのインタラクション(エッジ)は簡単に識別できる。ユーザーに対してベルヌーイランダム化を使用して、ユーザー(ノード)の実験割り当てに基づいて、エッジをこれらの4つのタイプ(コントロール対コントロール、コントロール対介入、介入対コントロール、介入対介入)のいずれかとしてラベル付けすることができる。異なるエッジ上で起こるインタラクション(メッセージや「いいね!」など)を対比させることで、重要なネットワーク効果を理解することができる。例えば、介入対介入のエッジとコントロール対コントロールのエッジの間の差異を使用して、偏りのない差分を推定したり、介入群の実験単位がコントロール群の実験単位よりも介入群の実験単位にメッセージを送ることを好むかどうか(介入親和性)や、介入によって作成された新しいアクションがより高い反応率を得るかどうかを特定したりできる。エッジレベル分析の分析の詳細については、Saint-Jacques et al. (2018b) を参考。

干渉の検出と監視

干渉のメカニズムを理解することは、良い解決策を見出すための鍵となる。干渉の正確な測定はすべての実験にとっては実用的ではないかもしれないが、干渉を検出するための強力な監視および警告システムを持つことは重要である。例えば、実験中のすべての広告収入が予算制約のある広告主と予算に制約のない広告主の両方から来ている場合、実験結果をローンチ後のメトリクス変化に一般化することはできない[*4]。実験拡大過程では、従業員や小規模なデータセンターへの最初の実験など、本当に悪い干渉（例えば、ある介入がすべての CPU を消費するなど）を検出することができる[*5]。詳細は 第 15 章 を参照。

[*4] 訳注：正確な測定が難しい例である。

[*5] 訳注：干渉の検出が重要である例。

第 23 章
介入効果の長期影響の測定

> 私たちは、短期的には技術の効果を過大評価し、長期的には効果を過小評価する傾向がある。
>
> — *Roy Amara*

注意を払うべき理由：測定したい効果が蓄積されるまでに数ヶ月、あるいは数年かかることもある。これを長期影響（long-term effect）と呼ぶ。プロダクトやサービスが迅速かつアジャイルな方法で反復的に開発されるオンラインの世界では、長期的な効果の測定は困難である。いまだに研究の活発な分野ではあるが、このような性質の問題に取り組む場合には、主要な課題と現在の方法論を理解することは有用である。

長期効果とは何か

本書で取り上げたほとんどのシナリオでは、1〜2 週間で実験を行うことを推奨している。この短い時間枠で測定された介入効果は、短期効果（short-term effect）と呼ばれる。ほとんどの実験では、この短期効果は安定しており、長期的な介入効果に一般化できるので、この短期効果を理解するだけで十分である。しかし、長期効果が短期効果とは異なるシナリオもあり得る。例えば、価格を上げると短期的な収益は増えるが、ユーザーがプロダクトやサービスを放棄してしまうため、長期的な収益は減る可能性が高い。検索エンジンで質の悪い検索結果を表示すると、ユーザーは再び検索するようになり、クエリのシェアは短期的には増加するが、長期的にはユーザーがより良い検索エンジンに切り替えるためクエリのシェアは減少する (Kohavi et al. 2012)。同様に、より多くの広告を表示すること（低品質の広告を含む）で、短期的には広告クリックと収益を増加させることができるが、長期的には減少する (Hohnhold, O'Brien and Tang 2015, Dmitriev, Frasca, et al. 2016)。

長期効果は、理論的には何年も先になる可能性がある処置の漸近効果として定義される。実際には、長期的な効果を 3 ヶ月以上またはユーザーが介入された数に基づいたもの（例えば、新機能に少なくとも 10 回さらされたユーザーへの介入効果など）と考えるのが一般的である。

ここでは、寿命が短い変更を議論から明示的に除外する。例えば、実験の対象に編集者が選んだニュースの見出しのような寿命が数時間しかないものは除外する。一方、見出しを「キャッチーなもの」にすべきか「面白いもの」にすべきかという問題は、短期的なエンゲージメントの初期増加が長期的な利用停止の増加と関連している可能性があるため、こちらは長期的な仮説を立てるのに適している。このような変化のうち寿命の短いものについて実験を行っている特別な場合を除いて、新しい介入をテストするさいには、それが長期的にどのようなパフォーマンスを発揮するのかを知りたいのが本当のところだろう。

本章では、長期効果が短期効果と異なる場合がある理由を取り上げ、その測定方法について議論する。私たちは，短期と長期とで介入効果が異なるシナリオにのみ焦点を当てている。推定された介入効果と分散が異なる原因となるサンプルサイズの違いなど、短期と長期の間のその他の重要な違いは考慮しない。

OEC（第 7 章を参照）を決定する上での重要な課題の 1 つは、OEC が短期的には測定可能でなければならないが、長期的な目標に因果的に影響を与えると考えられるものでなければならない点である。この章で議論されている長期効果の測定によって、長期目標に影響を与える短期的なメトリクスを改善し、工夫するための洞察が提供され得る。

短期と長期とで介入効果が異なる理由

短期的な介入効果と長期的な介入効果が異なる理由はいくつかある。すでに第 3 章の実験の信用性の文脈でいくつか議論してきた。

- **ユーザーの学習効果。**ユーザーが学習して変化に適応すると、ユーザーの行動が変化する。例えば、プロダクトのクラッシュは、最初の発生ではユーザーは即座に利用停止しないかもしれないが、ひどいユーザー体験ではある。クラッシュが頻繁に発生すると、ユーザーは学習し、プロダクトをこれ以上使うことをやめるだろう。ユーザーは、広告の品質が悪いと認識した場合、広告をクリックしなくなる。行動の変化はまた、発見可能性に影響を受ける可能性がある。例えば、ユーザーが気がつくまでに時間がかかる新機能があり、ひとたびその有用性がユーザーに認識されると、ユーザーはその機能を積極的に利用する場合などが該当する。また、ユーザーは機能が最初に導入されたときに何が変更されたかの探索を熱心に行う傾向がある（第 3 章も参照）。このような場合、ユーザーが最終的な均衡点に到達するまで、長期効果は短期効果とは異なる場合がある (Huang, Reiley and Raibov 2018, Hohnhold, O'Brien and Tang 2015, Chen, Liu and Xu 2019, Kohavi, Longbotham et al. 2009)。

- **ネットワーク効果。** Facebook Messenger，WhatsApp，Skype などのコミュニケーションアプリで友達が生放送機能を使っているのを見ると、その友達も生放送機能を使う可能性が高くなる。このようにユーザーの行動はネットワーク内の人々に影響を受ける傾向があるが、新機能がネットワークを伝搬してその効果が完全に発揮されるまでには時間がかかる（リソースが限られているか共有されているマーケットプレイスでの干渉について議論している第 12 章も参照。そこでは実験群間の情報漏れによる**短期的な**偏った推定に焦点が当てられている）。リソースが限られていることは、長期効果を測定するさいにさらなる課題をもたらす。例えば、Airbnb，eBay，Uber のような双方向のマーケットプレイスでは、新しい機能は、借りる家、コンピュータのキーボード、乗り物などのアイテムの「需要」を促進するのに非常に効果的だとしても、「供給」が追いつくまでには時間がかかる。その結果、供給が追いつかないため、収益への影響が実際に実現するまでに時間がかかる可能性がある。同様の例は、採用マーケットプレイス（求職者と求人)、広告マーケットプレイス（広告主と出版社）などの他の分野にも存在する。コンテンツのリコメンデーションシステム（ニュースフィード)、またはコネクション (LinkedIn の「もしかして知り合い？」) などが該当する。1 人の人が知っている人の数には限りがあるので（供給)、新しいアルゴリズムは最初はより良いパフォーマンスを発揮するかもしれないが、供給の制約のために長期的にはより低い影響での均衡に達するかもしれない（類似の効果は、より一般的なリコメンデーションアルゴリズムで見ることができ、新しいアルゴリズムは最初のうちは今まで見たことのないアイテムが表出されやすいので初期は効果がよく見えがちである)。
- **体験と測定の遅延。** ユーザーが全体的な介入効果を体験するまでには、時間差がある場合がある。例えば、Airbnb や Booking.com のような企業の場合、ユーザーのオンライン体験からユーザーが物理的に目的地に到着するまでの間に数ヶ月の空白期間があることがあり得る。ユーザーのリテンションなどの重要なメトリクスは、時間差のあるユーザーのオフライン体験よって影響を受ける可能性がある。もう 1 つの例は、年間契約である。契約したユーザーは、1 年が終了した時点で決定をし、その 1 年間での累積した経験が契約を更新するかどうかを決定する。
- **エコシステムの変化。** エコシステム内の多くのことが時間の経過とともに変化し、以下のようにユーザーの介入への反応に影響がある。
    - **他の新機能のローンチ。** 例えば、より多くのチームが生放送の機能をプロダクトに組み込むと、生放送の価値が高まる。

- **季節性**。例えば、クリスマスシーズンではパフォーマンスが高いギフトカードの実験が、ユーザーの購買意図が異なるため他の時期では同じパフォーマンスが得られない場合があり得る。
- **競合の状況**。例えば、競合他社が同じ機能をローンチした場合、その機能の価値が低下する可能性がある。
- **政府の方針**。例えば、EU の一般データ保護規則（GDPR）では、ユーザーが自分のオンラインデータをどのように管理するか、つまりオンライン広告のターゲティングに使用できるデータが変更された (European Commission 2016, Basin, Debois and Hildebrandt 2018, Google では広告主が GDPR 2019 に準拠するための支援を行っている)。
- **コンセプトドリフト**。更新されていないデータで訓練された機械学習モデルは、時間の経過とともに分布が変化するため性能が低下する可能性がある。
- **ソフトウェアの劣化**。新機能はローンチされた後、メンテナンスされていない限り、周囲の環境に対して劣化する。これは、例えばシステムが何を仮定したかによって、コードが時間の経過とともに無効になってしまうことなどに起因する。

長期効果を測定する理由

長期効果は、さまざまな理由で短期効果とは異なることは確かだが、それらの違いのすべてが測定する価値があるわけではない。長期効果により何を達成したいと考えるかは、何を測定すべきか、どのように測定すべきかを決定する上で重要な役割を果たす。ここでは長期効果を測定する代表的な理由をまとめた。

- **帰属**。データドリブンの文化を持つ企業では、実験結果をチームの目標やパフォーマンスの追跡に利用しており、実験の成果を長期的な財務予測に組み込むことがある。これらのシナリオでは、実験の長期的な影響を適切に測定し、帰属させる必要がある。新機能を導入した場合と導入しなかった場合では、長期的には世界がどのように違うのかを知る必要がある。ユーザーの学習効果のような内生的な要因と、競争環境の変化のような外生的な要因の両方を考慮する必要があるため、この種の帰属は実際には困難である。また将来のプロダクト変更は通常、過去のローンチを元に決まっていくため、このような複合的な影響を帰属させることは難しい。
- **組織的な学習**。短期と長期の違いを知り、違いが大きければ、何がそれを引き起こしているかを知る。強いノベルティ効果がある場合、これは最適でないユーザー体験を示している可能性がある。例えば、ユーザーが気に入った新機能を発見す

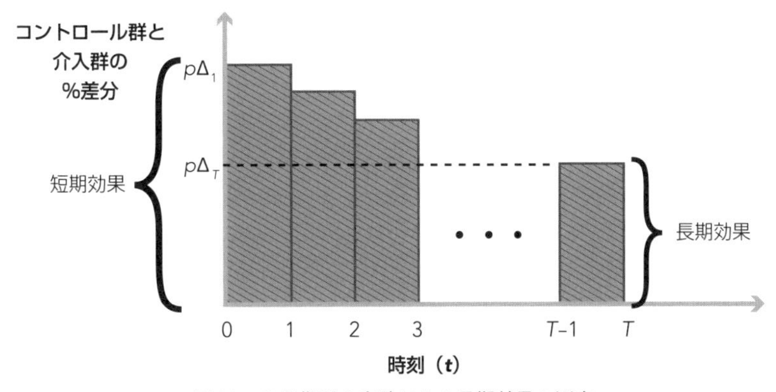

図 23.1 ● 長期間の実験による長期効果の測定

るのに時間がかかりすぎる場合は、プロダクト内でユーザーを教育することで、ユーザーの発見を支援することができる。一方で、多くのユーザーが新機能に引かれても一度しか試していない場合は、品質の低さやクリックベイトを示している可能性がある。これらの違いを知ることで、その後の試行錯誤の改良への洞察を得ることができる。

- **一般化。**いくつかの実験で長期的な影響を測定した場合、多くの場合で他の実験でも長期効果を推定できるようになる。例えば、同じような変化がどのくらい長期的に影響を与えるのかや、特定の製品分野で一般化できる原則を得ることができるか（例えば、Hohnhold et al. (2015) での検索の広告）や、長期効果が予測できる短期的なメトリクスが開発できるか（本章の最後の節を参照）などである。長期効果を一般化または予測できるのであれば、それを意思決定プロセスに組み込むこともできる。そのために、長期的な影響から外因性の要因、特に長期的に繰り返す可能性の低い大きなショックから分離させたいと考えるかもしれない。

長期間の実験

長期効果を測定するための最も単純で最もポピュラーなアプローチは、実験を長期間継続させることである。実験の開始時（最初の週）と実験の終了時（最終週）で、介入効果が測定できたとする。この分析アプローチは、介入期間全体の平均効果を測定する典型的な実験分析とは異なることに注意。図 23.1 に示すように、最初の割合差分の測定 $p\Delta_1$ が短期効果とみなされ、最後の測定 $p\Delta_T$ が長期効果となる。

これは実行可能な解決策ではあるが、この種の長期的な実験デザインにはいくつかの課題と限界がある。ここでは、帰属と組織的学習を目的とした場合を中心に、長期効果の測定に関連するいくつかの課題に焦点を当てる。

- **帰属を目的にした場合。**長期間の実験の最終週の測定（$p\Delta_T$）は、以下の理由により、真の長期的な介入効果を表していない可能性がある。
  - 介入効果の希釈。
  - 1 人のユーザーが複数のデバイスやエントリーポイント（例えば、Web やアプリ）を使用しているが、実験はその一部しかキャプチャできていない場合。実験が長ければ長いほど、ユーザーが実験期間中に複数のデバイスを使用する可能性が高くなる。最後の 1 週間に訪問したユーザーの場合、期間 T の全期間中の経験のうち、実際に介入中であったのはほんの一部だけである。したがって、$p\Delta_T$ で測定されるのは、時間 T で介入にさらされた後での学習の長期的な影響ではなく、希釈されたもの[*1]になる。この希釈は、すべての学習効果に対してではなく、介入にさらされた期間の長さの影響が大きい場合に重要である点に注意。
  - ブラウザのクッキーは実験単位のランダム化に使われることも多いが、クッキーはユーザーが削除したり、ブラウザの問題のために失われたりする可能性がある (Dmitriev et al. 2016)。介入群にいたユーザーが、新しいクッキーでコントロール群に再割り当てされる可能性がある。実験が長引けば長引くほど、ユーザーが介入とコントロールの両方を経験する可能性が高くなる。
  - ネットワーク効果がある場合、実験群間が完全に分離されていない限り、介入効果は介入群からコントロール群へと「漏れる」ことがある（第 22 章を参照)。実験の実行時間が長くなればなるほど、介入効果がネットワークを介してより広範囲に流れ出し、より大きな情報漏れが発生する可能性が高くなる。
- **生存者バイアス。**実験開始時のすべてのユーザーが実験終了時まで残るわけではない。生存率がコントロール群と介入群の間で異なる場合、$p\Delta_T$ は**生存者バイアス**に苦しむことになり、これは SRM アラート（第 21 章を参照）の引き金にもなるはずである。例えば、新機能を嫌っている介入群のユーザーが時間の経過とともにいなくなってしまう場合、$p\Delta_T$ は残存しているユーザー（および実験参加が認められた新しいユーザー）からの偏った見方しか捉えられない。同様のバイアスは、介入方法がクッキーの削除率を変えるバグや副作用を導入した場合にも存在する。
- **他の新機能との相互作用。**長期実験の実行中には、他にも多くの新機能が登場する可能性があり、それらは実験されている特定の機能と相互作用があるかもしれない。

[*1] 訳注：最後の 1 週間分だけ。

これらの新機能は、時間の経過とともに実験の勝利を侵食する可能性がある。例えば、ユーザーにプッシュ通知を送信する最初の実験は大きな効果を発揮するが、他のチームが通知を送信し始めると、最初の通知の効果は薄れていくといったように。

- **時間的外挿効果の測定。** さらなる研究（より多くの実験を含む）がなければ、$p\Delta_0$ と $p\Delta_T$ の間の差を介入に起因した意味のある差として解釈することはできない。帰属の問題の他にも、差は純粋に季節性のような外生的要因による可能性もあり、$p\Delta_T$ の解釈は複雑になってしまう。一般的に、ベースとなる母集団や外部環境が 2 つの時間帯の間で変化した場合、短期的な実験結果と長期的な実験結果を直接比較することは不可能である。

さらに、帰属や時間的外挿効果の測定に関する挑戦によって、特定の長期継続実験の結果をより拡張性のある原理や技術に一般化することがより困難になってしまう。また、長期的な結果が安定していることをどうやって知るか、実験をいつ中止するかという課題もある。次の節では、これらの課題に部分的に対処する実験デザインと分析方法論を探る。

長期間の実験の代替方法

長期間の実験からの測定値を改善するために、さまざまな方法が提案されてきた (Hohnhold, O'Brien and Tang 2015, Dmitriev, Frasca, et al. 2016)。この節で議論されている各方法は、いくつかの改善を提供するが、すべてのシナリオの下での制約に完全に対応しているものではない。これらの制限が適用されるかどうかを常に評価し、適用される場合には、それが結果や結果の解釈にどの程度影響するかを評価することを強く推奨する。

方法その 1：コホート分析

実験を始める前に安定したユーザーのコホートを構築し、このユーザーのコホートに対する短期的な効果と長期的な効果のみを分析する。追跡するための方法の 1 つは安定した ID、例えばログインしたユーザー ID に基づいてコホートを選択することである。この方法は、特にコホートを安定した方法で追跡して測定できる場合、希釈や生存率の偏りに対処するのに有効である。この場合での注意点は以下の 2 つである。

- コホートがどれだけ安定しているかを評価する必要がある。例えば、ID がクッキーに基づいているが、クッキーの削除率が高い場合、この方法はバイアスの補正にはうまく機能しない (Dmitriev et al. 2016)。

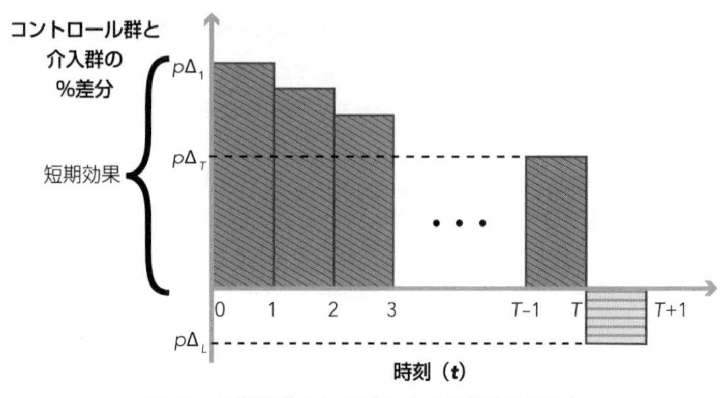

図 23.2 ● 期間後 A/A 測定による長期効果の測定

- コホートが潜在的なユーザー全体を代表していない場合、分析結果が全ユーザーに一般化できない可能性があり、外部妥当性の懸念がある。例えば、ログインしたユーザーのみを分析すると、ログインしていないユーザーとは何かが異なるため、バイアスが導入される可能性がある。一般化可能性を向上させるために、層別化に基づく重み付け調整などの追加の方法を使用がある (Park, Gelman and Bafumi 2004, Gelman 1997, Lax and Phillips 2009)。このアプローチでは、まずユーザーをサブグループに層別化し（例えば、実験前の高中低のエンゲージメントレベルに基づいてなど）、各サブグループからの介入効果の加重平均（この加重は母集団の分布を反映）を計算する。このアプローチには、第 11 章で議論した観察研究と同様の限界がある。

方法その 2：期間後分析

この方法では、実験がしばらく実行された後（時間 T）に実験をオフにして、図 23.2 に示されているように、時間 T と $T+1$ の間に、介入群のユーザーとコントロール群のユーザーとの間の差を測定する。ユーザー体験への悪影響の懸念のために新しい介入を止めることができない場合でも、「介入をすべてのユーザーを対象にする」ことで、この方法を適用することができる。この方法の重要な側面は、「測定期間中に介入群とコントロール群のユーザーがまったく同じ機能にさらされること」である。実験群間の違いは、最初のケースでは「介入群はコントロール群がさらされていない機能のセットにさらされていた」か、または 2 番目のケースでは「介入群はコントロール群よりも長い時間機能にさらされていた」となる。

Hohnhold et al. (2015) は、この期間後に測定された効果を**学習効果**と呼んでいる。これを適切に解釈するには、実験でテストされた具体的な変化を理解する必要がある。学習効果には2つのタイプがある。

1. **ユーザーの学習効果。**ユーザーは時間の経過とともに変化を学習し、適応する。Hohnhold et al. (2015) は、広告負荷の増加がユーザーの広告クリック行動に与える影響を研究した。彼らの事例研究では、ユーザーの学習が期間後効果の重要な理由と考えられている。
2. **システムの学習効果。**システムは、介入期間中の情報を「記憶」している可能性がある。例えば、介入がより多くのユーザーにプロフィールの更新を促し、この更新された情報は実験が終了した後もシステムに残るかもしれない。あるいは、介入群のより多くユーザーが実験期間中に電子メールに煩わされてメール配信を停止すると、実験後の期間中に電子メールを受信しなくなる。別の一般的な例でははは、広告をより多くクリックしたユーザーにより多くの広告を表示するモデルなどの機械学習モデルによるパーソナライゼーションがある。ユーザーがより多くの広告をクリックする原因となる介入の後、十分に長い期間のデータをパーソナライゼーションに使用するシステムがユーザーについて学習し、その結果、コントロールの処置に戻してもより多くの広告が表示されてしまう。

十分な実験を行うことで、この方法はシステムパラメータに基づいた学習効果を推定し、その後、予想される長期的な効果を推定を新しい短期実験に外挿することができる (Gupta et al. 2019)。この外挿[*2]は、システム学習効果がゼロの場合、つまりA/Aテスト後の期間において、介入群とコントロール群のユーザーが両方がまったく同じ機能群にさらされている場合に行うことが合理的である。このシステム学習効果がゼロではない場合の例にはパーソナライゼーション、配信の拒否設定、契約の停止、インプレッション制限などの永続的なユーザー状態の変化があげられる。

このアプローチは、時間の経過とともに変化する外生的な要因や、新しく開始された他の機能との潜在的な相互作用から影響を分離するのに有効である。学習効果を個別に測定できるため、短期効果と長期効果が異なる理由について、より多くの洞察を得ることができる。一方、この方法は、潜在的な希薄化と生存率バイアスに悩まされる (Dmitriev et al. 2016)。しかし、学習効果は期間後に別々に測定されるので、希釈化を考慮して学習効果に調整を適用するか、または先に議論したコホート分析法と組み合わせることを試みることができる。

[*2] 訳注：ユーザー学習効果の推定。

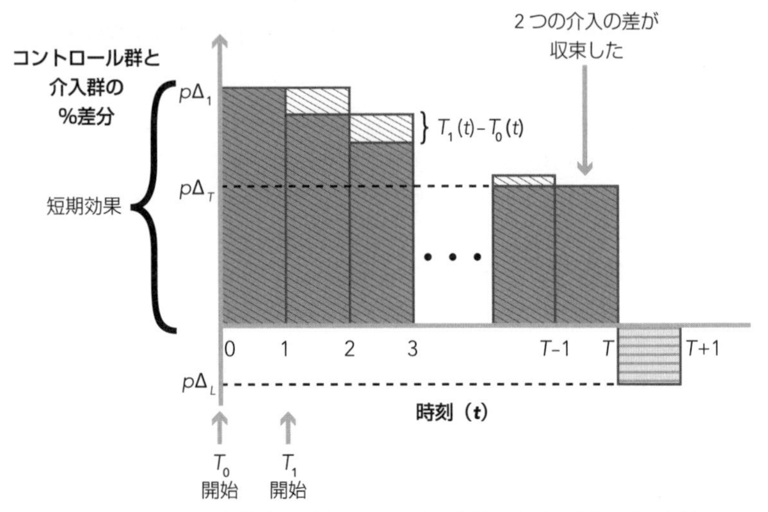

図 23.3●2 つの時間差介入が収束したことを観察した後の長期効果の測定

方法その 3：時間をずらした処理

これまで議論されてきた方法は、実験者が長期的な測定を行う前に十分な時間「待つ」必要がある。では、どのくらい待てば十分なのか。素朴なアプローチは、介入効果の傾向変化を観察して、それが安定したときに十分な時間が経過したと判断することである。これは、介入効果が時間の経過とともに安定することはほとんどないので、実際にはうまくいかない。なぜなら、大きなイベントや曜日効果などの時間の経過に伴う不安定性が長期トレンドを圧倒する傾向があるからである。

測定時間を決定するために、同じ介入を開始時間をずらして実行する 2 つのバージョンを用意する方法を推奨する。この方法では、一方のバージョン（T_0）は、$t = 0$ 時点で開始し、もう一方のバージョン（T_1）は、時間 $t = 1$ で開始させる。そして、任意の時間、$t > 1$ で、2 つのバージョンの介入群の間の差を測定できる。時刻 t において、T_0 と T_1 は事実上の A/A テストであり、唯一の違いは、それらのユーザーが介入にさらされている期間となる。$T_1(t)$ と $T_0(t)$ の間の差が統計的に有意であるかどうかを確認するため、2 標本 t 検定を実施し、図 23.3 に示されているように差が小さければ、2 つの介入が収束したと結論付けることができる。実質的に有意な差分を事前に決めておき、この比較がそれを検出するのに十分な統計力があることを確認することが重要である。時刻 t の後に前述の期間後分析を適用し、長期効果の測定もできる (Gupta, Kohavi et al.2019)。2 つの介入群の間の違いをテストしている間、典型的な 20% よりも低い偽陰性率の設定は、偽陽性率が 5% よりも高くなることを犠牲にしても、より重要であるかもしれない[*3]。

この方法では、2 つの介入群の間の差は時間の経過とともに小さくなると仮定している。言い換えれば、$T_1(t) - T_0(t)$ は t の減少関数である。これはもっともな仮定だが、実際には、対となった 2 つの介入群の間に十分な時間差があることを確認する必要がある。学習効果が現れるまでに時間がかかり、2 つの介入群の時間差が少ない場合、T_1 の開始時では 2 つの介入群が差を持つのに十分な時間がないかもしれない。

方法その 4：ホールドバックとリバース実験

すべてのユーザーに介入を開始するまでの時間的なプレッシャーがある場合、つまりコントロール群に介入を実施しない機会費用がかかってしまう (Varian 2007) 場合は、長期間の実験の実行は難しい。この場合、ホールドバックを実施することがある。90% のユーザーに介入を開始した後、数週間（または数ヶ月）の間、10% のユーザーをコントロール群に維持する方法である (Xu, Duan and Huang 2015)。ホールドバック実験は、長期間の実験の典型的なタイプである。この実験は、コントロール群のサンプルサイズが小さいため、検出力が最適な場合よりも少ない。実験感度の低下がホールドアウトから学びたいことに影響を与えないようにすることが重要である。第 15 章の議論も参考。

リバース実験と呼ばれる代替バージョンもある。リバース実験では、100% のユーザーに介入を開始した数週間後（または数ヶ月後）に 10% のユーザーをコントロールに戻す。このアプローチの利点は、誰もがしばらくの間、介入を受け取れることである。ネットワーク効果がユーザーの獲得に役割を果たす新機能を導入（介入）した場合や、マーケットの供給に制約がある場合は、リバース実験を行うことで、ネットワークやマーケットが新しい均衡に到達するまでの時間を確保することができる。欠点は、介入が目に見える変化をもたらす場合、ユーザーをコントロールに戻すことでユーザーを混乱させる可能性があることである。

[*3] 訳注：実験の目的からすると「本当は差がある（学習効果がある）」ことを見落とす危険性が大きいから。

参考文献

Abadi, Martin, Andy Chu, Ian Goodfellow, H. Brendan Mironov, Ilya Mcmahan, Kunal Talwar, and Li Zhang. 2016. "Deep Learning with Differential Privacy." *Proceedings of the 2016 ACM SIGSAC Conference on Computer and Communications Security.*

Abrahamse, Peter. 2016. "How 8 Different A/B Testing Tools Affect Site Speed." *CXL: All Things Data-Driven Marketing.* May 16. `https://conversionxl.com/blog/testing-tools-site-speed/`.

ACM. 2018. *ACM Code of Ethics and Professional Conduct.* June 22. `www.acm.org/code-of-ethics`.

Alvarez, Cindy. 2017. *Lean Customer Development: Building Products Your Customers Will Buy.* O'Reilly. 『リーン顧客開発 —「売れないリスク」を極小化する技術』，堤孝志，飯野将人 監訳，児島修　訳，オライリー・ジャパン，2015 年（ハードカバー版，2014 年の翻訳書）。

Angrist, Joshua D., and Jörn-Steffen Pischke. 2014. *Mastering 'Metrics: The Path from Cause to Effect.* Princeton University Press.

Angrist, Joshua D., and Jörn-Steffen Pischke. 2009. *Mostly Harmless Econometrics: An Empiricist's Companion.* Princeton University Press.

Apple, Inc. 2017. "Phased Release for Automatic Updates Now Available." June 5. `https://developer.apple.com/app-store-connect/whats-new/?id=31070842`.

Apple, Inc. 2018. "Use Low Power Mode to Save Battery Life on Your iPhone." *Apple.* September 25. `https://support.apple.com/en-us/HT205234`.

Athey, Susan, and Guido Imbens. 2016. "Recursive Partitioning for Heterogeneous Causal Effects." *PNAS: Proceedings of the National Academy of Sciences.* 7353–7360. doi: `https://doi.org/10.1073/pnas.1510489113`.

Azevedo, Eduardo M., Alex Deng, Jose Montiel Olea, Justin M. Rao, and E. Glen Weyl. 2019. "A/B Testing with Fat Tails." February 26. Available at SSRN: `https://ssrn.com/abstract=3171224orhttp://dx.doi.org/10.2139/ssrn.3171224`.

Backstrom, Lars, and Jon Kleinberg. 2011. "Network Bucket Testing." *WWW '11*

Proceedings of the 20th International Conference on World Wide Web. Hyderabad, India: ACM. 615–624.

Bailar, John C. 1983. "Introduction." In *Clinical Trials: Issues and Approaches*,by Stuart Shapiro and Thomas Louis. Marcel Dekker.

Bakshy, Eytan, Max Balandat, and Kostya Kashin. 2019. "Open-sourcing Ax and BoTorch: New AI tools for adaptive experimentation." Facebook Artificial Intelligence. May 1. https://ai.facebook.com/blog/open-sourcing-ax-and-botorch-newai-tools-for-adaptive-experimentation/.

Bakshy, Eytan, and Eitan Frachtenberg. 2015. "Design and Analysis of Benchmarking Experiments for Distributed Internet Services." *WWW '15: Proceedings of the 24th International Conference on World Wide Web.* Florence, Italy: ACM. 108–118. doi: https://doi.org/10.1145/2736277.2741082.

Bakshy, Eytan, Dean Eckles, and Michael Bernstein. 2014. "Designing and Deploying Online Field Experiments." *International World Wide Web Conference (WWW 2014).* https://facebook.com//download/255785951270811/planout.pdf.

Barajas, Joel, Ram Akella, Marius Hotan, and Aaron Flores. 2016. "Experimental Designs and Estimation for Online Display Advertising Attribution in Marketplaces." *Marketing Science: the Marketing Journal of the Institute for Operations Research and the Management Sciences* 35: 465–483.

Barrilleaux, Bonnie, and Dylan Wang. 2018. "Spreading the Love in the LinkedIn Feed with Creator-Side Optimization." *LinkedIn Engineering.* October 16. https://engineering.linkedin.com/blog/2018/10/linkedin-feed-with-creator-side-optimization.

Basin, David, Soren Debois, and Thomas Hildebrandt. 2018. "On Purpose and by Necessity: Compliance under the GDPR." *Financial Cryptography and Data Security 2018.* IFCA. Preproceedings 21.

Benbunan-Fich, Raquel. 2017. "The Ethics of Online Research with Unsuspecting Users: From A/B Testing to C/D Experimentation." *Research Ethics* 13 (3–4): 200–218. doi: https://doi.org/10.1177/1747016116680664.

Benjamin, Daniel J., James O. Berger, Magnus Johannesson, Brian A. Nosek, E.-J. Wagenmakers, Richard Berk, Kenneth A. Bollen, et al. 2017. "Redefine Statistical Significance." *Nature Human Behaviour* 2 (1): 6–10. https://www.nature.com/articles/s41562-017-0189-z.

Beshears, John, James J. Choi, David Laibson, Brigitte C. Madrian, and Katherine L. Milkman. 2011. *The Effect of Providing Peer Information on Retirement Savings Decisions.* NBER Working Paper Series, National Bureau of Economic Research. www.nber.org/papers/w17345.

Billingsly, Patrick. 1995. *Probability and Measure.* Wiley.

Blake, Thomas, and Dominic Coey. 2014. "Why Marketplace Experimentation is Harder Than it Seems: The Role of Test-Control Interference." *EC '14 Proceedings of the Fifteenth ACM Conference on Economics and Computation.* Palo Alto, CA:

ACM. 567 582.

Blank, Steven Gary. 2005. *The Four Steps to the Epiphany: Successful Strategies for Products that Win.* Cafepress.com. 『アントレプレナーの教科書 — 新規事業を成功させる 4 つのステップ』, 堤孝志, 渡邊哲 訳, 翔泳社, 2009 年。

Blocker, Craig, John Conway, Luc Demortier, Joel Heinrich, Tom Junk, Louis Lyons, and Giovanni Punzi. 2006. "Simple Facts about P-Values." *The Rockefeller University.* January 5. http://physics.rockefeller.edu/luc/technical_reports/cdf8023_facts_about_p_values.pdf.

Bodlewski, Mike. 2017. "When Slower UX is Better UX." *Web Designer Depot.* Sep 25. https://www.webdesignerdepot.com/2017/09/when-slower-ux-is-better-ux/.

Bojinov, Iavor, and Neil Shephard. 2017. "Time Series Experiments and Causal Estimands: Exact Randomization Tests and Trading." *arXiv of Cornell University.* July 18. arXiv:1706.07840.

Borden, Peter. 2014. "How Optimizely (Almost) Got Me Fired." *The SumAll Blog: Where E-commerce and Social Media Meet.* June 18. https://blog.sumall.com/journal/optimizely-got-me-fired.html.

Bowman, Douglas. 2009. "Goodbye, Google." *stopdesign.* March 20. https://stopdesign.com/archive/2009/03/20/goodbye-google.html.

Box, George E.P., J. Stuart Hunter, and William G. Hunter. 2005. *Statistics for Experimenters: Design, Innovation, and Discovery.* 2nd edition. John Wiley & Sons, Inc.

Brooks Bell. 2015. "Click Summit 2015 Keynote Presentation." *Brooks Bell.* www.brooksbell.com/wp-content/uploads/2015/05/BrooksBell_ClickSummit15_Keynote1.pdf.

Brown, Morton B. 1975. "A Method for Combining Non-Independent, One-Sided Tests of Signficance." *Biometrics* 31 (4) 987–992. www.jstor.org/stable/2529826.

Brutlag, Jake, Zoe Abrams, and Pat Meenan. 2011. "Above the Fold Time: Measuring Web Page Performance Visually." *Velocity: Web Performance and Operations Conference.*

Buhrmester, Michael, Tracy Kwang, and Samuel Gosling. 2011. "Amazon's Mechanical Turk: A New Source of Inexpensive, Yet High-Quality Data?" *Perspectives on Psychological Science*, Feb 3.

Campbell, Donald T. 1979. "Assessing the Impact of Planned Social Change." *Evaluation and Program Planning* 2: 67–90. https://doi.org/10.1016/0149--7189(79)90048-X.

Campbell's law. 2018. *Wikipedia.* https://en.wikipedia.org/wiki/Campbell%27s_law.

Card, David, and Alan B. Krueger. 1994. "Minimum Wages and Employment: A Case Study of the Fast-Food Industry in New Jersey and Pennsylvania." *The American*

Economic Review 84 (4): 772 793. https://www.jstor.org/stable/2118030.

Casella, George, and Roger L. Berger. 2001. *Statistical Inference.* 2nd edition. Cengage Learning.

CDC. 2015. *The Tuskegee Timeline.* December. https://www.cdc.gov/tuskegee/timeline.htm.

Chamandy, Nicholas. 2016. "Experimentation in a Ridesharing Marketplace." *Lyft Engineering.* September 2. https:/eng.lyft.com/experimentation-in-a-risharing-marketplace-b39db027a66e.

Chan, David, Rong Ge, Ori Gershony, Tim Hesterberg, and Diane Lambert. 2010. "Evaluating Online Ad Campaigns in a Pipeline: Causal Models at Scale." *Proceedings of ACM SIGKDD.*

Chapelle, Olivier, Thorsten Joachims, Filip Radlinski, and Yisong Yue. 2012. "Large-Scale Validation and Analysis of Interleaved Search Evaluation." *ACM Transactions on Information Systems*, February.

Chaplin, Charlie. 1964. *My Autobiography.* Simon Schuster. 『チャップリン自伝』, 中野好夫 訳, 新潮社, 1966 年。『チャップリン自伝: 若き日々』『チャップリン自伝: 栄光と波瀾の日々』, 中里京子 訳, 新潮社, 2017 年。

Charles, Reichardt S., and Mark M. Melvin. 2004. "Quasi Experimentation." In *Handbook of Practical Program Evaluation*, by Joseph S. Wholey, Harry P. Hatry and Kathryn E. Newcomer. Jossey-Bass.

Chatham, Bob, Bruce D. Temkin, and Michelle Amato. 2004. *A Primer on A/B Testing.* Forrester Research.

Chen, Nanyu, Min Liu, and Ya Xu. 2019. "How A/B Tests Could Go Wrong: Automatic Diagnosis of Invalid Online Experiments." *WSDM '19 Proceedings of the Twelfth ACM International Conference on Web Search and Data Mining.* Melbourne, VIC, Australia: ACM. 501–509. https://dl.acm.org/citation.cfm?id=3291000.

Chrystal, K. Alec, and Paul D. Mizen. 2001. *Goodhart's Law: Its Origins, Meaning and Implications for Monetary Policy.* Prepared for the Festschrift in honor of Charles Goodhart held on 15–16 November 2001 at the Bank of England. http://cyberlibris.typepad.com/blog/files/Goodharts_Law.pdf.

Coey, Dominic, and Tom Cunningham. 2019. "Improving Treatment Effect Estimators Through Experiment Splitting." *WWW '19: The Web Conference.* San Francisco, CA, USA: ACM. 285–295. doi: https://dl.acm.org/citation.cfm?doid=3308558.3313452.

Collis, David. 2016. "Lean Strategy." *Harvard Business Review* 62–68. https://hbr.org/2016/03/lean-strategy.

Concato, John, Nirav Shah, and Ralph I Horwitz. 2000. "Randomized, Controlled Trials, Observational Studies, and the Hierarchy of Research Designs." *The New England Journal of Medicine* 342 (25): 1887–1892. doi: https://www.nejm.org/

doi/10.1056/NEJM200006223422507.

Cox, David Roxbee. 1958. *Planning of Experiments.* New York: John Wiley.

Croll, Alistair, and Benjamin Yoskovitz. 2013. *Lean Analytics: Use Data to Build a Better Startup Faster.* O'Reilly Media. 『Lean Analytics — スタートアップのためのデータ解析と活用法』，角征典 訳，オライリー・ジャパン，2015 年。

Crook, Thomas, Brian Frasca, Ron Kohavi, and Roger Longbotham. 2009. "Seven Pitfalls to Avoid when Running Controlled Experiments on the Web." *KDD '09: Proceedings of the 15th ACM SIGKDD international conference on Knowledge discovery and data mining*, 1105–1114.

Cross, Robert G., and Ashutosh Dixit. 2005. "Customer-centric Pricing: The Surprising Secret for Profitability." *Business Horizons*, 488.

Deb, Anirban, Suman Bhattacharya, Jeremey Gu, Tianxia Zhuo, Eva Feng, and Mandie Liu. 2018. "Under the Hood of Uber's Experimentation Platform." *Uber Engineering.* August 28. https://eng.uber.com/xp.

Deng, Alex. 2015. "Objective Bayesian Two Sample Hypothesis Testing for Online Controlled Experiments." Florence, IT: ACM. 923–928.

Deng, Alex, and Victor Hu. 2015. "Diluted Treatment Effect Estimation for Trigger Analysis in Online Controlled Experiments." *WSDM '15: Proceedings of the Eighth ACM International Conference on Web Search and Data Mining.* Shanghai, China: ACM. 349–358. doi: https://doi.org/10.1145/2684822.2685307.

Deng, Alex, Jiannan Lu, and Shouyuan Chen. 2016. "Continuous Monitoring of A/B Tests without Pain: Optional Stopping in Bayesian Testing." *2016 IEEE International Conference on Data Science and Advanced Analytics (DSAA).* Montreal, QC, Canada: IEEE. doi: https://doi.org/10.1109/DSAA.2016.33.

Deng, Alex, Ulf Knoblich, and Jiannan Lu. 2018. "Applying the Delta Method in Metric Analytics: A Practical Guide with Novel Ideas." *24th ACM SIGKDD Conference on Knowledge Discovery and Data Mining.*

Deng, Alex, Jiannan Lu, and Jonathan Litz. 2017. "Trustworthy Analysis of Online A/B Tests: Pitfalls, Challenges and Solutions." *WSDM: The Tenth International Conference on Web Search and Data Mining.* Cambridge, UK.

Deng, Alex, Ya Xu, Ron Kohavi, and Toby Walker. 2013. "Improving the Sensitivity of Online Controlled Experiments by Utilizing Pre-Experiment Data." *WSDM 2013: Sixth ACM International Conference on Web Search and Data Mining.*

Deng, Shaojie, Roger Longbotham, Toby Walker, and Ya Xu. 2011. "Choice of Randomization Unit in Online Controlled Experiments." *Joint Statistical Meetings Proceedings.* 4866–4877.

Denrell, Jerker. 2005. "Selection Bias and the Perils of Benchmarking." (*Harvard Business Review*) 83 (4): 114–119.

Dickhaus, Thorsten. 2014. *Simultaneous Statistical Inference: With Applications in the Life Sciences.* Springer. https://www.springer.com/cda/content/document/cda_downloaddocument/9783642451812-c2.pdf.

Dickson, Paul. 1999. *The Official Rules and Explanations: The Original Guide to Surviving the Electronic Age With Wit, Wisdom, and Laughter.* Federal Street Pr.

Djulbegovic, Benjamin, and Iztok Hozo. 2002. “At What Degree of Belief in a Research Hypothesis Is a Trial in Humans Justified?” *Journal of Evaluation* in Clinical Practice, June 13.

Dmitriev, Pavel, and Xian Wu. 2016. “Measuring Metrics.” *CIKM: Conference on Information and Knowledge Management.* Indianapolis, In. http://bit.ly/measuringMetrics.

Dmitriev, Pavel, Somit Gupta, Dong Woo Kim, and Garnet Vaz. 2017. “A Dirty Dozen: Twelve Common Metric Interpretation Pitfalls in Online Controlled Experiments.” *Proceedings of the 23rd ACM SIGKDD International Conference on Knowledge Discovery and Data Mining (KDD 2017).* Halifax, NS, Canada: ACM. 1427–1436. http://doi.acm.org/10.1145/3097983.3098024.

Dmitriev, Pavel, Brian Frasca, Somit Gupta, Ron Kohavi, and Garnet Vaz. 2016. “Pitfalls of Long-Term Online Controlled Experiments.” *2016 IEEE International Conference on Big Data (Big Data).* Washington DC. 1367–1376. http://bit.ly/expLongTerm.

Doerr, John. 2018. *Measure What Matters: How Google, Bono, and the Gates Foundation Rock the World with OKRs.* Portfolio. 『メジャー・ホワット・マターズ — 伝説のベンチャー投資家が Google に教えた成功手法 OKR』, 土方奈美 訳, 日本経済新聞出版社, 2018 年。

Doll, Richard. 1998. “Controlled Trials: the 1948 Watershed.” *BMJ.* doi: https://doi.org/10.1136/bmj.317.7167.1217.

Dutta, Kaushik, and Debra Vadermeer. 2018. “Caching to Reduce Mobile App Energy Consumption.” *ACM Transactions on the Web (TWEB)*, February 12(1): Article No. 5.

Dwork, Cynthia, and Aaron Roth. 2014. “The Algorithmic Foundations of Differential Privacy.” *Foundations and Trends in Computer Science* 211–407.

Eckles, Dean, Brian Karrer, and Johan Ugander. 2017. “Design and Analysis of Experiments in Networks: Reducing Bias from Interference.” *Journal of Causal Inference* 5(1). www.deaneckles.com/misc/Eckles_Karrer_Ugander_Reducing_Bias_from_Interference.pdf.

Edgington, Eugene S. 1972, “An Additive Method for Combining Probablilty Values from Independent Experiments.” *The Journal of Psychology* 80 (2): 351–363.

Edmonds, Andy, Ryan W. White, Dan Morris, and Steven M. Drucker. 2007. “Instrumenting the Dynamic Web.” *Journal of Web Engineering.* (3): 244–260. www.microsoft.com/en-us/research/wp-content/uploads/2016/02/edmondsjwe2007.pdf.

Efron, Bradley, and Robert J. Tibshriani. 1994. *An Introduction to the Bootstrap.*

Chapman & Hall/CRC.

EGAP. 2018. "10 Things to Know About Heterogeneous Treatment Effects." *EGAP: Evidence in Government and Politics.* egap.org/methods-guides/10-things-heterogeneous-treatment-effects.

Ehrenberg, A.S.C. 1975. "The Teaching of Statistics: Corrections and Comments." *Journal of the Royal Statistical Society. Series A* 138 (4): 543–545. https://www.jstor.org/stable/2345216.

Eisenberg, Bryan 2005. "How to Improve A/B Testing." *ClickZ Network.* April 29. www.clickz.com/clickz/column/1717234/how-improve-a-b-testing.

Eisenberg, Bryan. 2004. *A/B Testing for the Mathematically Disinclined.* May 7. http://www.clickz.com/showPage.html?page=3349901.

Eisenberg, Bryan, and John Quarto-vonTivadar. 2008. *Always Be Testing: The Complete Guide to Google Website Optimizer.* Sybex.

eMarketer. 2016. "Microsoft Ad Revenues Continue to Rebound." April 20. https://www.emarketer.com/Article/Microsoft-Ad-Revenues-Continue-Rebound/1013854.

European Commission. 2018. https://ec.europa.eu/commission/priorities/justice-andfundamental-rights/data-protection/2018-reform-eu-data-protection-rules_en.

European Commission. 2016. EU GDPR.ORG. https://eugdpr.org/.

Fabijan, Aleksander, Pavel Dmitriev, Helena Holmstrom Olsson, and Jan Bosch. 2018. "Online Controlled Experimentation at Scale: An Empirical Survey on the Current State of A/B Testing." *Euromicro Conference on Software Engineering and Advanced Applications (SEAA).* Prague, Czechia. doi: 10.1109/SEAA.2018.00021.

Fabijan, Aleksander, Pavel Dmitriev, Helena Holmstrom Olsson, and Jan Bosch. 2017. "The Evolution of Continuous Experimentation in Software Product Development: from Data to a Data-Driven Organization at Scale." *ICSE '17 Proceedings of the 39th International Conference on Software Engineering.* Buenos Aires, Argentina: IEEE Press. 770–780. doi: https://doi.org/10.1109/ICSE.2017.76.

Fabijan, Aleksander, Jayant Gupchup, Somit Gupta, Jeff Omhover, Wen Qin, Lukas Vermeer, and Pavel Dmitriev. 2019. "Diagnosing Sample Ratio Mismatch in Online Controlled Experiments: A Taxonomy and Rules of Thumb for Practitioners." *KDD '19: The 25th SIGKDD International Conference on Knowledge Discovery and Data Mining.* Anchorage, Alaska, USA: ACM.

Fabijan, Aleksander, Pavel Dmitriev, Colin McFarland, Lukas Vermeer, Helena Holmström Olsson, and Jan Bosch. 2018. "Experimentation Growth: Evolving Trustworthy A/B Testing Capabilities in Online Software Companies." *Journal of Software: Evolution and Process* 30 (12:e2113). doi: https://doi.org/10.1002/smr.2113.

FAT/ML. 2019. *Fairness, Accountability, and Transparency in Machine Learning.* http://www.fatml.org/.

Fisher, Ronald Aylmer. 1925. *Statistical Methods for Research Workers.* Oliver and

Boyd. http://psychclassics.yorku.ca/Fisher/Methods/. 『研究者のための統計的方法』，遠藤健児，鍋谷清治 訳，森北出版，1979 年（原著第 13 版の翻訳）。

Forte, Michael. 2019. "Misadventures in experiments for growth." The Unofficial Google Data Science Blog. April 16. www.unofficialgoogledatascience.com/2019/04/misadventures-in-experiments-for-growth.html.

Freedman, Benjamin. 1987. "Equipoise and the Ethics of Clinical Research." *The New England Journal of Medicine* 317 (3): 141–145. doi: https://www.nejm.org/doi/full/10.1056/NEJM198707163170304.

Gelman, Andrew, and John Carlin. 2014. "Beyond Power Calculations: Assessing Type S (Sign) and Type M (Magnitude) Errors." *Perspectives on Psychological Science* 9 (6): 641–651. doi: 10.1177/1745691614551642.

Gelman, Andrew, and Thomas C. Little. 1997. "Poststratification into Many Categories Using Hierarchical Logistic Regression." *Survey Methdology* 23 (2): 127–135. www150.statcan.gc.ca/n1/en/pub/12--001-x/1997002/article/3616-eng.pdf.

Georgiev, Georgi Zdravkov. 2019. Statistical Methods in Online A/B Testing: Statistics for Data-Driven Business Decisions and Risk Management in e-Commerce. Independently published. www.abtestingstats.com

Georgiev, Georgi Zdravkov. 2018. "Analysis of 115 A/B Tests: Average Lift is 4%, Most Lack Statistical Power." Analytics Toolkit. June 26. http://blog.analyticstoolkit.com/2018/analysis-of-115-a-b-tests-average-lift-statistical-power/.

Gerber, Alan S., and Donald P. Green. 2012. *Field Experiments: Design, Analysis, and Interpretation.* W. W. Norton & Company. https://www.amazon.com/Field-Experiments-Design-Analysis-Interpretation/dp/0393979954.

Goldratt, Eliyahu M. 1990. *The Haystack Syndrome.* North River Press. 『ゴールドラット博士のコストに縛られるな! — 利益を最大化する TOC 意思決定プロセス』，村上悟 編集/寄稿)，三本木亮 訳，ダイヤモンド社，2005 年。

Goldstein, Noah J., Steve J. Martin, and Robert B. Cialdini. 2008. *Yes!: 50 Scientifically Proven Ways to Be Persuasive.* Free Press. 『影響力の武器 実践編 —「イエス!」を引き出す 50 の秘訣』，安藤清志 監訳，高橋紹子 訳，誠信書房，2009 年。

Goodhart, Charles A. E. 1975. *Problems of Monetary Management: The UK Experience.* Vol. 1, in *Papers in Monetary Economics*, by Reserve Bank of Australia.

Goodhart's law. 2018. *Wikipedia.* https://en.wikipedia.org/wiki/Goodhart%27s_law.

Goodman, Steven. 2008. "A Dirty Dozen: Twelve P-Value Misconceptions." Seminars in Hematology. doi: https://doi.org/10.1053/j.seminhematol.2008.04.003.

Google. 2019. *Processing Logs at Scale Using Cloud Dataflow.* March 19. https://cloud.google.com/solutions/processing-logs-at-scale-using-dataflow.

Google. 2018. *Google Surveys.* https://marketingplatform.google.com/about/surveys/.

Google. 2011. "Ads Quality Improvements Rolling Out Globally." *Google Inside*

AdWords. October 3. https://adwords.googleblog.com/2011/10/ads-quality-improvements-rolling-out.html.

Google Console. 2019. "Release App Updates with Staged Rollouts." *Google Console Help.* https://support.google.com/googleplay/android-developer/answer/6346149?hl=en.

Google Developers. 2019. *Reduce Your App Size.* https://developer.andriod.com/topic/performance/reduce-apk-size.

Google, Helping Advertisers Comply with the GDPR. 2019. *Google Ads Help.* https://support.google.com/google-ads/answer/9028179?hl=en.

Google Website Optimizer. 2008.
http://services.google.com/websiteoptimizer.

Gordon, Brett R., Florian Zettelmeyer, Neha Bhargava, and Dan Chapsky. 2018. "A Comparison of Approaches to Advertising Measurement: Evidence from Big Field Experiments at Facebook (forthcoming at Marketing Science)." https://papers.ssrn.com/sol3/papers.cfm?abstract_id=3033144.

Goward, Chris. 2015. "Delivering Profitable 'A-ha!' Moments Everyday." *Conversion Hotel.* Texel, The Netherlands. www.slideshare.net/webanalisten/chris-gowardstrategy-conversion-hotel-2015.

Goward, Chris. 2012. *You Should Test That: Conversion Optimization for More Leads, Sales and Profit or The Art and Science of Optimized Marketing.* Sybex.

Greenhalgh, Trisha. 2014. *How to Read a Paper: The Basics of Evidence-Based Medicine.* BMJ Books. https://www.amazon.com/gp/product/B00IPG7GLC. 『読む技術 — 論文の価値を見抜くための基礎知識』, 日経メディカル 編, 日経 BP 社, 2016 年（原著第 5 版の翻訳）。

Greenhalgh, Trisha. 1997. "How to Read a Paper : Getting Your Bearings (deciding what the paper is about)." *BMJ* 315 (7102): 243–246. doi: 10.1136/bmj.315.7102.243.

Greenland, Sander, Stephen J. Senn, Kenneth J. Rothman, John B. Carlin, Charles Poole, Steven N. Goodman, and Douglas G. Altman. 2016. "Statistical Tests, P Values, Confidence Intervals, and Power: a Guide to Misinterpretations." *European Journal of Epidemiology* 31 (4): 337–350. https://dx.doi.org/10.1007%2Fs10654-016-0149-3.

Grimes, Carrie, Diane Tang, and Daniel M. Russell. 2007. "Query Logs Alone are not Enough." *International Conference of the World Wide Web*, May.

Grove, Andrew S. 1995. *High Output Management.* 2nd edition. Vintage. 『HIGH OUTPUT MANAGEMENT(ハイアウトプット マネジメント) — 人を育て、成果を最大にするマネジメント』, 小林薫 訳, 日経 BP, 2017 年。

Groves, Robert M., Floyd J. Fowler Jr, Mick P. Couper, James M. Lepkowski, Singer Eleanor, and Roger Tourangeau. 2009. *Survey Methodology*, 2nd edition. Wiley. 『調査法ハンドブック』, 大隅昇 監訳, 朝倉書店, 2011 年。

Gui, Han, Ya Xu, Anmol Bhasin, and Jiawei Han. 2015. "Network A/B Testing From

Sampling to Estimation." *WWW '15 Proceedings of the 24th International Conference on World Wide Web*. Florence, IT: ACM. 399–409.

Gupta, Somit, Lucy Ulanova, Sumit Bhardwaj, Pavel Dmitriev, Paul Raff, and Aleksander Fabijan. 2018. "The Anatomy of a Large-Scale Online Experimentation Platform." *IEEE International Conference on Software Architecture*.

Gupta, Somit, Ronny Kohavi, Diane Tang, Ya Xu, and et al. 2019. "Top Challenges from the first Practical Online Controlled Experiments Summit." Edited by Xin Luna Dong, Ankur Teredesai and Reza Zafarani. *SIGKDD Explorations* (ACM) 21 (1). https://bit.ly/OCESummit1.

Guyatt, Gordon H., David L. Sackett, John C. Sinclair, Robert Hayward, Deborah J. Cook, and Richard J. Cook. 1995. "Users' Guides to the Medical Literature: IX. A method for Grading Health Care Recommendations." *Journal of the American Medical Association (JAMA)* 274 (22): 1800–1804. doi: https://doi.org/10.1001%2Fjama.1995.03530220066035.

Harden, K. Paige, Jane Mendle, Jennifer E. Hill, Eric Turkheimer, and Robert E. Emery. 2008. "Rethinking Timing of First Sex and Delinquency." *Journal of Youth and Adolescence* 37 (4): 373–385. doi: https://doi.org/10.1007/s10964--007--9228--9.

Harford, Tim. 2014. *The Undercover Economist Strikes Back: How to Run — or Ruin — an Economy*. Riverhead Books.

Hauser, John R., and Gerry Katz. 1998. "Metrics: You Are What You Measure!" *European Management Journal* 16 (5): 516–528. http://www.mit.edu/~hauser/Papers/metrics%20you%20are%20what%20you%20measure.pdf.

Health and Human Services. 2018a. *Guidance Regarding Methods for De-identification of Protected Health Information in Accordance with the Health Insurance Portability and Accountability Act (HIPAA) Privacy Rule*. https://www.hhs.gov/hipaa/for-professionals/privacy/special-topics/de-identification/index.html.

Health and Human Services. 2018b. *Health Information Privacy*. https://www.hhs.gov/hipaa/index.html.

Health and Human Services. 2018c. *Summary of the HIPAA Privacy Rule*. https://www.hhs.gov/hipaa/for-professionals/privacy/laws-regulations/index.html.

Hedges, Larry, and Ingram Olkin. 2014. *Statistical Methods for Meta-Analysis*. Academic Press.

Hemkens, Lars, Despina Contopoulos-Ioannidis, and John Ioannidis. 2016. "Routinely Collected Data and Comparative Effectiveness Evidence: Promises and Limitations." CMAJ, May 17.

HIPAA Journal. 2018. *What is Considered Protected Health Information Under HIPAA*. April 2. https://www.hipaajournal.com/what-is-considered-protectedhealth-information-under-hipaa/.

Hochberg, Yosef, and Yoav Benjamini. 1995. "Controlling the False Discovery Rate:

a Practical and Powerful Approach to Multiple Testing Series B." *Journal of the Royal Statistical Society* 57 (1): 289–300.

Hodge, Victoria, and Jim Austin. 2004. "A Survey of Outlier Detection Methodologies." *Journal of Artificial Intelligence Review.* 85–126.

Hohnhold, Henning, Deirdre O'Brien, and Diane Tang. 2015. "Focus on the Long-Term: It's better for Users and Business." *Proceedings 21st Conference on Knowledge Discovery and Data Mining (KDD 2015).* Sydney, Australia: ACM. http://dl.acm.org/citation.cfm?doid=2783258.2788583.

Holson, Laura M. 2009. "Putting a Bolder Face on Google." *NY Times.* February 28. https://www.nytimes.com/2009/03/01/business/01marissa.html.

Holtz, David Michael. 2018. "Limiting Bias from Test-Control Interference In Online Marketplace Experiments." *DSpace@MIT.* http://hdl.handle.net/1721.1/117999.

Hoover, Kevin D. 2008. "Phillips Curve." In R. David Henderson, *Concise Encyclopedia of Economics.* http://www.econlib.org/library/Enc/PhillipsCurve.html.

Huang, Jason, David Reiley, and Nickolai M. Raibov. 2018. "David Reiley, Jr." *Measuring Consumer Sensitivity to Audio Advertising: A Field Experiment on Pandora Internet Radio.* April 21. http://davidreiley.com/papers/PandoraListenerDemandCurve.pdf.

Huang, Jeff, Ryen W. White, and Susan Dumais. 2012. "No Clicks, No Problem: Using Cursor Movements to Understand and Improve Search." *Proceedings of SIGCHI.*

Huang, Yanping, Jane You, Iris Wang, Feng Cao, and Ian Gao. 2015. *Data Science Interviews Exposed. CreateSpace.*

Hubbard, Douglas W. 2014. *How to Measure Anything: Finding the Value of Intangibles in Business.* 3rd edition. Wiley.

Huffman, Scott. 2008. *Search Evaluation at Google.* September 15. https://googleblog.blogspot.com/2008/09/search-evaluation-at-google.html.

Imbens, Guido W., and Donald B. Rubin. 2015. *Causal Inference for Statistics, Social, and Biomedical Sciences: An Introduction.* Cambridge University Press.

Ioannidis, John P. 2005. "Contradicted and Initially Stronger Effects in Highly Cited Clinical Research." (*The Journal of the American Medical Association*) 294 (2).

Jackson, Simon. 2018. "How Booking.com increases the power of online experiments with CUPED." *Booking.ai.* January 22. https://booking.ai/how-booking-comincreases-the-power-of-online-experiments-with-cuped-995d186fff1d.

Joachims, Thorsten, Laura Granka, Bing Pan, Helene Hembrooke, and Geri Gay. 2005. "Accurately Interpreting Clickthrough Data as Implicit Feedback." *SIGIR*, August.

Johari, Ramesh, Leonid Pekelis, Pete Koomen, and David Walsh. 2017. "Peeking at A/B Tests." *KDD '17: Proceedings of the 23rd ACM SIGKDD International Conference on Knowledge Discovery and Data Mining.* Halifax, NS, Canada: ACM. 1517–1525. doi: https://doi.org/10.1145/3097983.3097992.

Kaplan, Robert S., and David P. Norton. 1996. *The Balanced Scorecard: Translating*

Strategy into Action. Harvard Business School Press. 『バランス・スコアカード ― 戦略経営への変革』, 吉川武男 訳, 生産性出版, 2011 年。

Katzir, Liran, Edo Liberty, and Oren Somekh. 2012. "Framework and Algorithms for Network Bucket Testing." *Proceedings of the 21st International Conference on World Wide Web* 1029–1036.

Kaushik, Avinash. 2006. "Experimentation and Testing: A Primer." *Occam's Razor.* May 22. www.kaushik.net/avinash/2006/05/experimentation-and-testinga-primer.html.

Keppel, Geoffrey, William H. Saufley, and Howard Tokunaga. 1992. *Introduction to Design and Analysis.* 2nd edition. W.H. Freeman and Company.

Kesar, Alhan. 2018. *11 Ways to Stop FOOC'ing up your A/B tests.* August 9. www.widerfunnel.com/stop-fooc-ab-tests/.

King, Gary, and Richard Nielsen. 2018. *Why Propensity Scores Should Not Be Used for Matching.* Working paper. https://gking.harvard.edu/publications/why-propensityscores-should-not-be-used-formatching.

King, Rochelle, Elizabeth F. Churchill, and Caitlin Tan. 2017. *Designing with Data: Improving the User Experience with A/B Testing.* O'Reilly Media.

Kingston, Robert. 2015. *Does Optimizely Slow Down a Site's Performance.* January 18. https://www.quora.com/Does-Optimizely-slow-down-a-sites-performance/answer/Robert-Kingston.

Knapp, Michael S., Juli A. Swinnerton, Michael A. Copland, and Jack Monpas-Huber. 2006. *Data-Informed Leadership in Education.* Center for the Study of Teaching and Policy, University of Washington, Seattle, WA: Wallace Foundation. https://www.wallacefoundation.org/knowledge-center/Documents/1-DataInformed-Leadership.pdf.

Kohavi, Ron. 2019. "HiPPO FAQ." *ExP Experimentation Platform.* http://bitly.com/HIPPOExplained.

Kohavi, Ron. 2016. "Pitfalls in Online Controlled Experiments." *CODE '16: Conference on Digital Experimentation.* MIT. https://bit.ly/Code2016Kohavi.

Kohavi, Ron. 2014. "Customer Review of A/B Testing: The Most Powerful Way to Turn Clicks Into Customers." *Amazon.com.* May 27. www.amazon.com/gp/customer-reviews/R44BH2HO30T18.

Kohavi, Ron. 2010. "Online Controlled Experiments: Listening to the Customers, not to the HiPPO." *Keynote at EC10: the 11th ACM Conference on Electronic Commerce.* www.exp-platform.com/Documents/2010--06%20EC10.pptx.

Kohavi, Ron. 2003. *Real-world Insights from Mining Retail E-Commerce Data.* Stanford, CA, May 22. http://ai.stanford.edu/~ronnyk/realInsights.ppt.

Kohavi, Ron, and Roger Longbotham. 2017. "Online Controlled Experiments and A/B Tests." In *Encyclopedia of Machine Learning and Data Mining*, by Claude Sammut and Geoffrey I Webb. Springer. www.springer.com/us/book/9781489976857.

Kohavi, Ron, and Roger Longbotham. 2010. "Unexpected Results in Online Controlled Experiments." *SIGKDD Explorations*, December. `http://bit.ly/expUnexpected`.

Kohavi, Ron and Parekh, Rajesh. 2003. "Ten Supplementary Analyses to Improve E-commerce Web Sites." *WebKDD*. `http://ai.stanford.edu/~ronnyk/supplementaryAnalyses.pdf`.

Kohavi, Ron, and Stefan Thomke. 2017. "The Surprising Power of Online Experiments." *Harvard Business Review* (September-October): 74–92. `http://exp-platform.com/hbr-the-surprising-power-of-online-experiments/`.

Kohavi, Ron, Thomas Crook, and Roger Longbotham. 2009. "Online Experimentation at Microsoft." *Third Workshop on Data Mining Case Studies and Practice Prize*. `http://bit.ly/expMicrosoft`.

Kohavi, Ron, Roger Longbotham, and Toby Walker. 2010. "Online Experiments: Practical Lessons." *IEEE Computer*, September: 82–85. `http://bit.ly/expPracticalLessons`.

Kohavi, Ron, Diane Tang, and Ya Xu. 2019. "History of Controlled Experiments." *Practical Guide to Trustworthy Online Controlled Experiments*. `https://bit.ly/experimentGuideHistory`.

Kohavi, Ron, Alex Deng, Roger Longbotham, and Ya Xu. 2014. "Seven Rules of Thumb for Web Site." *Proceedings of the 20th ACM SIGKDD International Conference on Knowledge Discovery and Data Mining (KDD '14)*. `http://bit.ly/expRulesOfThumb`.

Kohavi, Ron, Roger Longbotham, Dan Sommerfield, and Randal M. Henne. 2009. "Controlled Experiments on the Web: Survey and Practical Guide." *Data Mining and Knowledge Discovery* 18: 140–181. `http://bit.ly/expSurvey`.

Kohavi, Ron, Alex Deng, Brian Frasca, Roger Longbotham, Toby Walker, and Ya Xu. 2012. "Trustworthy Online Controlled Experiments: Five Puzzling Outcomes Explained." *Proceedings of the 18th Conference on Knowledge Discovery and Data Mining*. `http://bit.ly/expPuzzling`.

Kohavi, Ron, Alex Deng, Brian Frasca, Toby Walker, Ya Xu, and Nils Pohlmann. 2013. "Online Controlled Experiments at Large Scale." *KDD 2013: Proceedings of the 19th ACM SIGKDD International Conference on Knowledge Discovery and Data Mining*.

Kohavi, Ron, David Messner, Seth Eliot, Juan Lavista Ferres, Randy Henne, Vignesh Kannappan, and Justin Wang. 2010. "Tracking Users' Clicks and Submits: Tradeoffs between User Experience and Data Loss." *Experimentation Platform*. September 28. `www.exp-platform.com/Documents/TrackingUserClicksSubmits.pdf`

Kramer, Adam, Jamie Guillory, and Jeffrey Hancock. 2014. "Experimental evidence of massive-scale emotional contagion through social networks." *PNAS*, June 17.

Kuhn, Thomas. 1996. *The Structure of Scientific Revolutions*. 3rd edition. University of Chicago Press.

Laja, Peep. 2019. "How to Avoid a Website Redesign FAIL." *CXL*. March 8. `https:`

//conversionxl.com/show/avoid-redesign-fail/.

Lax, Jeffrey R., and Justin H. Phillips. 2009. "How Should We Estimate Public Opinion in The States?" *American Journal of Political Science* 53 (1): 107–121. www.columbia.edu/~jhp2121/publications/HowShouldWeEstimateOpinion.pdf.

Lee, Jess. 2013. *Fake Door.* April 10. www.jessyoko.com/blog/2013/04/10/fake-doors/.

Lee, Minyong R., and Milan Shen. 2018. "Winner's Curse: Bias Estimation for Total Effects of Features in Online Controlled Experiments." *KDD 2018: The 24th ACM Conference on Knowledge Discovery and Data Mining.* London: ACM.

Lehmann, Erich, L., and Joseph P. Romano. 2005. *Testing Statistical Hypothesis.* Springer.

Levy, Steven. 2014. "Why The New Obamacare Website is Going to Work This Time." www.wired.com/2014/06/healthcare-gov-revamp/.

Lewis, Randall A., Justin M. Rao, and David Reiley. 2011. "Here, There, and Everywhere: Correlated Online Behaviors Can Lead to Overestimates of the Effects of Advertising." Proceedings of the 20th ACM International World Wide Web Conference (WWW). 157–166. https://ssrn.com/abstract=2080235.

Li, Lihong, Wei Chu, John Langford, and Robert E. Schapire. 2010. "A Contextual-Bandit Approach to Personalized News Article Recommendation." *WWW 2010: Proceedings of the 19th International Conference on World Wide Web. Raleigh,* North Carolina. https://arxiv.org/pdf/1003.0146.pdf.

Linden, Greg. 2006. *Early Amazon: Shopping Cart Recommendations.* April 25. http://glinden.blogspot.com/2006/04/early-amazon-shopping-cart.html.

Linden, Greg. 2006. "Make Data Useful." December. http://sites.google.com/site/glinden/Home/StanfordDataMining.2006--11--28.ppt.

Linden, Greg. 2006. "Marissa Mayer at Web 2.0 ." *Geeking with Greg.* November 9. http://glinden.blogspot.com/2006/11/marissa-mayer-at-web-20.html.

Linowski, Jakub. 2018a. *Good UI: Learn from What We Try and Test.* https://goodui.org/.

Linowski, Jakub. 2018b. *No Coupon.* https://goodui.org/patterns/1/.

Liu, Min, Xiaohui Sun, Maneesh Varshney, and Ya Xu. 2018. "Large-Scale Online Experimentation with Quantile Metrics." *Joint Statistical Meeting, Statistical Consulting Section.* Alexandria, VA: American Statistical Association. 2849–2860.

Loukides, Michael, Hilary Mason, and D.J. Patil. 2018. *Ethics and Data Science.* O'Reilly Media.

Lu, Luo, and Chuang Liu. 2014. "Separation Strategies for Three Pitfalls in A/B Testing." *KDD User Engagement Optimization Workshop.* New York. www.ueo-workshop.com/wp-content/uploads/2014/04/Separation-strategies-forthree-pitfalls-in-AB-testing_withacknowledgments.pdf.

Lucas critique. 2018. *Wikipedia.* https://en.wikipedia.org/wiki/Lucas_critique.

Lucas, Robert E. 1976. *Econometric Policy Evaluation: A Critique.* Vol. 1. In *The*

Phillips Curve and Labor Markets, by K. Brunner and A. Meltzer, 19–46. Carnegie-Rochester Conference on Public Policy.

Malinas, Gary, and John Bigelow. 2004. "Simpson's Paradox." *Stanford Encyclopedia of Philosophy*. February 2. http://plato.stanford.edu/entries/paradox-simpson/.

Manzi, Jim. 2012. *Uncontrolled: The Surprising Payoff of Trial-and-Error for Business, Politics, and Society*. Basic Books.

Marks, Harry M. 1997. *The Progress of Experiment: Science and Therapeutic Reform in the United States*, 1900–1990. Cambridge University Press.

Marsden, Peter V., and James D. Wright. 2010. *Handbook of Survey Research*, 2nd Edition. Emerald Publishing Group Limited.

Marsh, Catherine, and Jane Elliott. 2009. *Exploring Data: An Introduction to Data Analysis for Social Scientists*. 2nd edition. Polity.

Martin, Robert C. 2008. *Clean Code: A Handbook of Agile Software Craftsmanship*. Prentice Hall. 『Clean Code — アジャイルソフトウェア達人の技』, 花井志生 訳, KADOKAWA, アスキードワンゴ, 2017 年。

Mason, Robert L., Richard F. Gunst, and James L. Hess. 1989. *Statistical Design and Analysis of Experiments With Applications to Engineering and Science*. John Wiley & Sons.

McChesney, Chris, Sean Covey, and Jim Huling. 2012. *The 4 Disciplines of Execution: Achieving Your Wildly Important Goals*. Free Press.

McClure, Dave. 2007. *Startup Metrics for Pirates: AARRR!!!* August 8. www.slideshare.net/dmc500hats/startup-metrics-for-pirates-long-version.

McCrary, Justin. 2008. "Manipulation of the Running Variable in the Regression Discontinuity Design: A Density Test." *Journal of Econometrics* (142): 698–714.

McCullagh, Declan. 2006. *AOL's Disturbing Glimpse into Users' Lives*. August 9. www.cnet.com/news/aols-disturbing-glimpse-into-users-lives/.

McFarland, Colin. 2012. *Experiment!: Website Conversion Rate Optimization with A/B and Multivariate Testing*. New Riders.

McGue, Matt. 2014. *Introduction to Human Behavioral Genetics, Unit 2: Twins: A Natural Experiment*. Coursera. https://www.coursera.org/learn/behavioralgenetics/lecture/u8Zgt/2a-twins-a-natural-experiment.

McKinley, Dan. 2013. *Testing to Cull the Living Flower*. January. http://mcfunley.com/testing-to-cull-the-living-flower.

McKinley, Dan. 2012. *Design for Continuous Experimentation: Talk and Slides*. December 22. http://mcfunley.com/design-for-continuous-experimentation.

Mechanical Turk. 2019. *Amazon Mechanical Turk*. http://www.mturk.com.

Meenan, Patrick. 2012. "Speed Index." *WebPagetest*. April. https://sites.google.com/a/webpagetest.org/docs/using-webpagetest/metrics/speed-index.

Meenan, Patrick, Chao (Ray) Feng, and Mike Petrovich. 2013. "Going Beyond Onload — How Fast Does It Feel?" *Velocity: Web Performance and Operations conference*, October 14–16. http://velocityconf.com/velocityny2013/public/schedule/detail/31344.

Meyer, Michelle N. 2018. “Ethical Considerations When Companies Study — and Fail to Study — Their Customers.” In *The Cambridge Handbook of Consumer Privacy*, by Evan Selinger, Jules Polonetsky and Omer Tene. Cambridge University Press.

Meyer, Michelle N. 2015. “Two Cheers for Corporate Experimentation: The A/B Illusion and the Virtues of Data-Driven Innovation.” *13 Colo. Tech. L.J. 273.* https://ssrn.com/abstract=2605132.

Meyer, Michelle N. 2012. *Regulating the Production of Knowledge: Research Risk — Benefit Analysis and the Heterogeneity Problem.* 65 *Administrative Law Review* 237; Harvard Public Law Working Paper. doi: http://dx.doi.org/10.2139/ssrn.2138624.

Meyer, Michelle N., Patrick R. Heck, Geoffrey S. Holtzman, Stephen M. Anderson, William Cai, Duncan J. Watts, and Christopher F. Chabris. 2019. “Objecting to Experiments that Compare Two Unobjectionable Policies or Treatments.” *PNAS: Proceedings of the National Academy of Sciences* (National Academy of Sciences). doi: https://doi.org/10.1073/pnas.1820701116.

Milgram, Stanley. 2009. *Obedience to Authority: An Experimental View.* Harper Perennial Modern Thought. 『服従の心理』，山形浩生 訳，河出書房新社，2012 年。

Mitchell, Carl, Jonathan Litz, Garnet Vaz, and Andy Drake. 2018. “Metrics Health Detection and AA Simulator.” *Microsoft ExP (internal).* August 13. https://aka.ms/exp/wiki/AASimulator.

Moran, Mike. 2008. *Multivariate Testing in Action: Quicken Loan's Regis Hadiaris on multivariate testing.* December. www.biznology.com/2008/12/multivariate_testing_in_action/.

Moran, Mike. 2007. *Do It Wrong Quickly: How the Web Changes the Old Marketing Rules.* IBM Press.

Mosavat, Fareed. 2019. *Twitter.* Jan 29. https://twitter.com/far33d/status/1090400421842018304.

Mosteller, Frederick, John P. Gilbert, and Bucknam McPeek. 1983. “Controversies in Design and Analysis of Clinical Trials.” In *Clinical Trials*, by Stanley H. Shapiro and Thomas A. Louis. New York, NY: Marcel Dekker, Inc.

MR Web. 2014. “Obituary: Audience Measurement Veteran Tony Twyman.” *Daily Research News Online.* November 12. www.mrweb.com/drno/news20011.htm.

Mudholkar, Govind S., and E. Olusegun George. 1979. “The Logit Method for Combining Probablilities.” Edited by J. Rustagi. “Symposium on Optimizing Methods in Statistics.” Academic Press. 345–366. https://apps.dtic.mil/dtic/tr/fulltext/u2/a049993.pdf.

Mueller, Hendrik, and Aaron Sedley. 2014. “HaTS: Large-Scale In-Product Measurement of User Attitudes & Experiences with Happiness Tracking Surveys.” *OZCHI*,

December.

Neumann, Chris. 2017. *Does Optimizely Slow Down a Site's Performance?* October 18. https://www.quora.com/Does-Optimizely-slow-down-a-sites-performance.

Newcomer, Kathryn E., Harry P. Hatry, and Joseph S. Wholey. 2015. *Handbook of Practical Program Evaluation (Essential Tests for Nonprofit and Publish Leadership and Management).* Wiley.

Neyman, J. 1923. "On the Application of Probability Theory of Agricultural Experiments." *Statistical Science* 465–472.

NSF. 2018. *Frequently Asked Questions and Vignettes: Interpreting the Common Rule for the Protection of Human Subjects for Behavioral and Social Science Research.* www.nsf.gov/bfa/dias/policy/hsfaqs.jsp.

Office for Human Research Protections. 1991. *Federal Policy for the Protection of Human Subjects ('Common Rule').* www.hhs.gov/ohrp/regulations-and-policy/regulations/common-rule/index.html.

Optimizely. 2018. "A/A Testing." *Optimizely.* www.optimizely.com/optimization-glossary/aa-testing/.

Optimizely. 2018. "Implement the One-Line Snippet for Optimizely X." *Optimizely.* February 28. https://help.optimizely.com/Set_Up_Optimizely/Implement_the_oneline_snippet_for_Optimizely_X.

Optimizely. 2018. *Optimizely Maturity Model.* www.optimizely.com/maturity-model/.

Orlin, Ben. 2016. *Why Not to Trust Statistics.* July 13. https://mathwithbaddrawings.com/2016/07/13/why-not-to-trust-statistics/.

Owen, Art, and Hal Varian. 2018. *Optimizing the Tie-Breaker Regression Discontinuity Design.* August. http://statweb.stanford.edu/~owen/reports/tiebreaker.pdf.

Owen, Art, and Hal Varian. 2009. *Oxford Centre for Evidence-based Medicine — Levels of Evidence.* March. www.cebm.net/oxford-centre-evidence-based-medicinelevels-evidence-march-2009/.

Park, David K., Andrew Gelman, and Joseph Bafumi. 2004. "Bayesian Multilevel Estimation with Poststratification: State-Level Estimates from National Polls." *Political Analysis* 375–385.

Parmenter, David. 2015. *Key Performance Indicators: Developing, Implementing, and Using Winning KPIs.* 3rd edition. John Wiley & Sons, Inc.

Pearl, Judea. 2009. *Causality: Models, Reasoning and Inference.* 2nd edition. Cambridge University Press.

Pekelis, Leonid. 2015. "Statistics for the Internet Age: The Story behind Optimizely's New Stats Engine." *Optimizely.* January 20. https://blog.optimizely.com/2015/01/20/statistics-for-the-internet-age-the-story-behind-optimizelys-new-stats-engine/.

Pekelis, Leonid, David Walsh, and Ramesh Johari. 2015. "The New Stats Engine."

Optimizely. www.optimizely.com/resources/stats-engine-whitepaper/.

Pekelis, Leonid, David Walsh, and Ramesh Johari. 2005. *Web Site Measurement Hacks*. O'Reilly Media.

Peterson, Eric T. 2005. *Web Site Measurement Hacks*. O'Reilly Media. 『Web 解析 Hacks ― オンラインビジネスで最大の効果をあげるテクニック & ツール』，株式会社デジタルフォレスト 監修，木下哲也，有限会社福龍興業 訳，オライリー・ジャパン，2006 年。

Peterson, Eric T. 2004. *Web Analytics Demystified: A Marketer's Guide to Understanding How Your Web Site Affects Your Business*. Celilo Group Media and CafePress.

Pfeffer, Jeffrey, and Robert I. Sutton. 1999. *The Knowing-Doing Gap: How Smart Companies Turn Knowledge into Action*. Harvard Business Review Press. 『なぜ、わかっていても実行できないのか ― 知識を行動に変えるマネジメント』，長谷川喜一郎 監訳，菅田絢子 訳，日本経済新聞出版社，2014 年。

Phillips, A. W. 1958. "The Relation between Unemployment and the Rate of Change of Money Wage Rates in the United Kingdom, 1861–1957." *Economica, New Series* 25 (100): 283–299. www.jstor.org/stable/2550759.

Porter, Michael E. 1998. *Competitive Strategy: Techniques for Analyzing Industries and Competitors*. Free Press.

Porter, Michael E. 1996. "What is Strategy." *Harvard Business Review* 61–78.

Quarto-vonTivadar, John. 2006. "AB Testing: Too Little, Too Soon." *Future Now*. www.futurenowinc.com/abtesting.pdf.

Radlinski, Filip, and Nick Craswell. 2013. "Optimized Interleaving For Online Retrieval Evaluation." *International Conference on Web Search and Data Mining*. Rome, IT: ASM. 245–254.

Rae, Barclay. 2014. "Watermelon SLAs - Making Sense of Green and Red Alerts." *Computer Weekly*. September. https://www.computerweekly.com/opinion/Watermelon-SLAs-making-sense-of-green-and-red-alerts.

RAND. 1955. *A Million Random Digits with 100,000 Normal Deviates*. Glencoe, Ill: Free Press. www.rand.org/pubs/monograph_reports/MR1418.html.

Rawat, Girish. 2018. "Why Most Redesigns fail." *freeCodeCamp*. December 4. https://medium.freecodecamp.org/why-most-redesigns-fail-6ecaaf1b584e.

Razali, Nornadiah Mohd, and Yap Bee Wah. 2011. "Power comparisons of Shapiro-Wilk, Kolmogorov-Smirnov, Lillefors and Anderson-Darling tests." *Journal of Statistical Modeling and Analytics*, January 1: 21–33.

Reinhardt, Peter. 2016. *Effect of Mobile App Size on Downloads*. October 5. https://segment.com/blog/mobile-app-size-effect-on-downloads/.

Resnick, David. 2015. *What is Ethics in Research & Why is it Important?* December 1. www.niehs.nih.gov/research/resources/bioethics/whatis/index.cfm.

Ries, Eric. 2011. *The Lean Startup: How Today's Entrepreneurs Use Continuous Innovation to Create Radically Successful Businesses*. Crown Business. 『リーン・スタートアップ ― ムダのない起業プロセスでイノベーションを生みだす』，井口耕二 訳，

日経 BP 社，2012 年。

Rodden, Kerry, Hilary Hutchinson, and Xin Fu. 2010. "Measuring the User Experience on a Large Scale: User-Centered Metrics for Web Applications." *Proceedings of CHI*, April. https://ai.google/research/pubs/pub36299

Romano, Joseph, Azeem M. Shaikh, and Michael Wolf. 2016. "Multiple Testing." In *The New Palgrave Dictionary of Economics. Palgram Macmillan.*

Rosenbaum, Paul R., and Donald B. Rubin. 1983. "The Central Role of the Propensity Score in Observational Studies for Causal Effects." *Biometrika* 70 (1): 41–55. doi: http://dx.doi.org/10.1093/biomet/70.1.41.

Rossi, Peter H., Mark W. Lipsey, and Howard E. Freeman. 2004. *Evaluation: A Systematic Approach.* 7th edition. Sage Publications, Inc.

Roy, Ranjit K. 2001. *Design of Experiments using the Taguchi Approach : 16 Steps to Product and Process Improvement.* John Wiley & Sons, Inc. 『プログラム評価の理論と方法 — システマティックな対人サービス・政策評価の実践ガイド』，大島巌，平岡公一，森俊夫，元永拓郎 監訳，日本評論社，2005 年。

Rubin, Donald B. 1990. "Formal Mode of Statistical Inference for Causal Effects." *Journal of Statistical Planning and Inference* 25, (3) 279–292.

Rubin, Donald 1974. "Estimating Causal Effects of Treatment in Randomized and Nonrandomized Studies." *Journal of Educational Psychology* 66 (5): 688–701.

Rubin, Kenneth S. 2012. *Essential Scrum: A Practical Guide to the Most Popular Agile Process.* Addison-Wesley Professional. 『エッセンシャルスクラム — アジャイル開発に関わるすべての人のための完全攻略ガイド』，岡澤裕二，角征典，高木正弘，和智右桂 訳，翔泳社，2014 年。

Russell, Daniel M., and Carrie Grimes. 2007. "Assigned Tasks Are Not the Same as Self-Chosen Web Searches." HICSS'07: 40th Annual Hawaii International Conference on System Sciences, January. https://doi.org/10.1109/HICSS.2007.91.

Saint-Jacques, Guillaume B., Sinan Aral, Edoardo Airoldi, Erik Brynjolfsson, and Ya Xu. 2018. "The Strength of Weak Ties: Causal Evidence using People-You-May-Know Randomizations." 141–152.

Saint-Jacques, Guillaume, Maneesh: Simpson, Jeremy Varshney, and Ya Xu. 2018. "Using Ego-Clusters to Measure Network Effects at LinkedIn." *Workshop on Information Systems and Exonomics.* San Francisco, CA.

Samarati, Pierangela, and Latanya Sweeney. 1998. "Protecting Privacy When Disclosing Information: k-anonymity and its Enforcement through Generalization and Suppression." *Proceedings of the IEEE Symposium on Research in Security and Privacy.*

Schrage, Michael. 2014. *The Innovator's Hypothesis: How Cheap Experiments Are Worth More than Good Ideas.* MIT Press.

Schrijvers, Ard. 2017. "Mobile Website Too Slow? Your Personalization Tools May Be to Blame." *Bloomreach.* February 2. www.bloomreach.com/en/blog/2017/01/

server-side-personalization-for-fast-mobile-pagespeed.html.

Schurman, Eric, and Jake Brutlag. 2009. "Performance Related Changes and their User Impact." Velocity 09: Velocity Web Performance and Operations Conference. www.youtube.com/watch?v=bQSE51-gr2s and www.slideshare.net/dyninc/theuser-and-business-impact-of-server-delays-additional-bytes-and-http-chunking-inweb-search-presentation.

Scott, Steven L. 2010. "A modern Bayesian look at the multi-armed bandit." *Applied Stochastic Models in Business and Industry* 26 (6): 639–658. doi: https://doi.org/10.1002/asmb.874.

Segall, Ken. 2012. *Insanely Simple: The Obsession That Drives Apple's Success.* Portfolio Hardcover. 『Think Simple — アップルを生みだす熱狂的哲学』，林信行 監修・解説，高橋則明 訳，NHK 出版，2012 年。

Senn, Stephen. 2012. "Seven myths of randomisation in clinical trials." *Statistics in Medicine.* doi: 10.1002/sim.5713.

Shadish, William R., Thomas D. Cook, and Donald T. Campbell. 2001. *Experimental and Quasi-Experimental Designs for Generalized Causal Inference.* 2nd edition. Cengage Learning.

Simpson, Edward H. 1951. "The Interpretation of Interaction in Contingency Tables." *Journal of the Royal Statistical Society, Ser. B*, 238–241.

Sinofsky, Steven, and Marco Iansiti. 2009. *One Strategy: Organization, Planning, and Decision Making.* Wiley.

Siroker, Dan, and Pete Koomen. 2013. *A/B Testing: The Most Powerful Way to Turn Clicks Into Customers.* Wiley.

Soriano, Jacopo. 2017. "Percent Change Estimation in Large Scale Online Experiments." *arXiv.org.* November 3. https://arciv.org/pdf/1711.00562.pdf.

Souders, Steve. 2013. "Moving Beyond window.onload()." *High Performance Web Sites Blog.* May 13. www.stevesouders.com/blog/2013/05/13/moving-beyondwindow-onload/.

Souders, Steve. 2009. *Even Faster Web Sites: Performance Best Practices for Web Developers.* O'Reilly Media.

Souders, Steve. 2007. *High Performance Web Sites: Essential Knowledge for Front-End Engineers.* O'Reilly Media. 『ハイパフォーマンス Web サイト — 高速サイトを実現する 14 のルール』，武舎広幸，福地太郎，武舎るみ 訳，オライリー・ジャパン，2008 年。

Spitzer, Dean R. 2007. *Transforming Performance Measurement: Rethinking the Way We Measure and Drive Organizational Success.* AMACOM.

Stephens-Davidowitz, Seth, Hal Varian, and Michael D. Smith. 2017. "Super Returns to Super Bowl Ads?" *Quantitative Marketing and Economics*, March 1: 1–28.

Sterne, Jim. 2002. *Web Metrics: Proven Methods for Measuring Web Site Success.* John Wiley & Sons, Inc.

Strathern, Marilyn. 1997. "'Improving ratings': Audit in the British University System." *European Review* 5 (3): 305–321. doi: 10.1002/(SICI)1234–981X

(199707)5:33.0.CO;2–4.

Student. 1908. "The Probable Error of a Mean." *Biometrika* 6 (1): 1–25. https://www.jstor.org/stable/2331554.

Sullivan, Nicole. 2008. "Design Fast Websites." *Slideshare*. October 14. www.slideshare.net/stubbornella/designing-fast-websites-presentation.

Tang, Diane, Ashish Agarwal, Deirdre O'Brien, and Mike Meyer. 2010. "Overlapping Experiment Infrastructure: More, Better, Faster Experimentation." *Proceedings 16th Conference on Knowledge Discovery and Data Mining.*

The Guardian. 2014. *OKCupid: We Experiment on Users. Everyone does.* July 29. www.theguardian.com/technology/2014/jul/29/okcupid-experiment-human-beingsdating.

The National Commission for the Protection of Human Subjects of Biomedical and Behavioral Research. 1979. *The Belmont Report.* April 18. www.hhs.gov/ohrp/regulations-and-policy/belmont-report/index.html.

Thistlewaite, Donald L., and Donald T. Campbell. 1960. "Regression-Discontinuity Analysis: An Alternative to the Ex-Post Facto Experiment." *Journal of Educational Psychology* 51 (6): 309–317. doi: https://doi.org/10.1037%2Fh0044319.

Thomke, Stefan H. 2003. "Experimentation Matters: Unlocking the Potential of New Technologies for Innovation."

Tiffany, Kaitlyn. 2017. "This Instagram Story Ad with a Fake Hair in It is Sort of Disturbing." *The Verge*. December 11. www.theverge.com/tldr/2017/12/11/16763664/sneaker-ad-instagram-stories-swipe-up-trick.

Tolomei, Sam. 2017. *Shrinking APKs, growing installs.* November 20. https://medium.com/googleplaydev/shrinking-apks-growing-installs-5d3fcba23ce2.

Tutterow, Craig, and Guillaume Saint-Jacques. 2019. *Estimating Network Effects Using Naturally Occurring Peer Notification Queue Counterfactuals.* February 19. https://arxiv.org/abs/1902.07133.

Tyler, Mary E., and Jerri Ledford. 2006. *Google Analytics.* Wiley Publishing, Inc.

Tyurin, I.S. 2009. "On the Accuracy of the Gaussian Approximation." *Doklady Mathematics* 429 (3): 312–316.

Ugander, Johan, Brian Karrer, Lars Backstrom, and Jon Kleinberg. 2013. "Graph Cluster Randomization: Network Exposure to Multiple Universes." *Proceedings of the 19th ACM SIGKDD International Conference on Knowledge Discovery and Data Mining* 329–337.

van Belle, Gerald. 2008. *Statistical Rules of Thumb.* 2nd edition. Wiley-Interscience.

Vann, Michael G. 2003. "Of Rats, Rice, and Race: The Great Hanoi Rat Massacre, an Episode in French Colonial History." *French Colonial History* 4: 191–203. https://muse.jhu.edu/article/42110.

Varian, Hal. 2016. "Causal inference in economics and marketing." *Proceedings of the National Academy of Sciences of the United States of America* 7310–7315.

Varian, Hal R. 2007. "Kaizen, That Continuous Improvement Strategy, Finds Its Ideal

Environment." *The New York Times*. February 8. www.nytimes.com/2007/02/08/business/08scene.html.

Vaver, Jon, and Jim Koehler. 2012. *Periodic Measuement of Advertising Effectiveness Using Multiple-Test Period Geo Experiments*. Google Inc.

Vaver, Jon, and Jim Koehler. 2011. *Measuring Ad Effectiveness Using Geo Experiments*. Google, Inc.

Vickers, Andrew J. 2009. *What Is a p-value Anyway? 34 Stories to Help You Actually Understand Statistics*. Pearson. www.amazon.com/p-value-Stories-ActuallyUnderstand-Statistics/dp/0321629302.

Vigen, Tyler. 2018. *Spurious Correlations*. http://tylervigen.com/spurious-correlations.

Wager, Stefan, and Susan Athey. 2018. "Estimation and Inference of Heterogeneous Treatment Effects using Random Forests." *Journal of the American Statistical Association* 13 (523): 1228–1242. doi: https://doi.org/10.1080/01621459.2017.1319839.

Wagner, Jeremy. 2019. "Why Performance Matters." *Web Fundamentals. May*. https://developers.google.com/web/fundamentals/performance/why-performance-matters/#performance_is_about_improving_conversions.

Wasserman, Larry. 2004. *All of Statistics: A Concise Course in Statistical Inference*. Springer.

Weiss, Carol H. 1997. *Evaluation: Methods for Studying Programs and Policies*. 2nd edition. Prentice Hall. 『入門評価学 — 政策・プログラム研究の方法』, 佐々木亮 監修, 前川美湖, 池田満 監訳, 日本評論社, 2014 年。

Wider Funnel. 2018. "The State of Experimentation Maturity 2018." *Wider Funnel*. www.widerfunnel.com/wp-content/uploads/2018/04/State-of-Experimentation2018-Original-Research-Report.pdf.

Wikipedia contributors, Above the Fold. 2014. *Wikipedia, The Free Encyclopedia*. Jan. http://en.wikipedia.org/wiki/Above_the_fold.

Wikipedia contributors, Cobra Effect. 2019. *Wikipedia, The Free Encyclopedia*. https://en.wikipedia.org/wiki/Cobra_effect.

Wikipedia contributors, Data Dredging. 2019. *Data dredging*. https://en.wikipedia.org/wiki/Data_dredging.

Wikipedia contributors, Eastern Air Lines Flight 401. 2019. *Wikipedia, The Free Encyclopedia*. https://en.wikipedia.org/wiki/Eastern_Air_Lines_Flight_401.

Wikipedia contributors, List of .NET libraries and frameworks. 2019. https://en.wikipedia.org/wiki/List_of_.NET_libraries_and_frameworks#Logging_Frameworks.

Wikipedia contributors, Logging as a Service. 2019. *Logging as a Service*. https://en.wikipedia.org/wiki/Logging_as_a_service.

Wikipedia contributors, Multiple Comparisons Problem. 2019. *Wikipedia, The Free En-*

cyclopedia. https://en.wikipedia.org/wiki/Multiple_comparisons_problem.

Wikipedia contributors, Perverse Incentive. 2019. https://en.wikipedia.org/wiki/Perverse_incentive.

Wikipedia contributors, Privacy by Design. 2019. *Wikipedia, The Free Encyclopedia.* https://en.wikipedia.org/wiki/Privacy_by_design.

Wikipedia contributors, Semmelweis Reflex. 2019. *Wikipedia, The Free Encyclopedia.* https://en.wikipedia.org/wiki/Semmelweis_reflex.

Wikipedia contributors, Simpson's Paradox. 2019. *Wikipedia, The Free Encyclopedia.* Accessed February 28, 2008. http://en.wikipedia.org/wiki/Simpson%27s_paradox.

Wolf, Talia. 2018. "Why Most Redesigns Fail (and How to Make Sure Yours Doesn't)." *GetUplift.* https://getuplift.co/why-most-redesigns-fail.

Xia, Tong, Sumit Bhardwaj, Pavel Dmitriev, and Aleksander Fabijan. 2019. "Safe Velocity: A Practical Guide to Software Deployment at Scale using Controlled Rollout." *ICSE: 41st ACM/IEEE International Conference on Software Engineering.* Montreal, Canada. www.researchgate.net/publication/333614382_Safe_Velocity_A_Practical_Guide_to_Software_Deployment_at_Scale_using_Controlled_Rollout.

Xie, Huizhi, and Juliette Aurisset. 2016. "Improving the Sensitivity of Online Controlled Experiments: Case Studies at Netflix." *KDD '16: Proceedings of the 22nd ACM SIGKDD International Conference on Knowledge Discovery and Data Mining.* New York, NY: ACM. 645–654. http://doi.acm.org/10.1145/2939672.2939733.

Xu, Ya, and Nanyu Chen. 2016. "Evaluating Mobile Apps with A/B and Quasi A/B Tests." *KDD '16: Proceedings of the 22nd ACM SIGKDD International Conference on Knowledge Discovery and Data Mining.* San Francisco, California, USA: ACM. 313–322. http://doi.acm.org/10.1145/2939672.2939703.

Xu, Ya, Weitao Duan, and Shaochen Huang. 2018. "SQR: Balancing Speed, Quality and Risk in Online Experiments." *24th ACM SIGKDD Conference on Knowledge Discovery and Data Mining.* London: Association for Computing Machinery. 895–904.

Xu, Ya, Nanyu Chen, Adrian Fernandez, Omar Sinno, and Anmol Bhasin. 2015. "From Infrastructure to Culture: A/B Testing Challenges in Large Scale Social Networks." *KDD '15: Proceedings of the 21th ACM SIGKDD International Conference on Knowledge Discovery and Data Mining.* Sydney, NSW, Australia: ACM. 2227–2236. http://doi.acm.org/10.1145/2783258.2788602.

Yoon, Sangho. 2018. *Designing A/B Tests in a Collaboration Network.* www.unofficialgoogledatascience.com/2018/01/designing-ab-tests-in-collaboration.html.

Young, S. Stanley, and Allan Karr. 2011. "Deming, data and observational studies: A process out of control and needing fixing." *Significance* 8 (3).

Zhang, Fan, Joshy Joseph, and Alexander James, Zhuang, Peng Rickabaugh. 2018.

Client-Side Activity Monitoring. *US Patent US 10,165,071 B2*. December 25.

Zhao, Zhenyu, Miao Chen, Don Matheson, and Maria Stone. 2016. "Online Experimentation Diagnosis and Troubleshooting Beyond AA Validation." *DSAA 2016: IEEE International Conference on Data Science and Advanced Analytics*. IEEE. 498–507. doi: `https://ieeexplore.ieee.org/document/7796936`.

索引

著者プロフィール

Ron Kohavi（ロン・コハヴィ）

Ron Kohavi は、Airbnb のヴァイスプレジデント兼技術フェローである。本書は、Microsoft でコーポレートヴァイスプレジデント兼技術フェローをしていた時期に執筆された。それ以前は Amazon でデータマイニングとパーソナライゼーションのディレクターであった。スタンフォード大学でコンピューターサイエンスの博士号を取得。彼の論文は 40,000 件以上引用され、そのうち 3 つはコンピューターサイエンスで最も引用された論文のトップ 1,000 に入っている。

Diane Tang（ダイアン・タング）

Diane Tang は、大規模データ分析、インフラストラクチャ、オンラインでのコントロール実験と広告システムの専門知識をもつ Google のフェローである。彼女はハーバード大学で学士号、スタンフォード大学で修士号と博士号を取得しており、モバイルネットワーキング、情報の可視化、実験方法論、データインフラストラクチャ、データマイニング、大規模データの分野で特許や出版物を保有している。

Ya Xu（ヤ・シュウ）

Ya Xu は、LinkedIn でデータサイエンスと実験を担当している。彼女は実験に関する論文をいくつか発表しており、トップカンファレンスや大学で頻繁に講演を行なっている。以前は Microsoft に勤務し、スタンフォード大学で統計学の博士号を取得している。

訳者プロフィール

大杉 直也（おおすぎ なおや）

2005 年、千葉大学文学部に飛び入学（高校は中退）。2009 年、奈良先端科学技術大学院大学情報科学科に入学（博士前期課程、理学修士）。2011 年、東京大学大学院総合文化研究科に入学（博士後期課程、単位取得満期退学）ならびに理化学研究所脳科学総合研究センターで大学院リサーチ・アソシエイトに採用。研究テーマは、ニホンザルの脳波のデータマイニング。2014 年、（株）リクルートホールディングスに入社。2017 年、N 高等学校に 3 年次編入（社会人高校生）。2 留を経て 2020 年、同高校卒業し最終学歴が高卒になる。

●本書に対するお問い合わせは、電子メール（info@asciidwango.jp）にてお願いいたします。
但し、本書の記述内容を越えるご質問にはお答えできませんので、ご了承ください。

A/B テスト実践ガイド

真のデータドリブンへ至る信用できる実験とは

2021 年 3 月 23 日　初版発行
2023 年 12 月 25 日　初版第 3 刷発行

著　者　Ron Kohavi, Diane Tang, Ya Xu（ロン コハヴィ、ダイアン タング、ヤ シュウ）
訳　者　大杉 直也（おおすぎ なおや）
発行者　夏野 剛
発　行　株式会社ドワンゴ
〒 104–0061
東京都中央区銀座 4–12–15 歌舞伎座タワー
編集 03–3549–6153
電子メール info@asciidwango.jp
https://asciidwango.jp/

発　売　株式会社 KADOKAWA
〒 102–8177
東京都千代田区富士見 2–13–3
KADOKAWA 購入窓口　0570–002–008（ナビダイヤル）
https://www.kadokawa.co.jp/

印刷・製本　株式会社リーブルテック
Printed in Japan

ISBN978–4–04–893079–6 C3004

アスキードワンゴ編集部
編　集　星野浩章